DIETER SCHENK

DIE POST VON DANZIG

GESCHICHTE EINES DEUTSCHEN JUSTIZMORDS

MIT EINEM VORWORT VON
HORST EHMKE

ROWOHLT

1. Auflage September 1995

Bildquellennachweis s. Seite 285
Umschlaggestaltung Michaela Booth
Satz aus der Sabon (Linotronic 500)
Gesamtherstellung Clausen & Bosse, Leck
Printed in Germany
ISBN 3 498 06288 3

Dieses Buch wurde als Forschungsprojekt von der Philipps-Universität Marburg unterstützt (Fachbereich Gesellschaftswissenschaften und Philosophie – Institut für Politikwissenschaft – unter der Leitung von Prof. Dr. R. Kühnl).

Das Buch ist allen Angehörigen
der Polnischen Post Danzig gewidmet

Nun, wenn man von mir einen Beitrag zur Verteidigung der Polnischen Post forderte, wenn etwa jener kleine, drahtige Doktor Michon nicht als postalischer, sondern als militärischer Direktor der Post an mich heranträte, um mich vereidigend in Polens Dienste zu nehmen, an meiner Stimme sollte es nicht fehlen: für Polen und Polens wildblühende und dennoch immer wieder Früchte tragende Wirtschaft hätte ich gerne die Scheiben aller gegenüberliegender Häuser am Heveliusplatz, die Verglasung der Häuser am Rähm, die gläserne Flucht an der Schneidmühlengasse, inklusive Polizeirevier, und fernwirkender als je zuvor, die schöngeputzten Fensterscheiben des Altstädtischen Grabens und der Rittergasse binnen Minuten zu schwarzen, Zugluft fördernden Löchern gemacht. Das hätte Verwirrung unter den Leuten der Heimwehr, auch unter den zuguckenden Bürgern gestiftet. Das hätte den Effekt mehrerer schwerer Maschinengewehre ersetzt, das hätte schon zu Anfang des Krieges an Wunderwaffen glauben lassen, das hätte dennoch nicht die Polnische Post gerettet.

Oskar Matzerath in der *Blechtrommel* von Günter Grass

INHALT

VORWORT

von Horst Ehmke

Die Danziger Post, genau: der deutsche Angriff auf die Polnische Post im Freistaat Danzig zu Beginn des Überfalls Hitlers auf Polen gehört für die ältere Generation zu den Erinnerungsbildern vom Anfang des Zweiten Weltkrieges. Das gilt für die Polen in noch weit stärkerem Maße als für uns Deutsche. Für jüngere Generationen hat Günter Grass die Verteidigung der Polnischen Post in seinem Roman *Die Blechtrommel* zu einem literarischen Erlebnis werden lassen.

Dieter Schenk skizziert in seinem Buch, wie seit der Machtübernahme der Nazis die politische Entwicklung auf den Krieg zutrieb. Der Autor, ein ehemaliger Direktor des Bundeskriminalamtes, schildert mit kriminalistischer Präzision den Ablauf des kurzen, aber verbissenen Kampfes um die Post. Schon am ersten Tag des Krieges zeigte sich, wie alte, von den Nazis angestachelte völkische Ideologien die Barbarei entfachten, die der Hitler-Krieg über ganz Europa bringen sollte.

Ich empfinde Schenks Schilderung auch darum als bedrückend, weil sie im schreienden Gegensatz zu meiner Erinnerung als damals Zwölfjährigem steht. In meinem bürgerlichen Danziger Elternhaus wurde der 1. September 1939 als Tag des Kriegsanfangs zwar mit Sorge, als Tag von Danzigs «Heimkehr ins Reich» aber auch mit Freude begrüßt. Meine Eltern hatten mit den Nazis nichts im Sinn, aber mein Vater war gegen die Verträge von Versailles, die – unter anderem – Danzig von Deutschland abtrennten und zur «Freien Stadt» erklärten.

Schenks Beschreibung des kurzen Kampfes am Danziger Heveliusplatz leitet das eigentliche Thema des Buches ein: die «Aufarbeitung» des Geschehens durch ein deutsches Militärgericht und die weitere Karriere der beiden juristisch Hauptverantwortlichen, erst im NS-Staat und dann in der Bundesrepublik.

Mehrere polnische Postbeamte waren gefallen. Der Direktor der Post wurde zusammen mit einem seiner Kollegen niedergeschossen, als er mit einem weißen Tuch in der Hand aus dem zerstörten Gebäude trat. Die achtunddreißig Überlebenden wurden – während in der Stadt der Naziterror gegen Juden und Polen wütete – vor ein deutsches Militärgericht gestellt, als «Freischärler» zum Tode verurteilt, auf einem Schießstand hingerichtet und dort auch gleich unter die Erde gebracht. Ihre Gebeine wurden erst 1991 entdeckt.

Schenk legt dar, daß die Militärgerichtsbarkeit gar nicht zuständig war und die Verteidiger der Post auch nicht als «Freischärler» angesehen werden konnten, es sich vielmehr um einen Justizmord handelte. Der Ankläger in diesem Verfahren machte nach dem Danziger Urteil auf verschiedenen Schauplätzen des Krieges als Heeresrichter Karriere. Der Vorsitzende Richter wurde einer der 35 Generalstaatsanwälte des «Dritten Reiches». Todesurteile begleiteten auch weiterhin ihre Karrieren, der Generalstaatsanwalt war für Hunderte, der Oberfeldrichter für Dutzende verantwortlich. Ein Pole, der schwarzgeschlachtet hatte, wie der Dieb einer Pelzjacke aus dem Winterhilfswerk wurden von der NS-Justiz mit dem Tod bestraft. Die NS-Militärjustiz verhängte Todesurteile für das Verhökern von zehn Autoreifen der Wehrmacht an bulgarische Zivilpersonen oder gegen einen jungen Soldaten, der sich versteckte, weil er in einem «Bewährungsbataillon» von Kriminellen brutal mißhandelt worden war.

Die Karrieren der beiden für das Danziger Urteil Verantwortlichen bestätigen, was wir über die Rolle der Justiz im NS-Staat und die Rolle der NS-Militärjustiz im Zweiten Weltkrieg aus der Nachkriegsforschung wissen. Doch die Detailaufnahme läßt das Gesamtbild als noch erschreckender erscheinen. Zwei gute Juristen aus bürgerlichem Elternhaus, beide keine fanatischen Nazis, dienten dem NS-Terrorregime offenbar nach bestem Wissen und Gewissen, jedenfalls ohne offensichtliche Skrupel. Reichte schon der Ehrgeiz, Karriere zu machen, dazu aus? Oder war die Affinität ihrer deutschnationalen Vorstellungen vom deutschen Mannes- und Richtertum zum «Herrenmenschentum» groß genug, den Übergang ins Naziregime bruchlos zu vollziehen?

War die Erziehung zum juristischen Positivismus dafür verantwortlich, daß sie die Frage nach der Gerechtigkeit als unjuristisch abtaten, oder stimmten sie Maximen zu, mit denen sich selbst bedeutende Denker wie Carl Schmitt politisch prostituierten: «Der deutsche Rechtswahrer ist heute der Mitarbeiter des Führers. Nationalsozialistisches Recht und Plan und Wille des Führers können nur von Nationalsozialisten erkannt und gewahrt werden.»

Man hat behauptet, die NS-Juristen seien nur Mitläufer unter Millionen anderer Mitläufer gewesen. Damit bagatellisiert man aus durchsichtigen Motiven die politische Verantwortung der Justiz: Nur mit solchen Mitläufern konnte das System überhaupt funktionieren.

Die Analyse der Rolle, die die beiden Juristen des «Dritten Reiches» nach dem Krieg in der Bundesrepublik spielten, bestätigt ebenfalls «nur», was wir im allgemeinen schon wissen. Auch hier wirkt das Detail besonders deprimierend. Das gilt nicht nur für die beiden Betroffenen, die auch in der Bundesrepublik «gute Juristen» waren. Bei ihrer Wiedereinstellung in den Justizdienst haben sie es mit der Wahrheit nicht so genau genommen, im Grunde waren sie weiterhin davon überzeugt, immer nur ihre Pflicht als deutsche Männer und Juristen getan zu haben. Die Entnazifizierung – eine der törichtsten alliierten Veranstaltungen – überstanden sie glatt, und das nicht nur wegen der «Persilscheine» früherer Kollegen. Nach ihrer Tätigkeit in der NS-Justiz und -Militärjustiz wurden sie überhaupt nicht gefragt. Kurt Schumacher stellte seinerzeit nicht von ungefähr fest, die Entnazifizierung gehe nach der Methode des Rübenverziehens vor sich: «Die Kleinen zieht man, die Großen läßt man stehen.» Sie wurden wieder gebraucht.

Das letzte Kapitel ist, von der Justiz der Bundesrepublik her gesehen, das traurigste. Spät, sehr spät wurden wegen der Todesurteile gegen die Verteidiger der Polnischen Post Anzeigen erstattet und

Verfahren eingeleitet. Aber nur eingeleitet, nie mit Nachdruck betrieben und immer wieder eingestellt. Auch dieses Muster der Nicht-Strafverfolgung ist im Prinzip bekannt. Man hat es als «kalte Amnestie» bezeichnet. Konfrontiert mit den Details des konkreten Falles, fällt einem der Stoßseufzer von Max Liebermann ein: «Man kann gar nicht soviel essen, wie man kotzen möchte.»

Wie war das möglich? Die Antwort muß differenziert ausfallen. Auf dem Gebiet der Justiz waren zunächst alliierte Gerichte zuständig. Es dauerte Jahre, bis die Justiz der Bundesrepublik wieder arbeitsfähig war. Die Zentrale Stelle zur Aufklärung nationalsozialistischer Gewaltverbrechen in Ludwigsburg wurde erst 1958 eingerichtet, Totschlagsdelikte aus der NS-Zeit verjährten bereits 1960. Viel Beweismaterial für Mordtaten war zu diesem Zeitpunkt bereits vernichtet, anderes wurde erst Jahre, ja, Jahrzehnte später gefunden. Auch die strafrechtliche Beurteilung der individuellen Beteiligung am NS-Terror war nicht immer einfach. Einer großen Zahl von Ermittlungsverfahren stand eine weit geringere Zahl von Anklagen gegenüber, und von denen führte nur ein Teil zu einer Verurteilung.

Für dieses Ergebnis war die «Selbstamnestie» von erheblicher Bedeutung, die von Teilen der Justiz hinter den Mauern ihrer Unabhängigkeit betrieben wurde. Der Unwille, die «eigenen Leute» zu verfolgen, war aber keineswegs auf die Justiz, ja, nicht einmal nur auf den öffentlichen Dienst beschränkt. Wie die über ein Jahrzehnt lang heftig geführte Debatte um die Aufhebung der Verjährung von Mordtaten gezeigt hat – als ehemaliger Bundesjustizminister erinnere ich mich an sie besonders gut –, entsprang der Wunsch, die Nazi-Untaten zu vergessen, einen Schlußstrich zu ziehen oder die Dinge wenigstens ruhen zu lassen, keineswegs nur den Interessen der unmittelbar Betroffenen. Vielmehr offenbarte sich in ihm der Gemütszustand weiter Teile der damaligen deutschen Öffentlichkeit.

Inzwischen sind die NS-Täter fast alle tot, eine Tatsache, die als «biologische Verjährung» zu bezeichnen ich für zynisch halte. Wir sollten uns heute fragen, warum die westdeutsche Demokratie mit der Belastung durch die Übernahme der NS-Eliten in die Verwaltung und Justiz, in die Medien und die Wirtschaft relativ gut fertig geworden ist. Die Antwort auch auf diese Frage ist vielschichtig. Es gab in Nazi-Deutschland nicht nur Aktivisten und unterschiedlich engagierte Mitläufer. Es gab auch Menschen, die Widerstand leisteten, wenn auch keine wirkliche Widerstandsbewegung. Es gab ferner eine politisch wichtige Emigration und eine nicht unbeträchtliche «innere Emigration».

Nicht weniger wichtig: Es gab nach dem Krieg nicht nur die Rückkehr aus der Emigration, es gab auch Einsicht und geistig-moralische Umkehr, vor allem bevor der Antikommunismus als Alibi für Vergangenes dienstbar gemacht wurde. Selbst die bloße Anpassung an die neuen Verhältnisse hatte eine nicht zu unterschätzende stabilisierende Wirkung, und die wirtschaftlichen und politischen Erfolge der zweiten deutschen Demokratie verwandelten bloße Anpassung schließlich in beträchtlichem Umfang in Zustimmung. Eine in der Demokratie herangewachsene Generation machte dann mit der Tabuisierung der Nazi-Vergangenheit durch Väter und Mütter endgültig Schluß.

Die damalige Fragestellung ist nach wie vor aktuell. Wie soll eine junge Demokratie mit denen umgehen, die jahrzehntelang totalitären oder diktatorischen Regimen gedient oder in sonstiger Weise als Mitläufer von ihnen profitiert haben? In der Bundesrepublik haben wir versucht, mit der Vergangenheit «systematisch» fertig zu werden, einerseits durch die Farce der Entnazifizierung, andererseits durch die Strafverfolgung. Das Gesamtergebnis ist wenig überzeugend. Die Italiener haben – bei großen regionalen Unterschieden – mit ihrer faschistischen Vergangenheit kurz und blutig abgerechnet. Der «Duce» wurde bekanntlich auf einem Platz in Mailand mit dem Kopf nach unten aufgehängt. Das war der Schlußpunkt des Kampfes der Widerstandsbewegung, vielfach vermischt mit privaten Abrechnungen. Im Hinblick auf Gerechtigkeit war das nicht sehr überzeugend. Für die Reinigung des politischen Klimas war diese Art von Abrechnung offenbar weit wirksamer als unser systematischer Eifer. Angesichts der heutigen Kontroversen in Frankreich über die Rolle der Résistance wage ich nicht, von der Abrechnung mit dem Vichy-Regime und anderen Kollaborateuren das gleiche zu sagen. Die spanische Demokratie hat mit den Stützen des Franco-Regimes überhaupt nicht abgerechnet. Sie wollte nicht die Geister des Jahrzehnte zurückliegenden Bürgerkrieges wieder zum Leben erwecken. 1977 wurde eine Generalamnestie erlassen. In Portugal war die Lage anders. Schon die von der Armee ausgehende «Revolution der Nelken» hatte mit den Resten des Salazar-Regimes weitgehend aufgeräumt.

Das Problem stellt sich immer wieder ähnlich: Die jungen Demokratien sind in hohem Maße auf die alten Kader angewiesen und müssen die Mitläufer der alten Regime – in Deutschland allein sieben Millionen NSDAP-Mitglieder – integrieren. Rückblickend wäre es wohl richtig gewesen, nichts zu vergessen und zu verschweigen, von massenhaften Überprüfungsverfahren jedoch abzusehen und die Strafverfolgung von vornherein – nicht, wie geschehen, durch den stufenweisen Ablauf der Verjährungsfristen – auf die schweren Fälle zu konzentrieren.

Nach der Einheit müssen heute zwei Millionen fühere SED-Mitglieder in die Demokratie integriert werden. Hier gilt das Gesagte erst recht, da das SED-Regime trotz der von ihm begangenen Verbrechen nicht mit dem Terrorsystem der Nazis gleichgesetzt werden kann. Auch hier darf nichts vergessen und verschwiegen werden, die Archive müssen offen bleiben. Die strafrechtliche Verfolgung aber sollte von dem Gesetzgeber endlich auf die schweren Fälle beschränkt werden.

VORBEMERKUNG

Daß es zu einem Krieg kommen würde, war im Spätsommer 1939 (nicht nur) den polnischen Bürgern des Freistaats Danzig klar.

Es gab in der Stadt an der Ostsee Institutionen und Ämter, die unter polnischer Hoheit standen, zum Beispiel ein Generalkonsulat, die Eisenbahndirektion und die Polnische Post. Dort traf man, in Abstimmung mit der polnischen Armee, für die der deutsche Überfall nicht überraschend kam, Vorbereitungen, um sich gegen die Angreifer zu wehren. Als der Kreuzer «Schleswig-Holstein» am 1. 9. 1993 um 4.45 Uhr den Schuß auf das polnische Munitionsdepot im Danziger Hafen, die Westerplatte, abgab und der Zweite Weltkrieg begann, versuchte eine deutsche Polizeieinheit, die Polnische Post am Heveliusplatz zu besetzen. Sie wurde mit einem Kugelhagel empfangen. Die Postbeamten handelten aufgrund eines Befehls, der längst widerrufen war. Kurzfristig hatte die polnische Armeespitze ihre Strategie geändert, davon hatten die Beamten in der Post von Danzig aber nichts erfahren. Sie gingen nach wie vor davon aus, ihr Postamt so lange verteidigen zu müssen, bis die polnische Armee ihnen zu Hilfe kommen würde. Einen ganzen langen Tag führten die Postbeamten einen verzweifelten und aussichtslosen Kampf gegen den übermächtigen Gegner.

Der Widerstand der Postbeamten, die sich als polnische Patrioten verstanden, und die Nachgeschichte der Ereignisse in Danzig sind Gegenstand dieses Buches. Rekonstruiert werden die brutalen Vorgänge, die sich am 1. 9. 1939 an der Polnischen Post zutrugen. Die Verteidiger, die die Erstürmung des Gebäudes überlebten, wurden gefangengenommen und vor ein deutsches Kriegsgericht gestellt.

38 Postbeamte wurden als angebliche «Freischärler» zum Tode verurteilt und hingerichtet. Die Nachgeschichte der Danziger Ereignisse, die weit in die Ära der Bundesrepublik hineinreicht, beginnt mit einem Justizmord.

Verantwortlich für diesen Justizmord waren zwei deutsche Juristen. Der Ankläger im Prozeß gegen die polnischen Postbeamten war Dr. Hans-Werner Giesecke, der Richter Dr. Kurt Bode. Beide machten beachtliche Karrieren in der NS-Justiz, Giesecke als Richter der berüchtigten Militärgerichtsbarkeit, Bode gar als einer von 35 NS-Generalstaatsanwälten. Beide sind nicht nur für den Tod der 38 Postbeamten, sondern für eine Vielzahl weiterer Todesurteile verantwortlich, was später ihren steilen Aufstieg im Justizapparat der Bundesrepublik Deutschland keineswegs hinderlich war. In diesem Buch wird auch über diese Kapitel der Geschichte, die mit dem Kampf um die Post in Danzig ihren Ausgang nahm, ausführlich berichtet.

Bode und Giesecke passierten ungeschoren die sogenannte Entnazifizierung, wurden in den Justizdienst eingestellt, gefördert und befördert. Neunmal wurden staatsanwaltschaftliche Ermittlungsverfahren gegen Bode und Giesecke eingestellt und die beiden Blutjuristen jeglicher Strafverfolgung entzogen.

Der Gang der Ereignisse, insbesondere der Verlauf des Prozesses gegen die Postverteidiger, hing nicht zuletzt mit der besonderen historischen Situation Danzigs zusammen. Als der Prozeß begann, hatte man die Angeklagten längst als ehemals polnische Amtsträger zu Staatsfeinden hochstilisiert.

Danzig war über Jahrhunderte traditionell Zankapfel politischer Interessen. 1148 war Danzig als Kdanze Hauptstadt des Herzogtums Pommerellen, kam 1308 mit Pommerellen an den Deutschen Orden und trat 1361 der Hanse bei. 1454 sagte sich Danzig vom Orden los und wurde nach dem Zweiten Thorner Frieden (1466) «Freie Stadt» unter polnischer Oberhoheit. Im polnischen Thronfolgekrieg wurde es 1734 von den Russen eingenommen. Durch die zweite Teilung Polens kam es 1793 an Preußen. 1807 wurde Danzig durch Napoleon «Freie Stadt», fiel aber 1814 an Preußen zurück.

Von 1816 bis 1824 und von 1878 bis 1919 war Danzig Hauptstadt der Provinz Westpreußen und zwischen 1920 und 1939 Freistaat.

Der Freistaat Danzig, der Polen einen freien Zugang zum Meer sichern sollte, entstand durch den Versailler Vertrag, der auch bestimmte, Ostpreußen vom Deutschen Reich mittels eines polnischen Korridors abzuspalten. Der letzte Völkerbundkommissar in Danzig, Carl Jacob Burckhardt, hielt dies für eine leichtsinnige Entscheidung, die zu einem unhaltbaren Zustand führen und zwangsläufig den ungebrochenen Widerstand auch ernst zu nehmender, vaterländisch gesinnter Menschen hervorrufen würde.

Die Stadt zählte 410 000 Bürger, von denen 96 Prozent Deutsche waren. Sie verfuhren nach Möglichkeit so, als ob die Trennung vom Reich nicht bestünde und verweigerten sich einem Arrangement mit der polnischen Minderheit. Mehr als zwanzig Jahre kannten sie nur eine Parole: «Heim ins Reich!»

Der Freistaat war 1920 unter den Schutz des Völkerbundes gestellt worden, der einen Hochkommissar einsetzte. Dieser entschied in erster Instanz alle Streitigkeiten zwischen Danzig und Polen, der Völkerbundsrat in der letzten Instanz (106 Streitfälle zwischen 1922 und 1933). Einer dieser Streitpunkte war zum Beispiel die Mannschaftsstärke des Munitionsdepots Westerplatte, dessen Kontingent auf zwei Offiziere, 20 Unteroffiziere und 66 Mann festgelegt worden war und das die Polen heimlich erhöht hatten.

Die oberste Regierungsbehörde war nach der Verfassung von 1920/22 der Senat, der dem Volkstag genannten Parlament verantwortlich war. Als oberster Staatsbeamter fungierte der Präsident des Senats. 1922 wurde der Freistaat zoll- und wirtschaftspolitisch Polen angeschlossen, das letztlich das Ziel verfolgte, den Freistaat einzugliedern. Nachdem die Nationalsozialisten 1933 die Mehrheit im Danziger Volkstag errungen hatten, verschärften sich zunehmend die Spannungen zwischen Polen und Deutschland.

Danzig und die Korridorfrage waren für Hitlers Hegemoniebestrebungen von großer Bedeutung. Solange der Völkerbund noch einen Machtfaktor darstellte, vollzog sich die Entwicklung der nationalsozialistischen Bewegung in Danzig langsamer als im Deutschen Reich und scheinbar legaler, aber nicht minder erfolgreich.

Unter der Regie von Gauleiter Albert Forster, ein Günstling Hitlers und ihm hörig, unterwanderten die Nationalsozialisten bis 1938 mit Hilfe von Partei, Verwaltung, Personalpolitik und Justiz alle Bereiche des öffentlichen Lebens. In den letzten beiden Jahren vor Kriegsbeginn ließ man auch in Danzig endgültig die Maske fallen. Juden wurden nun rücksichtslos vertrieben und Polen unverhohlen schikaniert und bedroht. Aus taktischem Kalkül wurden in den letzten Monaten die Kriegsvorbereitungen konspirativ betrieben. Die Vorfälle in Danzig wurden von der deutschen Propaganda zu einem der Anlässe für den Beginn des Zweiten Weltkriegs stilisiert.

Es geht in diesem Buch darum, die Ereignisse vom 1. 9. 1939 in Danzig und ihre Nachgeschichte zu dokumentieren. Es geht um zwei in vielerlei Hinsicht ebenso erschreckende wie symptomatische deutsche Juristenkarrieren vor und nach 1945. Es geht um die Solidarität ehemaliger Nationalsozialisten, die sich gegenseitig bei der Einstellung in den öffentlichen Dienst förderten und um das Standesdenken unter Kollegen, die Strafverfolgung zu verhindern. Auch dieses ist endlosen Aktenordnern zu entnehmen. Mit deutscher Gründlichkeit wurde in der NS-Zeit nicht nur eine gewaltige Vernichtungsmaschinerie in Gang gesetzt, sondern auch sehr viel aufgeschrieben – darin zeigen sich einige Parallelen zum Staatssicherheitsdienst der ehemaligen DDR. Bei den Recherchen für dieses Buch wurde hier und da Archivmaterial erst nach hartnäckigem Insistieren freigegeben, gerade wenn es sich um Personal-, Entnazifizierungs- und Militärakten handelte. Dahinter steht wohl das immer noch verbreitete individuelle Unbehagen, das sich gern mit Datenschutzargumenten kaschiert, wenn solche Geschichten nicht dem Vergessen (und Vergeben) anheimfallen sollen. Nur in Einzelfällen blockierten die Herrscher über Akten die Arbeit an diesem Projekt wirklich – es handelte sich dabei um Personen von einschlägigem politischem Ruf. Manche Akte war lückenhaft oder sogar manipuliert. Überwiegend wurden die Recherchen zu diesem Buch jedoch großzügig von Behörden und Archiven in den alten und neuen Ländern der Bundesrepublik und besonders in Polen unterstützt. Nicht zur Mitarbeit war der in Lübeck ansässige «Bund der

Danziger» bereit, der es sich bis heute nicht versagt, auf das Possessivpronomen im Titel seiner Zeitschrift *Unser Danzig* zu verzichten.

Aus den auf über zwanzig Archive in Polen und Deutschland, in Israel und den Vereinigten Staaten verstreuten Akten lassen sich die Ereignisse am und um den 1. 9. 1939 in Danzig minuziös rekonstruieren. Doch die Akten sprechen nicht vom Leid und von der Trauer der Menschen, deren Väter, Ehemänner und Freunde ermordet wurden. Familienangehörige der Postverteidiger, die Opfer der Nationalsozialisten wurden, kommen in diesem Buch immer wieder zu Wort. Sie haben sich bereit gefunden, über ihr Leben zu berichten, und erzählen ihre Geschichten auf deutsch, in der Sprache der Täter. Ihnen gilt ein besonderer Dank.

Aus Gründen der Lesbarkeit wurde auf die Wiedergabe von Sonderzeichen bei polnischen Orts- und Eigennamen verzichtet.

I. TEIL

SEPTEMBER 1939
IN DANZIG

1. KAPITEL

«DIE BEWEGUNG»

Dr. Kurt Bode und Dr. Hans-Werner Giesecke waren recht unterschiedliche Typen: Bode von verbindlicher Freundlichkeit, Giesecke eher knapp, präzise und unnahbar, auf viele wirkte er überheblich.

Der 32jährige Giesecke, in der Uniform eines Leutnants der Danziger Landespolizei, suchte im Juli 1939 das Danziger Justizgebäude im Neugarten 31/33 auf. Bode und Giesecke hatten sich bereits 1931 kennengelernt, als Giesecke in seiner Referendarzeit für sechs Monate bei einem Danziger Rechtsanwalt ausgebildet worden war. In den Heeresjustizdienst war er im September 1935 eingetreten und ab 1937 als Kriegsgerichtsrat beim Gericht der 14. Division in Leipzig stationiert.

An jenem 12. 7. 1939 wurde Giesecke nach Danzig zum Gericht der «Gruppe Eberhardt» befohlen, einer im Aufbau begriffenen militärischen Einheit, die dem 3. Armeeoberkommando unterstellt worden war. Er selbst bezeichnete seine Dienststelle bis zum 1. 9. 1939 als «Gericht der Landespolizei». Eine solche Institution existierte de facto nicht, es handelte sich um einen Tarnnamen, denn die deutsche Aufrüstung in Danzig sollte konspirativ vonstatten gehen. Sein «Gerichtsherr», wie es bei der Militärjustiz hieß, war General Eberhardt.

Giesecke machte an diesem Tag einen Höflichkeitsbesuch bei Dr. Walter Wohler, dem Präsidenten des Oberlandesgerichts in Danzig. Dr. Bode nahm an der Besprechung als Wohlers Vertreter teil, er war damals 44 Jahre alt. Giesecke stellte sich als Gerichtsoffizier der neuen Danziger Militäreinheit vor. Die anwesenden

Herren diskutierten über die politische Lage und die bevorstehenden Ereignisse, die die Nazis die «Befreiung Danzigs» nannten. Sie redeten auch über die Abgrenzung zwischen Militär- und allgemeinem Strafrecht im Kriegsfall, also über die Verteilung juristischer Kompetenzen. Daß sich Bode und Giesecke von früher kannten, war der Gesprächsatmosphäre dienlich. Beide konnten bei dieser Gesprächsrunde nicht ahnen, daß sie bald und in folgenschweren Angelegenheiten wieder miteinander zu tun haben würden.

Die Entwicklung des Nationalsozialismus in Danzig strebte zu dieser Zeit einem Höhepunkt entgegen. Es liegt nahe, den Weg dorthin durch einen Danziger Zeitgenossen beschreiben und bewerten zu lassen. Nämlich durch Dr. Kurt Bode persönlich.

Datiert auf den 31. 3. 1951 ist eine Studie, die er in der Fröbelstraße 42 in Bielefeld erstellt hat, kurz vor seinem Umzug in die Rutenstraße 3 in Bremen. Denn einen Tag später trat er, die Lebensabschnitte der Kriegs- und Nachkriegszeit hinter sich lassend, sein neues Amt als «Hilfskraft des höheren Dienstes» beim Hanseatischen Oberlandesgericht Bremen an.

Die Stellungnahme ist mehr als das apologetische Machwerk eines um seine berufliche Laufbahn in der Nachkriegsrepublik besorgten NS-Juristen. Es ist der Tonlage nach überaus interessant, Bode spricht noch 1951 im trocken-sachlichen Gutachterstil:

«Die nationalsozialistische Bewegung bestand in der Freien Stadt Danzig schon Ende der zwanziger Jahre, damals allerdings aufgespalten in verschiedene, einander befehdende Richtungen ohne parlamentarischen Einfluß. Im Jahre 1930 wurde von der deutschen Parteileitung der aus Fürth kommende Gauleiter Forster nach Danzig abgeordnet. Mit dieser Zeit beginnt sich die Partei zu konsolidieren und ein innenpolitischer Machtfaktor in Danzig zu werden.

Aus den Volkstagswahlen im Juni 1933 ging die NSDAP als stärkste Partei hervor, ohne jedoch die absolute Majorität zu haben. Auf dem Gebiet der Gesetzgebung machte sich der Senat vom Volkstag alsbald unabhängig... durch ein weitgehendes Notverordnungsrecht aufgrund eines vom Volkstag verabschiedeten Ermächtigungsgesetzes. Die Verordnungen der ersten Jahre... zielten von Anfang an darauf hin, auf den verschiedensten Lebensgebieten den Einfluß der NSDAP zu festigen und den im Deutschen Reich erlassenen Gesetzen anzupassen. Bis zum Jahre 1937 hat sich der Senat einiger Zurückhaltung befleißigt... Die Tendenz des Senats war, gesetzgeberisch die Schranken der Danziger Verfassung innezuhalten...

Zur Abrundung des Bildes der ersten Periode bis zur Volkstagswahl 1935 gehört, daß in dieser Zeit der organisatorische Aufbau der Partei, der Parteigliederungen und angeschlossenen Verbände... nach deutschem Vorbild erfolgten..., so daß jedermann und jedes Lebensgebiet mehr oder weniger ‹erfaßt› waren. Schon im Jahre 1933/34 standen Staats- und Kommunalbedienstete unter erheblichem Druck. KZ nach deutschem Muster und eine Geheime Staatspolizei im deutschen Sinne hat es in Danzig nicht gegeben (gemeint ist bis 1939, d. A.). Daß die politische Polizei sehr bald und im Laufe der Zeit zunehmend unter dem Einfluß der NSDAP gestanden hat, unterliegt keinem Zweifel.

Die Wahl vom April 1935 brachte der NSDAP die absolute Mehrheit im Volkstag. In das Jahr 1935 oder Anfang 1936 fällt meiner Erinnerung nach auch die zweifellos in keinem Fall wirklich ‹freiwillige› Selbstauflösung der noch vorhandenen politischen Parteien. Die Periode 1935 bis 1938 ist gekennzeichnet durch den Übergang zum Einparteiensystem, durch verstärkte Aktivität der politischen Partei in der Bekämpfung innenpolitischer Gegner der NSDAP sowie durch Eliminierung der Juden aus der Beamtenschaft ohne gesetzliche Grundlage.

Gegen Ende des Jahres 1938 beginnt der Zeitabschnitt, in dem auch der Senat... keine Rücksicht mehr nimmt. Auch in Danzig kam es im Herbst 1938 zu Gewalttätigkeiten gegen Juden, Zerstörung jüdischer Geschäfte usw. und auf dem Gebiete der Judenfrage... zu einer Angleichung an die reichsdeutschen Verhältnisse.»

Kein Wort des Bedauerns findet der ehemalige Danziger Vizepräsident und spätere Generalstaatsanwalt. Auf seine eigene Rolle geht er nur marginal ein: «Ich war damals Personalsachbearbeiter beim Gerichtspräsidenten.» Er erwähnt häufig die Erfahrung gemacht zu haben, daß es mit dem Senat bei Anstellungs- oder Beförderungsvorschlägen Schwierigkeiten gab, wenn der Bewerber kein Mitglied der NSDAP war oder sich in der Partei nicht aktiv genug betätigte. Auch hätten Mißhelligkeiten mit der Partei zu persönlichen Nachteilen und unangenehmen Weiterungen führen können.

Bodes Karriere im «Dritten Reich» standen keinerlei «Mißhelligkeiten» mit dem NS-Regime im Wege. Er ließ sich als bestes Pferd im Danziger Juristenstall feiern.

Die nationalsozialistische Bewegung, die Anfang der zwanziger Jahre von München ausging, konnte inzwischen Erfolge in Danzig verbuchen. Im Mittelpunkt stand immer wieder Gauleiter Albert Forster. Die nationalsozialistische Propaganda verbreitete Lobreden über ihn:

«Zuerst hat es gegolten, die ganze Bevölkerung zu gewinnen. Dann hat die Partei als Garant und Hüter der Weltanschauung darüber zu wachen gehabt, daß die Gegner vernichtet werden: die Reaktion, die Roten, die Schwarzen und die Juden. Die besten Charaktere und Köpfe sind in Danzig Hitlers Gefolgsleute geworden. Mit diesen Führerkräften verbindet Forster enge Freundschaft. Er verzeiht manchen Fehler, niemals jedoch Untreue. Leute, die nicht treu sein können, merzt er rücksichtslos aus. Mit der Alten Garde in Danzig ist Albert Forster durch Not und Kampf zusammengewachsen. Er gehört ihr, sie gehört ihm, alle gemeinsam sind Männer Adolf Hitlers. Auf diese Kameraden kann er sich stets verlassen. Sie sind seines Vertrauens würdig, genau so wie sie ihm blindlings Vertrauen schenken. Zu diesen tritt die übergroße Mehrheit der gesamten Danziger Bevölkerung in Liebe und Anhänglichkeit. Es ist immer wieder ergreifend und schön zu sehen, wie alle an ihm hängen.

Forster stellt in Danzig sein ganzes Handeln auf den Führer ab. In jeder noch so gefährlichen Situation fragt er sich zuerst: Liegt das, was ich tue, im Sinne des Führers? Er wurde für den Führer der maßgebliche Berater für alle Fragen über Danzig. Der Kämpfer Forster gehört seinem Führer mit Leib und Seele. Stets fand er bei Adolf Hitler ein offenes Ohr und ist immer ein gern gesehener Gast des Führers in der Reichskanzlei oder in München.

Das schönste Zeichen herzlicher Kameradschaft war zweifellos die Tatsache, daß der Führer die Hochzeit Albert Forsters mit Fräulein Gertrud Deetz aus Danzig in der Reichskanzlei herrichten ließ. Der Führer und sein Stellvertreter, Pg. Rudolf Heß, waren die standesamtlichen Trauzeugen.»

Gauleiter Forster pflegte den «Führerkult», baute seine persönliche Macht systematisch aus und verhielt sich politischen Gegnern gegenüber frech und zynisch. Auszüge aus seinen Reden der Jahre 1931 bis 1936 belegen, daß er die ganze Palette rhetorischer Lügen, Täuschungen und Gemeinheiten beherrschte:

Forster 1931: «Die kommunistischen und sozialdemokratischen Mordbrenner als geborene Untermenschen können ungestört die ihr Volk und Vaterland liebenden Deutschen bei Nacht und Nebel überfallen und morden...

Auch wir in Danzig haben einen Toten zu betrauern. In Kahlbude, dem berüchtigten Ort, in dem schon einmal der Gauwagen beschossen wurde, haben am Sonntag Angehörige der roten Mordorganisation ‹Arschufo› den SA-Mann Horst Hoffmann aus Neuendorf in bestialischer Weise erstochen...

Das, was sich hier abgespielt hat, ist Bolschewismus in Reinkultur. Diese Mörder sind keine Menschen mehr, es sind wildgewordene Bestien, für die es nur eine Strafe gibt: Ohne lange Verhandlung an die Wand stellen und erschießen.

Mit diesem Opfer roter Mordbanditen klebt auch an der Danziger Hakenkreuzfahne Blut. Dieser feige, hinterhältige Mord wird mit dazu beitragen, daß unsere Braunhemden noch mehr zusammengeschweißt werden als bisher und daß noch gar mancher, der bis jetzt noch lau war, aufgrund dieser Schandtat den Weg zu uns findet.»

Vor den Wahlen am 28. 5. 1933: «Wir Nationalsozialisten... haben, wenn wir an der Macht sind, nur das eine große Ziel vor Augen, mit unseren Nachbarn Frieden zu halten und im Innern für Ruhe und Sicherheit zu sorgen.

Eine nationalsozialistische Regierung wird weiterhin die Freie Stadt Danzig mit der Liebe und Sorgfalt einer Mutter pflegen, um so die Voraussetzungen zu schaffen für ein gesundes und blühendes Wirtschaftsleben.»

Nach dem Wahlsieg 1933: «Unser Ziel ist, aus diesem europäischen Pulverfaß Danzig alles Pulver zu entfernen. Wir wollen, daß der Friede Europas unter keinen Umständen gestört wird. Die Geschichte soll später von uns sagen, daß wir den Frieden Europas so gewährleisten, daß es zum Segen aller europäischer Völker war.»

1934, ein Jahr später, beantwortete Forster die rhetorische Frage, wie sich das deutsche Volk nie erreichte Größe verschaffe, mit dem Satz: «Wir müssen alle schlechten Theorien und ihre Männer vernichten.» Dazu zählte er auch die «Weltherrschaftspläne der Juden». Als adäquate Waffen bezeichnete Forster die nationalsozialistischen Lebensgesetze: Nationalismus, Rassenstolz und Erfüllung im Führertum.

Bis 1936 war dann auch die Abschaffung wesentlicher Grundrechte bewerkstelligt. Forster: «Seit einigen Wochen treiben die gegnerischen Parteien in Danzig in ihren Zeitungen und Versammlungen eine unverantwortliche, maßlose Hetze. Sie schimpfen über das nationalsozialistische Deutschland und beleidigen seine Führer; sie lügen in echt jüdischer Art über führende Männer der Bewegung und des Staates in Danzig, sie stiften Unruhe und wollen die Einigkeit aller anständigen Deutschen in Danzig zerstören.

Nationalsozialisten! Es ist nicht das erstemal in der Geschichte der Danziger Bewegung, daß wir uns in so einer Lage befinden. Was haben wir früher getan? Wir haben uns unserer Haut gewehrt. Das gleiche tun wir auch jetzt... und sind entschlossen, die Ruhe und Ordnung unter allen Umständen aufrechtzuerhalten.»

Aus Forsters Sicht vollzogen die Nazis in den Jahren 1937 und 1938 die «endgültige Befriedung» Danzigs: «Die Arbeitslosigkeit haben wir beseitigen können, Straßen, ein Theater und das schönste Stadion des Ostens gebaut; fünf Jahre nach Regierungsübernahme gehören von 72 Volkstagsangehörigen 70 der nationalsozialistischen Fraktion an. Und die Judenfrage, die uns zu schwerwiegenden Maßnahmen gezwungen hat, bekommen wir jetzt auch in den Griff, denn endlich ist auch die Einführung der Rassegesetze möglich geworden.»

Danzigs Juden sahen sich seit 1937 immer größerem Druck ausgesetzt. Weil es Hitler offensichtlich außenpolitisch noch nicht an der Zeit schien, konnte Völkerbundhochkommissar Burckhardt in einer Unterredung mit ihm für einen Aufschub der Rassegesetze sorgen. Gleichwohl, kommentierte Burckhardt, «lernten die innerhalb einer rationalen Gewohnheit lebende Generation der Danziger Juden mit Grausen, sich die blinde Willensmacht des absolut Bösen, des irrationalen Willens, vorzustellen».

Ein Bericht des deutschen Botschafters in Warschau an das Auswärtige Amt enthält all die Stereotypen, die das NS-Feindbild kennzeichnen: «Ein eigenvölkisches Kleinbürgertum ist in Polen fast nicht vorhanden und wird von einer starken jüdischen Mittelschicht eingenommen, der das Nationalbewußtsein fehlt und der daher alle Untugenden des Kleinbürgertums, wie Neigung zur Ängstlichkeit und zum Gerüchtemachen, im vervielfachten Maße anhaftet. Diese jüdische Mittelschicht ist, soweit es sich um den Kampf gegen Deutschland handelt, ein natürlicher und fanatischer Bundesgenosse des polnischen Chauvinismus.»

Am 10. Oktober 1937 verlangte Gauleiter Forster in einer Rede auf dem Gauparteitag der NSDAP von jedem Parteigenossen das «Ehrgefühl», keinem Juden Unterstützung oder Obdach zu gewähren, nicht bei Juden einzukaufen, sich nicht von jüdischen Ärzten behandeln und von jüdischen Rechtsanwälten vertreten zu lassen. Es müsse gelingen, auch in Danzig die Frechheit und Anmaßung des Judentums zu beseitigen.

Darauf erfolgten die ersten Ausschreitungen und Plünderungen gegen 60 jüdische Geschäfte. Das Geschehen ließ auf eine sorgfältige Planung schließen, obwohl sich die NSDAP offiziell von diesen «Dummenjungenstreichen» distanzierte. Es folgten Schlag auf Schlag behördliche Schikanen, gesetzliche Anordnungen und polizeiliche Maßnahmen:

Auf dem Wochenmarkt wurden Juden abgesonderte Plätze zugewiesen, nur noch arische Ärzte durften im Nacht- und Sonntagsdienst eingesetzt werden, Schutzhaftbefehle wurden ausgestellt und vollstreckt, Wohnungen und Geschäftslokale gekündigt, das Vermögen «zur Bekämpfung der Steuerflucht» bei bevorstehender

Auswanderung eingezogen, Einkommens-, Vermögens- und Erbschaftssteuerbestimmungen zu Lasten von Juden geändert. Überfälle nationalsozialistischer Gruppen zwangen den jüdischen Kulturbund, Veranstaltungen einzustellen. Schließlich entzog man den jüdischen Ärzten die Krankenkassenzulassung, dann die Approbation und bereits ausgewanderten Juden die Danziger Staatsangehörigkeit.

Die Pogrome der «Kristallnacht» am 10. und 11. 11. 1938, vierundzwanzig Stunden später als im Reich, wurden vom *Danziger Vorposten*, dem Sprachrohr der NSDAP, heruntergespielt. Hier und dort wäre es zu kleinen Zwischenfällen gekommen, die Danziger hätten auf ihre Art den Juden eine kleine Lektion verabfolgt. Tatsächlich aber erstreckten sich die Aktionen über mehrere Tage. Die Große Synagoge an der Reitbahn blieb zwar verschont, weil die Brandstifter überraschend flüchteten, als die Polizei auftauchte. Die Synagogen in Langfuhr und Zoppot hingegen brannten, und alle Juden verließen fluchtartig die Küstenstadt. Etwas später wurde Juden verboten, in Zoppot zu wohnen. Die Wohnungen vieler jüdischer Bürger wurden zertrümmert und geplündert, die Schaufenster jüdischer Geschäfte eingeschlagen und viele Juden mißhandelt, oft schwer verletzt. Noch in der Nacht und am folgenden Tag flüchteten 1500 Juden über die polnische Grenze. Am frühen Morgen des 13. 11. nahm die Gestapo Haussuchungen bei führenden Mitgliedern der Danziger Gemeinde vor. Der Senat erließ am 28. 1. 1939 eine Verordnung, wonach Glasschäden von der Versicherung nicht zu zahlen sind, wenn ein Mitverschulden vorliege oder der Schaden wegen wirtschaftlicher Leistungsfähigkeit selbst getragen werden könne. So konnten die Opfer keinen Anspruch geltend machen.

Am 17. 12. 1938 versammelten sich etwa 2000 Juden in der Großen Synagoge und beschlossen ihre Auswanderung. 1930 hatte die jüdische Gemeinde Danzigs 11 228 Mitglieder gezählt. Bis zum Dezember 1937 verließen mehr als 7000 Juden die Freie Stadt. Ihnen folgten auf abenteuerlichen Routen voller Entbehrungen und in Angst um ihr Leben weitere 4000 Juden, die über alle fünf Erdteile zerstreut wurden.

219 Juden wurden aus Danzig in Konzentrationslager deportiert,

vor allem nach Auschwitz und Theresienstadt, wo die meisten ermordet worden sind. Im offiziell «judenfreien» Danzig verblieben 22 ältere Juden, die den Judenstern tragen mußten. Sie lebten alle in einem Haus in der Mausegasse, das bei Bombardierung der Stadt im März 1945 einen Volltreffer erhielt.

Der Umstand, daß vergleichsweise viele Juden der Stadt wenigstens ihr Leben retten konnten, verdankt sich in gewissem Sinn nicht zuletzt auch Gauleiter Albert Forster, der in seiner Rede am 10. 10. 1937 bei der Kundgebung im Stadttheater von Danzig in *Stürmer*-Manier deutlich offenbart hatte, auf welchem Kurs sich die Nationalsozialisten befanden:

«Dieses fremdländische Gesindel, insonderheit die aus dem Osten ganz frisch eingewanderten verlausten und verdreckten Juden, tun gerade so, als ob sie die Herren in Danzig wären. Es fällt ihnen gar nicht ein, einem Deutschen auf dem Gehweg auszuweichen. Sie glotzen vielmehr mit einer unbeschreiblichen jüdischen Frechheit unsere deutschen Volksgenossen an, als wollten sie damit sagen, daß diese ihre Knechte wären.

In den Sommermonaten ist es gerade das Ostseebad Zoppot gewesen, das von allen möglichen Judentypen überlaufen war. Wohin man in Zoppot kam, ob im Bad oder auf der Straße oder im Hotel, man war nirgends vor dieser dreckigen und schmierigen Rasse sicher. Sie haben sich in verschiedenen Lokalen Zoppots eingenistet wie die Wanzen. Sie wollen schon bald nicht mehr dulden, daß ein Deutscher solche Lokale betritt.

Das ist ein Zustand, den wir in Danzig und auch in Zoppot unter gar keinen Umständen länger dulden können. Heute ist das im Reich Gott sei Lob und Dank anders. Heute kann man wieder ins Theater... gehen, ohne überall diese Judenfratzen sehen zu müssen.»

Der Hohe Kommissar des Völkerbundes, Carl Jacob Burckhardt, trat sein Amt in Danzig am 1. 3. 1937 an. Zu dieser Zeit war die Gleichschaltung mit dem Reich bereits weitgehend vollzogen. Exekutive, Legislative und Judikative waren auf den Kurs der NS-Bewegung gebracht, die Opposition zerschlagen, Parteien aufgelöst oder verboten, ihre Mitglieder in Schutzhaft genommen, eine öffentliche Kontrolle unterbunden, unliebsame Zeitungen untersagt worden, die aufwendige Propagandamaschinerie lief auf Hochtouren.

Trotzdem verlief die Entwicklung in Danzig aus außenpolitischen Gründen noch langsamer als im Reich. Hitler plante den Anschluß Österreichs und die Zerschlagung der Tschechoslowakei und wollte sich nicht gleichzeitig mit Polen anlegen. Diese Konsequenz hätte jeder Konflikt in oder um Danzig zwangsläufig heraufbeschworen.

Entsprechend widersprüchlich und verworren waren die Verhältnisse in Danzig: Der Gauleiter kündigte etwas an, der Senat dementierte. Die Schlägertrupps der Partei verbreiteten Schrecken, von denen sich die NSDAP distanzierte. Die Polizei ordnete formal noch illegale Maßnahmen, die öffentlich als nicht geschehen bezeichnet wurden. Offensichtlich mußte Danzigs Gauleiter aus Berlin immer wieder gebremst werden. Carl Jacob Burckhardt beschrieb den Gauleiter treffend: «Er ist ein getreuer Diener seines Herrn, der, wenn der ‹Führer› ihn auf den Mond geschickt hätte, sofort losmarschiert wäre.»

Der Schweizer Burckhardt hatte ein schwieriges Amt angetreten. Nicht nur die deutsche Politik richtete sich gegen die Aufgaben des Völkerbundkommissars, sondern auch die deutsche Bevölkerung Danzigs, die es dem Völkerbund verübelte, daß er ihre Forderung nach einem Plebiszit abgelehnt hatte. Burckhardt beschrieb die Stellung des Völkerbundvertreters nach Hitlers Machtübernahme so:

«Er lebte in der Freien Stadt wie ein Staatsgefangener, dem man nur noch einige äußerliche Privilegien zuerkennt. Jeder seiner Schritte wurde kontrolliert, jedes seiner Worte abgehört, nach Berlin weitergeleitet, irrtümlich zitiert und meist, um irgendwelche Ziele zu erreichen, erfunden. Der vorletzte Hohe Kommissar, der Ire Sean Lester (1933–1937, d. A.), besaß den großen Vorzug, weder polnisch noch deutsch zu sprechen. Mißtrauen und Bespitzelung steigerten sich jeweils zum Grotesken, vor allem bei Gelegenheit der in jeder Einzelheit protokollarisch geregelten Besuche von Flotteneinheiten. In der Regel waren sämtliche Beteiligte in Fragen des Saluts, des Vortritts und der Plazierung schon im voraus beleidigt.»

Burckhardt praktizierte Gesprächsdiplomatie, um widerstreitende Interessen auszugleichen und die polnische und die deutsche Seite in Danzig an einen Konferenztisch zu bringen.

Wie Burckhardt in seiner Autobiographie *Meine Danziger Mission* schrieb, gingen die Berichte des Hohen Kommmissars regelmäßig an den Generalsekretär des Völkerbundes, Joseph Avenol, und an die im Auftrage des Völkerbundsrats für die Freie Stadt Danzig zuständige sogenannte Dreierkommission, bestehend aus den Außenministern Englands (Lord Halifax), Frankreichs (Bonnet) und Schwedens (Sandler). Wichtigste lokale Gesprächspartner des Kommissars waren der Gauleiter Forster und als Regierungschef der Senatspräsident Greiser sowie der polnische Vertreter, Minister Marian Chodacki, und in Warschau selbst Außenminister Jozef Beck. In Berlin gehörten zu Burckhardts Verhandlungspartnern der polnische Botschafter Jozef Lipski, Reichsaußenminister Ribbentrop und dessen Staatssekretär Ernst von Weizsäcker, Göring und Himmler.

Auf Wunsch Forsters und durch dessen Vermittlung kam das erste Gespräch mit Hitler am 20. 9. 1937 zustande. Hitler ließ Burckhardt bereits am 16. 7. 1937 anläßlich des «Tages der Deutschen Kunst» nach München einladen, was Burckhardt ausschlug, um nicht wie ein in Berlin akkreditierter Diplomat die Parteifeierlichkeiten des Deutschen Reichs zu beehren. Ein drittes Mal lud Hitler Burckhardt über Forster, der ihn auf der Reise auch begleitete, am 11. 8. 1939 auf den Obersalzberg ein.

Bis Mitte 1938, so lange dies noch möglich war, wurde der Völkerbundvertreter auch von oppositionellen Parteiführern, den Sozialdemokraten, Vertretern der Zentrumspartei, Deutschnationalen und von Mitgliedern der jüdischen Gemeinde in seinem Haus in Danzig aufgesucht.

Der Blick hinter die politischen Kulissen machte Burckhardt klar, daß Danzig von Berlin aus regiert wurde und Gauleiter Forster eine Marionette Hitlers war. Mit diplomatischem Geschick pflegte Burckhardt den Kontakt mit dem Regierungschef und Senatspräsidenten Artur Greiser, dem Gegenspieler und Intimfeind Forsters. Indem er das gespannt-eifersüchtige Verhältnis ausnutzte, erhielt er genaue Informationen über Absichten und politische Entscheidungen der Nationalsozialisten.

Carl Jacob Burckhardt ist in der Nachkriegszeit kritisiert worden, er hätte seine Stellung nicht energisch genug gegen die nationalsozialistischen Kräfte genutzt und mehr für die Sache der Polen und Juden und auch mehr gegen die diktatorischen Entwicklungen tun müssen. Statt dessen sei er zu konziliant mit den Machthabern umgegangen und habe sich in seinen Schriftsätzen sogar auf ihren Jargon eingelassen.

Richtig ist, daß ihn Hitler als einen objektiven Mann bezeichnete und ihm Forster seine Sympathie bezeugte. Demgegenüber ist auch laut Erwin Lichtensteins Beschreibung der Vertreibung der Danziger Juden unbestritten, daß der Hohe Kommissar Burckhardt im Rahmen seiner eingeschränkten Möglichkeiten die Verfolgten wesentlich unterstützt hat. Daß die Rassengesetze aufgrund der Intervention Burckhardts verzögert in Danzig zum Wirken kamen, ermöglichte vielen Juden die rechtzeitige Flucht.

Der Völkerbundvertreter konnte andererseits nicht stärker als der Völkerbund selbst auftreten. Die Weltorganisation jedoch reagierte seit 1933 zunehmend schwächer auf die aggressive Machtpolitik des hochgerüsteten Deutschland.

Im August 1939 glich Danzig einem Pulverfaß, in dem sich die Kräfte zum Losschlagen sammelten. Burckhardt hielt auch in diesen letzten Wochen vor Kriegsbeginn noch die Stellung. Er beschrieb die Situation so:

«Man rüstete, man hörte es förmlich. In Deutschland, in Polen, selbst in der Freien Stadt, und fast täglich zogen paramilitärische Formationen endlos an unserem Haus vorbei, müde Hitlerjugend im Gleichschritt die Füße schleppend unter den gräßlichen Gesängen ‹Heute gehört uns Deutschland und morgen die ganze Welt›.»

2. KAPITEL

DAS PULVERFASS

Das Sicherheits- und Eroberungskonzept der Nationalsozialisten für die Stadt an der Ostsee beruhte auf den Säulen Militär, Polizei und Hilfspolizei. Die militärische Planung ging vom Oberkommando der Wehrmacht in Berlin aus, die polizeiliche Planung wurde in Danzig betrieben. Die «Gruppe Eberhardt» war eine der paramilitärischen Einheiten, die in Danzig energisch aufrüstete. Generalmajor Friedrich Eberhardt erhielt am 9. 6. 1939 den Auftrag, diesen Verband aufzubauen. Zur Tarnung trug der ehemalige Kommandeur des 44. Infanterieregiments die Uniform eines Polizeigenerals, und es wurde vorgetäuscht, es handele sich um Polizeitruppen. Hervorgegangen ist die «Gruppe Eberhardt» aus zwei Danziger Polizeiregimentern, die durch ein Bataillon SS und andere Heerestruppen der Wehrmacht verstärkt wurden.

Eberhardt (Jahrgang 1892), Teilnehmer des Ersten Weltkriegs und später Ritterkreuzträger im Zweiten Weltkrieg, hielt auch noch nach dem Krieg die Legende aufrecht, von Badenstein/Ostpreußen als Berater der Polizei nach Danzig abgeordnet worden zu sein. Die von ihm aufzubauende kasernierte Polizeitruppe sollte polnische Überfälle abwehren. Noch nach 1945, in einer Aussage vor dem Amtsrichter, vermittelte Eberhardt den Eindruck, als wären die Kriegsvorbereitungen noch immer eine «Geheime Reichssache» und nur einem begrenzten Personenkreis bekannt.

Im Kriegstagebuch Nr. 1 des Militärbefehlshabers Danzig-Westpreußen findet sich ein Bericht über die Entwicklung der politischen und militärischen Lage in Danzig vom Juni bis Ende August 1939:

«Polen war also kraft seiner Rechte in der Lage, Danzig so zu beaufsichtigen, daß Deutschland militärisch keinen Fuß fassen konnte. Daher war Polen das Anwachsen der nationalsozialistischen Verbände, die, obwohl unbewaffnet, ein Machtfaktor waren, im höchsten Grade unangenehm. Die häufig versuchten Provokationen mit dem Ziel, ‹die Ordnung zu beseitigen und das Leben und Eigentum der Polen in Danzig zu gefährden›, zeigen deutlich den Wert, den Polen diesen Verbänden beimaß.

So die Lage bis zum 1. Juni 1939. Die Lage spitzt sich zu. Das Geschrei in der polnischen Presse nimmt überhand. Polen droht und beginnt mit Truppen im Nordteil des Korridors zu demonstrieren. In Polen selbst beginnt das schwere Leiden der Volksdeutschen wüste Formen anzunehmen.

Am 11. Juni 1939 wird nach bemerkenswert kurzer Besprechung auf Befehl des Führers in Danzig die Landespolizei aufgestellt. Als erster trifft der Kommandeur Generalmajor Eberhardt vom I. A. K. ein, direkt von der Korps-Generalstabsreise. In Zivil. Sein Ia kommt von der Kriegsakademie aus Berlin, direkt aus der Ausbildung. ‹Herr Eberhardt› erhält vom Polizeipräsidenten einen Ausweis, der ihn berechtigt, ‹die Gebäude der Polizei zu betreten und am Dienst der Polizei teilzunehmen›.

Nach kurzer Zeit steht der Stab. Es sind größtenteils Reserveoffiziere aus dem Freistaatsgebiet. Dann treffen Offiziere aus dem Reich ein, wenigstens für die Kommandeurstellen. Dazu Unteroffiziere. Ferner Soldaten, die, von der Werbestelle angeworben, im Reich dienten.

Die Männer sind vorhanden – Bewaffnung, Munition, Gerät und Bekleidung fehlen und müssen, trotz aller polnischen Rechte, hereingebracht werden, und zwar getarnt.

In Stettin werden Frachtdampfer mit der Ausrüstung und Bewaffnung beladen und nach Königsberg abgefertigt. ‹Maschinenschaden› in Höhe Danzig zwingt die Dampfer, Danzig anzulaufen und in der Schichauwerft festzumachen. Nachts beginnt auf der Werft ein eifriges Treiben ... So kommt die Ausrüstung vom Hufnagel bis zum 15 cm-Geschütz, vom Drahtverhaupfahl bis zum Panzerspähwagen in ‹Nachtarbeit› nach Danzig und wird abgefahren.

Danzig baut die vorhandenen Straßen im Freistaat aus. Die

Hauptstraße von Elbing wird erneuert und daher gesperrt. Nur nachts fahren geheimnisvolle Kolonnen von Ost nach West über die an sich geschlossene Grenzübergangsstelle Einlage, wo also auch die polnischen Zollinspektoren nichts oder nur wenig zu suchen haben.

In Rothebude, der Dampffähre über die Weichsel, wird eine Pontonbrücke auch für schwerste Fahrzeuge gebaut.

Polen fragt und Polen schreit in seiner gesamten Presse. Polen droht, Danzig in Grund und Boden zu schießen...

Polen marschiert nicht, weil England es nicht erlaubt. England liefert aber Ausrüstung, Waffen, Munition über Gdingen...

Die erlaubte Besatzungsstärke der Westerplatte ist heimlich von den Polen verdoppelt worden, und zwar in der Weise, daß Ablösung der Besatzung vorgenommen, aber anstelle der abgelösten Soldaten Zivilisten in Uniform (Arbeiter auf der Westerplatte) zurücktransportiert wurden, eine Verstärkung um 25 Soldaten täglich.

Ein Sportfest der SS bietet für Danzig die günstige Gelegenheit, die SS-Heimwehr nach Danzig hineinzubekommen und dann dazubehalten.

So geht die Aufstellung der ‹Brigade Eberhardt› rüstig weiter... Sie besteht aus 2 Infanterie-Regimentern, 1 Artillerie-Abteilung, aus der SS-Heimwehr und den anderen Abteilungen...»

Eine andere wichtige Einheit war der «SS-Wachsturmbann Eimann», der im Sommer 1939 gegründet wurde. Eine der vier Hundertschaften wurde als Hilfspolizei beim Angriff auf die Polnische Post eingesetzt. In der Hilfspolizei wurden SS und SA zusammengefaßt.

Der Begriff Hilfspolizei ist beschönigend, die SS war seit 1933 systematisch in Danzig rekrutiert und ausgebildet worden. Sie entwickelte sich zu einem lokalen Machtfaktor und wurde, wenige Monate vor Kriegsbeginn, noch durch die «SS-Heimwehr» verstärkt. Dem SS-Oberführer Schäfer wurden die gesamte Polizei und Hilfspolizei in Danzig unterstellt. Bereits wenige Tage nach dem «Blitzsieg» im Raum Danzig verselbständigte sich die SS und wurde verantwortlich für die Lager wie das spätere KZ Stutthof, für die «Sonderaktionen» das heißt den organisierten Massenmord und die systematische Verfolgung und Liquidierung der polnischen Intelligenz.

Auch die «SS-Heimwehr» stellte als Hilfspolizei Kräfte zum Sturm auf die Post ab. Sie wurde ab Frühjahr 1939 vom SS-Sturmbannführer Erich Götze aufgebaut und rekrutierte sich aus Reichsdeutschen, die nach Danzig eingeschleust worden waren.

Den Überfall auf die Post sollte das 2. Polizeirevier der Danziger Schutzpolizei vorbereiten. Das bot sich schon allein aus räumlichen Gründen an. Die Polnische Post am Heveliusplatz 1/2 war nämlich in dem Ostflügel des ehemaligen Garnisonslazaretts untergebracht und das Polizeirevier und das Landesarbeitsamt im anderen Flügel (Altstädtischer Graben 51/52).

Ein Polizeiobermeister Goertz des 2. Polizeireviers hatte bereits am 3. Juli 1939 damit begonnen, einen Angriffsplan für die Polnische Post auszuarbeiten, der nach Fertigstellung mit dem Stempelaufdruck «Geheim» versehen wurde. Der Plan, der nach Kriegsende im September 1945 entdeckt wurde, war sorgfältig durchdacht und mit polizeilichem Sachverstand ausgefeilt. Dort wird zunächst das Gebäude beschrieben:

«Es ist ein dreistöckiges massives Gebäude, dessen im Keller und Hochparterre gelegenen Fenster vergittert sind. Das Gebäude steht frei, und nur die Nordwestecke ist mit dem Gebäudeteil, in welchem das Landesarbeitsamt und das II. Polizeirevier untergebracht sind, verbunden. Durch Zumauern der Korridore ist seiner Zeit die Polnische Post vom Landesarbeitsamt abgetrennt worden.»

Die Belegschaft der Post sei etwa 50 Mann stark, dürfte sich aber im Ernstfall verdoppeln. Im Gebäude würden elf Frauen, dreizehn Männer und vier Kinder wohnen.

Goertz sieht Kräfte für eine äußere Abriegelung vor und macht sich Gedanken über die Verteidigungsmöglichkeiten des Gegners, die als sehr günstig eingeschätzt werden, weil das Gebäude von allen vier Seiten frei steht und viele Fenster aufweist. Goertz' Plan sieht vor, drei Eingänge des Postgebäudes anzugreifen. In seinem «Kampfplan» sind drei Stoßtrupps mit jeweils 15 Mann vorgesehen. Während die Stoßtrupps die Eingänge freikämpfen und in das Gebäude eindringen sollen, folgen ihnen zwei Unterstützungstrupps à 10 Mann, die die Stockwerke innen sichern und durchsuchen. Mit einer Reserve sind insgesamt 150 Mann eingeplant.

Auf der anderen Seite wurde die Verteidigung der Polnischen Post schon einige Monate früher, seit April 1939, vorbereitet, indem ein Mann mit dem Decknamen «Inspektor Konrad» in der Dienstwohnung der Familie Flisykowski im Postgebäude Quartier nahm. Er war aus Warschau geschickt worden. Es handelte sich um einen Armeeoberleutnant der Reserve, der erst lange nach dem Krieg, 1957, als Konrad Guderski identifiziert werden konnte. Seinen Geheimauftrag bei der Post kannten nur der designierte Direktor Dr. Jan Michon und der Abteilungsleiter Alfons Flisykowski. Die bis zum Frühherbst nach und nach in Postsäcken eingeschmuggelten Waffen und Munition lagerten im Zimmer des «Inspektors Konrad».

Die politische Polizei Danzigs, die noch nicht wie im Deutschen Reich Gestapo hieß, erhielt konkrete Hinweise darauf, daß in die Polnische Post und in andere Gebäude unter polnischer Hoheit Waffen eingeschmuggelt wurden. Warum man das nicht vor dem 1. 9. 1939 in Form einer Razzia überprüfte, läßt sich heute nicht eindeutig klären. Dieser Schritt könnte aber aus Furcht vor einem vorzeitigen offenen Ausbruch der Feindseligkeiten unterlassen worden sein, denn Danzig glich in den letzten Tagen vor Kriegsbeginn einem Pulverfaß.

Am 30. 8. 1939 versuchte die Polizei, die Polnische Post zu durchsuchen, angeblich, weil ein Postfahrer einen Polizisten angefahren hätte. Doch Direktor Michon verweigerte den Zutritt und berief sich auf die Verträge, wonach nur eine internationale Kommission eine solche Inspektion durchführen dürfe. Die Polizisten scheuten einen gewaltsamen Konflikt und zogen wieder ab.

Polen erhielt gemäß Artikel 104 Absatz 3 des Versailler Vertrags und Artikel 30 des Pariser Vertrags das Recht der Posthoheit für den Postverkehr zwischen Polen und Danzig. Die Polnische Post genoß nach einem deutsch-polnischen Abkommen vom 17. 5. 1922 keine exterritorialen Vorrechte im Sinn des diplomatischen Dienstes, jedoch galten die polnischen Dienstgebäude nach der Völkerbundauslegung als unverletzlich.

Genaugenommen gab es in Danzig drei polnische Postämter. Die Post am Heveliusplatz war sozusagen die Hauptpost und galt ab 1922 als «Polnisches Postamt – Danzig Nr. 1». Die erste polnische Poststelle wurde am 10. 3. 1920 im Danziger Hafen errichtet, ein weiteres Postamt folgte 1923 im Bahnhofsgebäude. In den Ämtern im Hafen und Bahnhof gab es keinen Publikumsverkehr. Im Stadtgebiet waren zehn Briefkästen mit dem polnischen Staatswappen aufgestellt worden, sie trugen Inschriften und Erläuterungen in polnischer und deutscher Sprache. Diese Briefkästen, unübersehbare Symbole polnischer Hoheitsrechte, waren den Nazis ein Dorn im Auge. Oft wurden sie beschmiert oder beschädigt.

Als angefeindete Minderheit legten die etwa sechzig polnischen Briefträger besonderen Wert auf korrektes Auftreten und gepflegte Uniformen mit dem silbernen Adler an der Mütze. Sie wurden bei ihrer Arbeit beschimpft, mit Steinen beworfen, manchmal sogar verhaftet. Sowohl der Völkerbundkommissar als auch der Völkerbundsrat in Genf waren mit den entsprechenden polnischen Beschwerden befaßt. Ende August 1939 wurde der Briefträger Mionskowski zu Boden geschlagen und mit Füßen getreten. Seinen Kollegen Mlynski bedrohte ein SS-Mann: «Schmeiß die Sachen weg und hau ab nach Polen. Morgen gehst du sonst auf die ewige Tour!»

Die polnische Regierung zog seit 1936 die Möglichkeit eines Umsturzes und den gewaltsamen Anschluß Danzigs an das Deutsche Reich in Betracht und beauftragte im Sommer 1936 den Armeeinspekteur in Thorn, General Wladyslaw Bortnowski, und seinen Stabschef, Oberst Jan Maliszewski, einen Wehrinterventionsplan zu erstellen. Der Plan basierte auf der Hypothese, daß Danzig von Ostpreußen her und über die Ostsee militärisch besetzt werden und Frankreich und England passiv bleiben würden. Denn man ging davon aus, daß Hitler erklären würde, er habe lediglich vereinnahmt, was dem Reich sowieso gehöre. Dieser Plan hatte auch die geheime Gründung von polnischen militärischen Kampfgruppen in der Freien Stadt Danzig zur Folge, die im Ernstfall die polnischen

Objekte, so auch die Post, schützen sollten, bis die Armee zur Hilfe eilen könnte.

Im Sommer 1939 wurde der Zoll durch 32 Inspektoren verstärkt, gleichfalls in erheblichem Umfang die Besatzung der Westerplatte. Aus Bromberg und Gdingen ordnete man weitere zehn Postbeamte zum Heveliusplatz ab. Als sich die Lage zuspitzte, stellte die polnische Militärführung im Süden von Danzig ein Armeekorps auf. Es bestand aus der 13. und 27. Infanteriedivision, verstärkt durch ein Panzer- und ein Pionierbataillon. Im Westen von Danzig wurde die 9. Infanteriedivision bereitgestellt. In den letzten Augusttagen wurde jedoch wegen der Aufmarschbewegungen deutscher Truppen entlang der polnischen Grenze offensichtlich, daß Hitlers Angriff nicht allein Danzig, sondern dem ganzen Land gelten würde. Am 31. 8. 1939 erhielt um 8.50 Uhr der Befehlshaber der Armee «Pomorze» (Pommerellen), General Bortnowski, die Anweisung, die Verteidigungskonzeption der veränderten Situation anzupassen. Eine der von ihm veranlaßten Maßnahmen bestand darin, die polnische Kriegsmarine aus dem Hafen von Gdingen abzuziehen. Der *Danziger Vorposten* spottete am 31. 8. 1939, «die polnische Flotte hat das Hasenpanier ergriffen».

Das polnische Generalkonsulat in Danzig wurde über die neue Lage und die veränderte Strategie informiert. Auch das Kommando der Westerplatte, dem man die Entscheidung selbst überließ, wie lange es Widerstand leisten wolle. Offensichtlich sind auch andere polnische Stützpunkte in Danzig darüber verständigt worden. Nur die Männer in der Polnischen Post gingen weiterhin von ihrem Verteidigungsauftrag aus. Sie vertrauten darauf, daß innerhalb von sechs Stunden Entsatz durch polnisches Militär erfolgen würde.

Niemand in Polen weiß die Frage zu beantworten, warum dieser Auftrag nicht bereits am 31. 8. 1939 widerrufen wurde. Dazu hätte die Gelegenheit bestanden, die Fernmeldeverbindungen waren noch intakt. Es scheint in der Aufregung und Hektik der Ereignisse schlichtweg vergessen worden zu sein.

Daß Danzig einen wichtigen Vorwand für den Krieg lieferte, war für den Gauleiter Forster eine Sternstunde. Am 9. 3. 1939 war er zusammen mit dem «Führer» im «Theater des Deutschen Volkes» in Berlin zu sehen, am Abend zuvor hatte er für die führenden Männer von Partei und Staat einen Empfang gegeben. Der Gauschulungsleiter Danzig-Westpreußen, Wilhelm Löbsack, wird denn geradezu lyrisch bei der Beschreibung einer weiteren NS-Feierlichkeit:

«Noch nie war Danzig so geschmückt als an jenem 20. April 1939, dem 50. Geburtstag Adolf Hitlers. In unzähligen Fenstern sah man das beleuchtete Bild des Führers. Es war nicht nur die besondere Liebe der Danziger, die sich in jenen bewegten Zeiten darin ausdrückte, sondern auch die außergewöhnliche Freude, daß Hitler nun endlich der Ehrenbürger Danzigs wurde. Gauleiter Forster hatte diesen Plan schon lange, aber immer wieder erschien es aus außenpolitischen Gründen als zweckmäßig, vorläufig davon abzusehen. Jetzt war der Augenblick gekommen, um auch in dieser Form vor aller Welt die unlösbare Verbundenheit zwischen Adolf Hitler und dem deutschen Danzig zu dokumentieren.»

Hitler empfing am Vorabend seines Geburtstags das Früherkorps der Danziger NSDAP in der Reichskanzlei. Acht Tage später prangerte er in einer Reichstagsrede den Pakt zwischen Polen und England an und erklärte das deutsch-polnische Abkommen für nichtig. In seiner Rede rief er pathetisch aus: «Danzig ist eine deutsche Stadt, und sie will zu Deutschland!» Dafür dankte Forster seinem «Führer» auf einer Kundgebung am 1. 5. in Danzig, an der angeblich über 100000 Männer und Frauen teilnahmen.

Das Thema Danzig genoß in der Reichskanzlei weiterhin hohe Priorität. Am 22. 5. kam es zu einer erneuten Unterredung zwischen Forster und Hitler anläßlich eines Empfangs, den Reichsaußenminister von Ribbentrop für den Grafen Ciano in Berlin gab. In den kommenden Wochen führte der Gauleiter Appelle der Partei und ihrer Gliederungen in Danzig durch, um sie, wie es hieß, auf die schweren zukünftigen Monate auszurichten. Ranghohe Nationalsozialisten nahmen daran teil, Stabschef Lutze besuchte etwa den Appell der SA und Reichsarbeitsführer Hierl die Kundgebung des Arbeitsdienstes (RAD). Mitte Juni reiste Goebbels zu den «Danziger Gaukulturwochen» an und deklamierte vom Balkon des Theaters: «Das nationalsozialistische Reich steht an eurer Seite, wie ihr zu ihm steht!»

Polnische Reaktionen auf die verbalen Kraftakte interpretierten die Danziger Nazis als Provokationen, für sie war das ein willkommener, propagandistisch gut auszuschlachtender Anlaß, sogenannte notwendige Schritte einzuleiten. Viele Tausende von Männern, so wurde hinterher stolz berichtet, strömten in die Wehrformationen: in die verstärkte Polizei, die «SS-Heimwehr» und in den aus dem Personal der SA gebildeten verstärkten Grenzaufsichtsdienst. Technische Sicherungen, wie Panzersperren und Straßenhindernisse an den Grenzen, seien errichtet worden.

Am 12. 7. flog der umtriebige Gauleiter erneut zur Rücksprache mit Hitler auf den Obersalzberg. In seiner Begleitung war auf Wunsch des «Führers» der Völkerbundhochkommissar Burckhardt. Die langatmigen Tiraden Hitlers gegen Polen verstärkte bei Burckhardt die Überzeugung von dessen Kriegsentschlossenheit. Hitler wies den Völkerbundkommissar darauf hin, es wäre wohl besser, wenn seine Frau und die Kinder in die Schweiz zurückkehrten.

Mit Hitler war auch der Forster-Artikel «Die Wahrheit über Danzig» abgestimmt worden, der am 24. 7. 1939 im *Völkischen Beobachter* erschien und in der Weltpresse, so die Darstellung der NS-Propaganda, ein lebhaftes Echo auslöste:

«1. Die Auslandspresse bedient sich... mit der Danzig-Frage in niederträchtiger Weise der Zwecklüge..., um die Welt gegen das Reich aufzuhetzen.

2. In Danzig herrscht Ruhe und Ordnung, während im Nachbarland Polen eine unbegreifliche Kriegspsychose vorhanden ist. Die Bevölkerung Danzigs geht fleißig ihrer Arbeit nach und benützt die warmen Sommertage, um sich am Ostseestrand zu erholen.

3. Ist das Gedächtnis der Staatsmänner und Journalisten in den westlichen Demokratien und Polen so schwach, daß sie vergessen haben sollten, wer diesen Freistaat begründet hat?

Wir Deutschen wären jedenfalls so gerecht, den Engländern zuzubilligen, daß eine Stadt, die nur aus englischer Bevölkerung besteht und widerrechtlich von England abgetrennt worden wäre, wieder zu England zurückkommt.

... Man ist also in London eher bereit, Hunderttausende von Menschen auf das Schlachtfeld zu führen, als 400000 Menschen ihr selbstverständliches Recht zu geben.

... Polen ist ausschließlich darauf aus, Danzig unter seinen vollständigen Einfluß zu bekommen, um es am Ende zu besitzen.

Es ist eine unter den vielen von der Auslandspresse verbreiteten Lügen, wenn man behauptet, daß deutsches Militär nach Danzig gekommen sei.

Adolf Hitler ist unser Führer. Seine Befehle sind uns schon seit Jahren, und heute ganz besonders, genau so heilig und unantastbar, wie den 80 Millionen im Großdeutschen Reich.»

Am 7. 8. wurde Forster erneut vom «Führer» auf dem Obersalzberg empfangen. Ergebnis dieser Besprechung war drei Tage später ein Auftritt des Gauleiters auf dem Langen Markt, eine nach NS-Selbsteinschätzung wiederum «gewaltige Kundgebung», auf der Forster fast wörtlich die bekannten Forderungen Hitlers wiedergab, zu denen die Wiedervereinigung Danzigs mit dem Reich und eine exterritoriale Autobahn durch den Korridor gehörte, die Ostpreußen mit dem Reich verbinden sollte. Die ausgestreckte Friedenshand des «Führers» sei, so Forster, von Polen ohne Gründe zurückgestoßen worden.

Acht Tage später verlieh Forster – in SS-Uniform auftretend – auf dem Danziger Maifeld der «SS-Heimwehr» die Hakenkreuzfahne. Der *Danziger Vorposten* kommentierte:

«Zum ersten Mal marschierten wieder deutsche Truppen mit modernen Waffen durch Danzig.»

Im Danzig jener Tage beherrschte eine kriegerische Optik das Stadtbild. Auf diesen Eindruck pochte Bode in Vernehmungen nach dem Krieg – zu seiner Entlastung, wie sich verstehen dürfte. Er beschrieb Danzig in den Augustwochen als ein Heerlager. Die Einheiten seien durch die Straßen der Stadt ins Gelände gezogen, so auch sein Bataillon durch die Straße Kurgarten unmittelbar an der diplomatischen Vertretung der Republik Polen vorbei.

Am 23. 8. ließ sich, in Abstimmung mit Berlin, Albert Forster durch Senatsgesetz zum Staatsoberhaupt der Freien Stadt Danzig ernennen, womit der Versailler Vertrag endgültig zu einem wertlosen Blatt Papier degradiert worden war. Letztmalig vor dem großen Schlag traf Forster am 30. 8. Adolf Hitler in der Berliner Reichskanzlei. Die NS-Propaganda begleitete das Geschehen:

«Das Haus des Gauleiters, Jopengasse 11 ..., ist das große politische Hauptquartier. Es wird zu einer wichtigen Stelle der Weltpolitik am Brennpunkt der deutsch-polnischen Beziehungen – am Vorabend des großen Krieges, der durch den Kampf um Danzig ausgelöst werden soll. Hier sieht man den Gauleiter mit seinem Stab der maßgeblichen Mitarbeiter, Offiziere und Führer der Wehrformationen, Generalmajor Eberhardt und SS-Obersturmbannführer Götze. Telefon und Fernschreiber halten die Verbindung mit Berlin bzw. Berchtesgaden aufrecht. Trotz angespannter Tätigkeit ist in der Jopengasse 11 keinerlei Unruhe oder Nervosität zu spüren. Gauleiter Forster konnte dem Führer telefonisch mitteilen, daß in Danzig alles in Ordnung sei und die Bevölkerung absolut die Nerven behält.»

Während der Sommermonate, in denen die angespannte Stimmung in der Stadt stetig anwuchs, ging das Leben für viele Danziger wie gewohnt weiter.

Am 24. 6. 1939 wurde das «Weichselland-Sängerfest» in Danzig eröffnet, fünf Bürger der Stadt wurden als Sieger des «Reichsberufswettkampfs» gefeiert, unter den Ausgezeichneten waren ein Bonbonkocher und eine Hebamme. Ein Schweizer Journalist schrieb schwärmend über die Langgasse und den Langen Markt, die «Piazza» des nordischen Venedig. In der Zoppoter Waldoper wurde der *Ring des Nibelungen* unter Professor Robert Heger als Festspieldirigenten aufgeführt. Am 19. 8. stellte sich unter den neuverpflichteten Mitgliedern des Schauspiels am Danziger Staatstheater Dieter Borsche vor. Und den Wettbewerb zum neuen Opernhaus hatte der Danziger Architekt Otto Frick mit dem Entwurf eines wuchtigen quadratischen Klinkerbaus gewonnen – 2000 Zuschauer sollten in dem Gebäude mit einer umlaufenden Säulenreihe Platz finden. Bereits fertiggestellt war die KDF-Halle am Strand der Weichselmündung, ein Holzbau mit Fachwerk und Schilfdach. Nach einem Strandaufenthalt oder einer Wanderung konnte man sich in der Halle, die 1300 Plätze umfaßte, erfrischen und den Hunger stillen.

Geplant war für das nächste Jahr ein KDF-Seebad und im weiteren Jahr ein Seesteg, auf dem man weit hinaus über das Wasser hinweg promenieren sollte.

Der Heubuder Dünenwald lud zu Ausflügen ein, wie der *Danziger Pressedienst* schrieb: «...dunkles Grün herrlicher Tannen und Kiefern, dazwischen Dünendurchbrüche und der Blick auf die Danziger Bucht, im Hintergrund das liebe, alte Danzig mit seinen Türmen und Giebeln. Nicht zu vergessen der Heubuder Räucherflunder, Symbol harter Arbeit Danziger Fischer...»

Der 1. 8. 1939 war der heißeste Tag des Jahres. Der Ostseestrand war außerordentlich belebt, allein 5538 Badegäste zählte die Seebadeanstalt Heubude an einem einzigen Tag.

Am 15. 8. 1939 wurden in der Frauengasse mehrere altertümliche Fenstererker erneuert. Die schönste der alten Danziger Gassen sollte ein Anziehungspunkt für den Fremdenverkehr werden. Auch die alltägliche Polemik gegenüber Polen wurde in diesem heißen Sommer weiter gepflegt. So registrierte ein Dr. Kurt Lück akribisch, daß über die Jahrhunderte Deutsche mit der Schimpfbezeichnung «Hunde» 43mal in die polnische Überlieferung, Literatur und Kunst eingegangen waren.

Für die polnische Minderheit in Danzig allerdings, die die konkrete Bedrohung spürte, hatte der Alltag längst eine ungute Wende genommen. Für viele Familien hieß es im August Abschied zu nehmen. Die Männer blieben in Danzig zurück, Frauen und Kinder reisten zu Verwandten nach Polen. Für viele wurde es ein Abschied auf immer.

Die meisten Polen in Danzig kannten sich untereinander. Viele waren im «Westverband», einer der größten der polnischen Widerstandsbewegungen, organisiert. Sie waren alle im Visier der politischen Polizei und deren Mitglieder auf schwarzen Listen erfaßt. In einem SS-Bericht, «Aufstellung der deutschfeindlichen polnischen Organisationen» betitelt, wurde der «Westverband» beschrieben:

«Früher Westmarkenverband. Setzt sich aus Intellektuellen zusammen. Alleiniger Zweck: Vernichtung des Deutschtums in den Westgebieten Polens und Förderung der chauvinistischen polnischen Forderungen auf Annektion Ostpreußens sowie der Verlegung der polnischen Westgrenze an die Oder. Verantwortlich für die maßlose Verblendung der breiten Masse der polnischen Bevölkerung, geistiger Urheber der Deutschenmorde. Hauptverbreitungsgebiet: Posen, Westpreußen und Ostoberschlesien.»

Dem «Westverband» und ähnlichen Widerstandsgruppen gehörten auch die Beamten der Polnischen Post an, so zum Beispiel Bernard Binnebesel, Alfons Flisykowski und Maksymilian Cygalski. Auch für diese Männer hieß es, sich von ihren Familien zu trennen. Ihre Angehörigen erinnern sich heute noch an diese angespannten Tage vor dem Beginn des Kriegs, vor allem aber an den Moment des Abschieds.

Akadiusz Binnebesel, ein Sohn des ermordeten Postverteidigers Bernard Binnebesel und heute stellvertretender Museumsdirektor der Marienburg, weiß zu erzählen, daß auch seine Eltern dem «Westverband» angehörten. Sie seien regelmäßig zu den geheimen Versammlungen gegangen, dort habe man Geld gesammelt, um andere Mitglieder zu unterstützen. Politik des «Westverbandes» sei es gewesen, den inneren Zusammenhalt der polnischen Minderheit und polnische Wirtschaft, Handel, Banken und die Bauernschaft zu fördern.

1935 zog die Familie Binnebesel nach Danzig in die Weidengasse 62. Der Vater arbeitete bei der Post als Fernschreiber und Älterer Assistent. Bis 1936, so erinnert sich Arkadiusz Binnebesel, der damals sechs Jahre alt war, konnten sie in Danzig gut leben. Es gab polnische Feiertage, an denen die weiß-rote Fahne gehißt wurde, er durfte Polnisch sprechen und ging in die polnische Volksschule. Besonders stolz sei man auf die verschiedenen polnischen Schulen gewesen, die besser als die Senatsschulen waren. 1936 habe sich die Lage rapide verschlechtert. Die Hitler-Jugend lieferte sich Straßenschlachten mit den Schülern des polnischen Gymnasiums. Auch er, Arkadiusz, wechselte ständig den Schulweg, weil die HJ den polnischen Schulkindern auflauerte und sie verprügelte.

Die Polnische Post, das sei wie eine große Familie gewesen. Man feierte gemeinsam und begegnete sich sonntags bei der Heiligen Messe in der St. Nicolas-Kirche oder der Christus-König-Kirche.

Das Jahr 1939 empfand der nun Neunjährige auch als interessante, aufregende Zeit, weil ständig etwas passierte. Die Nazis seien durch die Straßen marschiert und hätten gesungen: «Die Fahne hoch, die Reihen fest geschlossen...» Als das Lied verklungen war, hätten sie im Chor geschrien: «Hängt die Juden – stellt die Polen an die Wand – ruckzuck!» Wenn die SS marschierte, drückte sich Arkadiusz in den nächstbesten Hausflur, denn es bestand Grußpflicht für Polen.

Zwei Wochen vor dem Krieg erhielten, so erinnert sich Arkadiusz Binnebesel, die Familienangehörigen der Postbeamten die Anordnung, Danzig zu verlassen. Die Mutter wollte nicht, aber der Vater hatte die Gefahr erkannt, war auch von einer ihm wohlgesinnten Person bei der SS gewarnt worden: «Mach, daß du wegkommst!» Beim Abschied auf dem Bahnhof habe der Vater von einem unbestimmten Gefühl gesprochen, daß sie sich nicht mehr wiedersehen würden. Sie fuhren Richtung Warschau nach Lubawa bei Deutsch-Eilau.

Zur großen Postfamilie zählten auch die Flisykowskis, die im 1. Stock des Postgebäudes in einer Dienstwohnung lebten. Alfons Flisykowski war bei Kriegsbeginn 37 Jahre alt, leitete vorübergehend das Postamt 2 und wurde später Abteilungsleiter am Heveliusplatz. Als Unteroffizier der Reserve gehörte er zum «Verband polnischer Vaterlandsverteidiger» und nahm in Warschau an Wehrübungen teil. Fast alle Postler waren in Vereinen organisiert, man pflegte dort das Polentum (in der «Polnischen Gemeinde – Bund der Polen»), suchte nach einem Gefühl der Zusammengehörigkeit (etwa im «Freundeskreis der Pfadfinder») oder ging gemeinsam Freizeitbeschäftigungen nach (im Sportklub «Gedania», im Männerchor «Moniuszko» oder im Blasorchester). Das politisch unsichere Danziger Terrain motivierte aber auch die Abwehrbereitschaft, die Postler unterhielten einen als «Postsportklub» getarnten Wehrsportverein.

Auch die damals 8 Jahre alte Stefania hatte – wie schon Akadiusz Binnebesel erzählte – Probleme auf dem Schulweg. Zwei deutsche Jungen pöbelten sie an: «Siehste, da ist doch die Pollaksche!» Dann lachten sie und riefen hinter ihr her: «Polnische Schweine, raus aus

Danzig!» Stefania Koziarowska ist die Tochter von Maksymilian Cygalski, der ermordet wurde. Sie lebt heute als Fremdsprachenkorrespondentin einer Versicherung in Zoppot. Auch sie erzählt ihre Geschichte auf deutsch. Genau erinnert sie sich an die angespannte Stimmung im August 1939 zu Hause:

«Meine Eltern führen seit längerem ernste und geheimnisvolle Gespräche. Sie entscheiden, daß meine Mutter mit den beiden Kindern zu ihren Eltern nach Karthaus fahren soll. Dort sollen wir warten, bis sich alles geklärt hat, vielleicht kommt es doch nicht zu einem Kriegsausbruch, obwohl alles auf die Gefahr hinweist.

Es wird gepackt. Nur das Notwendigste: Wäsche, ein paar Kleidungsstücke, Schuhe, auch warme Bekleidung, denn es besteht keine Sicherheit, daß wir wieder zurückkommen. Es ist Sommer. Der Winterpelz meiner Mutter und mein kleines Kaninchenfell sollen auch mit. Und das alles unauffällig, die deutschen Nachbarn dürfen es nicht merken.

Früh morgens werden wir geweckt. Alles ist fertig. Leise wird die Wohnungstür geschlossen. Meine Mutter macht das Zeichen des Kreuzes, sie überläßt alles Gott und dem Schicksal.

Beide, Vater und Mutter, tragen die Koffer. Wir gehen einen Seitenweg entlang zum Bahnhof, dann fahren wir alle zusammen nach Karthaus, einer Kleinstadt mit ca. 6000 Einwohnern. Die Großeltern erwarten uns. Dort fühlen wir uns immer geborgen und in guter Obhut. Wir Kinder werden zu den Gesprächen der Erwachsenen nicht zugelassen, aber ich spüre die schwere Luft und den Gram. Die ganze Familie bringt den Vater zurück zum Bahnhof. Er verabschiedet sich von uns, er küßt uns und will lächeln. Er winkt aus dem Fenster im Zuge. Das war das letzte Mal, daß ich ihn gesehen habe.»

Das deutsche Kriegsschulschiff «Schleswig-Holstein» lief am 25. 8. 1939, um 8.00 Uhr morgens, zu einem Freundschaftsbesuch der Freien Stadt in den Danziger Hafen ein.

Im Schiffsrumpf, sozusagen als «Geheime Reichssache» verborgen, war eine 300 Mann starke Spezialeinsatztruppe, die den Auftrag hatte, die Westerplatte zu erstürmen. Der Kommandant der

«Schleswig-Holstein», Kapitän zur See Kleikamp, vertraute bei einem Empfang dem Hohen Kommissar des Völkerbundes an: «Ich habe einen furchtbaren Auftrag, den ich vor meinem Gewissen nicht verantworten kann.»

Das Kriegstagebuch der Seekriegsleitung enthält folgenden Eintrag: «23. 8. Befehl an Gruppe Ost: ‹Schleswig-Holstein› am 25. 8. vorm. statt ‹Königsberg› in Danzig ‹zum Besuch› einlaufen, Stoßtruppkompanie aus Memel vorher an Bord nehmen. Ubootsgeleit durch 2 Torp. Boote.»

In der Wohnung des deutschen Hauptwachtmeisters der Polizei, Albert F., wurde 1945 ein Tagebuch gefunden. Geschrieben hat es Willi Aurich, ein 27jähriger Offizier und Obermusikmeister der Kapelle des Panzerschiffs «Schleswig-Holstein», der unter dem 25. 8. 1939 festhält:

«Nach dem Festmachen begibt sich der Kommandant von Bord. Der Eindruck eines Besuchs bleibt bewahrt. Von der Besatzung darf niemand von Bord. Unser Liegeplatz ist direkt gegenüber der Westerplatte. Dichter Wald verhindert jedes Einsehen der Anlagen. Mit Einbruch der Dunkelheit werden Vorbereitungen für einen Überfall durch unseren Stoßtrupp getroffen. Im Schutze des Schiffs gehen die Männer von Bord in einen gegenüberliegenden Garten, um die Westerplatte von der Landseite anzugreifen. Um 04.30 h sollte der Angriff stattfinden. Gegen 21.00 h erfahre ich durch den Adjutanten, daß das Unternehmen abgeblasen ist. Warum? Man hofft sicher noch im letzten Augenblick mit der Vernunft der Polen.»

In der Tat sollte der Zweite Weltkrieg nach einem Befehl Hitlers am 26. 8. 1939 beginnen. Buchstäblich in letzter Minute hatte er die bereits anrollende Kriegsmaschinerie noch einmal für einige Tage angehalten. Am 22. 8. forderte er auf dem Obersalzberg vor der versammelten obersten Militärführung:

«1. Rücksichtslose Entschlossenheit: Gegenzüge Englands – Frankreichs werden kommen. Es muß durchgehalten werden. West-Aufmarsch wird gefahren. ‹Eiserne unerschütterliche Haltung aller Verantwortlichen!›

2. Ziel: Vernichtung Polens = Beseitigung seiner lebendigen Kraft. Es handelt sich nicht um Erreichen einer bestimmten Linie

oder einer neuen Grenze, sondern um Vernichtung des Feindes, die auf immer neuen Wegen angestrebt werden muß.

3. Auslösung: Mittel gleichgültig. Der Sieger wird nie interpelliert, ob seine Gründe berechtigt waren. Es handelt sich nicht darum, das Recht auf unserer Seite zu haben, sondern ausschließlich um den Sieg.

4. Durchführung: Hart und rücksichtslos! Gegen alle Erwägungen des Mitleids hart machen.

Schnell. Glaube an den deutschen Soldaten, auch wenn Hemmungen auftreten.» (Aufzeichnung Generalstabschef Halder.)

Am 27. 8. trug Abwehroffizier Helmuth Groscurth in sein Tagebuch ein:

«Führer erscheint 17.30 Uhr mit Himmler, Heydrich, Goebbels, Wolff und Bormann. Kein Offizier anwesend. Inhalt: Situation sehr ernst. Er sei entschlossen, Ostfrage so oder so zu lösen. Er habe Henderson gewisse Vorschläge gemacht und warte nun Antwort ab. Mindestforderung: Danzig und Korridor. Höchstforderung: je nach Stand der militärischen Lage. Wenn Mindestforderung nicht erfüllt würde, dann Krieg. Krieg mit brutalsten und unmenschlichsten Mitteln. Er selbst sei, wie Friedrich der Große, gewillt, alles auf eine Karte zu setzen und überall dort in vorderster Front persönlich zu kämpfen, wo es besonders heiß herginge.»

Durch verschiedene Quellen ist überliefert, daß unter der Regie von Heydrich «Kriegsgründe» geschaffen werden sollten. Man wollte 150 Häftlinge aus Konzentrationslagern in polnische Uniformen stecken und opfern, um Grenzzwischenfälle der Polen zu fingieren. Ausgeführt wurden diese Pläne allerdings nur bei dem vorgetäuschten Überfall auf den Sender Gleiwitz. Auch war geplant, bereits am Y-Tag (Angriffstag) 3000 polnische Staatsangehörige festzusetzen.

Warum Hitler seinen ersten Angriffsbefehl widerrief und dann erneut erteilte, ist nicht eindeutig zu erklären. Seit dem 23. 8. gab es den Nichtangriffspakt zwischen Deutschland und der Sowjetunion, seit dem 25. 8. einen britisch-polnischen Beistandspakt. Möglicherweise wollte man England diplomatisch davon abhalten, sich aktiv in den deutsch-polnischen Konflikt einzuschalten.

Das Festmachen der «Schleswig-Holstein» im Danziger Hafen wurde zunächst wie ein üblicher Flottenbesuch routinemäßig mit Bordempfängen etc. abgewickelt, symptomatisch für die irreale Danziger Situation. Der Tagebuchschreiber Aurich notiert:

«1939 26. August

... Kommandant teilt uns mit, daß die Flotte den Mobilmachungsbefehl erhalten hat, und daß mit Anbruch der Dunkelheit wieder volle Kriegswache geht, da wir auch weiterhin auf der Hut sein müssen. Um 14.30 h wird zum Zeitvertreib auf dem Pier in einem Schuppen Kino veranstaltet (Florentiner Hut). Dazu erscheinen die Leute des Stoßtrupps in Sportzeug, um nicht die Bevölkerung, welche zahlreich unser Schiff umlagert, durch ihr Feldgrau aufmerksam zu machen.

1939 27. August

Flaggenparade mit Musik. Die Polen werden sich über unser Verhalten wundern.»

Wie vom Protokoll, das die Tatsachen noch ignorierte, vorgeschrieben, kam auch der diplomatische Vertreter Polens in Danzig, Marian Chodacki, zum Gegenbesuch an Bord der «Schleswig-Holstein». Er berichtete darüber später, daß dies eine der schwersten Stunden seines Lebens war, zweimal wäre er an den Läufen der schweren Geschütze vorbeigegangen und habe trotzdem ein Glas Sekt getrunken. Am 26. 8. beschwor Chodacki den Hohen Kommissar des Völkerbunds Burckhardt, seine Frau nach Berlin zu bringen, die Kampfhandlungen könnten jederzeit einsetzen.

Am 31. 8. trug Marineoberleutnant Aurich in sein Tagebuch ein:

«Flaggenparade, danach wieder Exerzieren an Land. Um 11.00 h kommen zwei Herren vom Landessender Danzig an Bord, um mit mir über ein Konzert am Sonntag zu sprechen. Um 14.00 h fahre ich an Land, um die Spielfolge einzureichen. Unsere Lage scheint sich zu verschärfen, denn der Adjutant macht einige Andeutungen. Hoffentlich fällt bald die Entscheidung!»

In der Anweisung Nr. 939 des Reichspropagandaministeriums an die Presse hieß es, daß in allen Meldungen das Wort «Krieg» vermieden werden müsse. Deutschland schlage einen polnischen Angriff zurück, lautete die Devise.

3. KAPITEL

DER ANGRIFF AUF DIE POST

Danzig in den frühen Morgenstunden des 1. September 1939. Ein Freitag. Der Chef der militärischen Bordkapelle der «Schleswig-Holstein», Oberleutnant Willi Aurich, notierte:

«Es ist jetzt 06.15 h. In unsere Schießerei ist eine kleine Beruhigung eingetreten, und so will ich schnell einige Zeilen schreiben. Um 01.15 h werde ich wach, denn vor meiner Kammer ist ein ziemlicher Lärm. Ich ziehe mich an und stelle fest, daß die Motorräder und das übrige Gerät des Stoßtrupps ausgeladen werden, einige Motorräder hängen gerade am Kran. Also soll es doch losgehen! Um 04.45 h, nachdem alle Mann auf Gefechtsstation sind, legen wir ab und nähern uns der Westerplatte. Nachdem wir einige Meter gefahren sind, kracht der erste Schuß durch die morgendliche Stille. Ungefähr 300 m vor dem Eingang zur Westerplatte legen wir uns quer über die Fahrrinne, um mit der Breitseite schießen zu können. Am Ufer stehen einige Neugierige, und Berichterstatter und Kameraleute verfolgen den Gang der Handlung. Ich befinde mich im Lazarett, denn es ist meine Gefechtsstation. Wir verfolgen aufmerksam die Wirkung unseres Feuers, denn wir können alles sehr schön einsehen und beobachten. Schon nach den ersten Schüssen geht eine kleine Bootswerft in Flammen auf. Selbige mußte aus dem Weg geräumt werden, um bessere Übersicht zu bekommen. Zur gleichen Zeit gehen auf der Landseite Leute der Polizei vor und beschießen die Westerplatte. Nach unseren ersten Salven stürzen einige kleine Häuser durch den Druck ein. Bei anderen lösen sich die Ziegel. Nach ca. 15 Minuten stellen wir unser Feuer ein. Jetzt greift der Stoßtrupp an. Nach anfangs heftigem Gewehrfeuer fallen jetzt nur noch einzelne Schüsse. Da fahren auch schon die ersten Sanitätsautos. Zwischendurch sieht man Krankenträger mit Tragbahren zurückkommen. Von meinen Musikern sind auch drei Mann als Hilfskrankenträger dabei.

Gegen 07.30 h erfolgt der zweite Feuerüberfall durch uns. Die Rohre aller Kaliber werfen hinaus, was sie schaffen können. Nach ungefähr einer halben Stunde geht der Stoßtrupp wieder vor. Wird er es dieses Mal schaffen? Hinderlich ist der dichte Wald. Sowie eine Granate an einen dünnen Zweig kommt, krepiert sie schon. Wieder ist heftiges Gewehrfeuer zu hören. Die Polen verteidigen sich hartnäckig, und nach Aussage der Verwundeten ist die Sache drüben gut vorbereitet. Merkwürdigerweise werden wir, außer einigen kleinen Kalibern, welche über unser Schiff fliegen, nicht angegriffen.»

Im Postgebäude hielten sich zu der Zeit, als Aurich dies niederschrieb, 58 Personen auf, unter ihnen die Frau des Hausmeisters, Margorzata Pipka, und ihre 11jährige Pflegetochter Erwina Borzychowska. Alle Beamten, die am 31. 8. Tagesdienst verrichtet hatten, mußten am Abend dableiben und wurden durch die verstärkt, die zum Nachtdienst kamen. Gegen Mitternacht versammelte Direktor Dr. Jan Michon seine Mitarbeiter und verlas die hier bereits erwähnte geheime Anordnung aus Warschau. In diesem Kreis ging man in diesen entscheidenden Stunden noch von dem für die polnische Armee bereits überholten Plan aus, daß das Postgebäude so lange verteidigt werden sollte, bis die Pommerellische Armee unter General W. Bortnowski zu Hilfe eilen würde. Dann stellte Michon seinen Leuten einen Mann mit dem Decknamen «Inspektor Konrad» vor, der ab sofort das militärische Kommando übernehmen sollte.

«Konrad» ließ Waffen und Munition verteilen: Pistolen, Eierhandgranaten und auf drei Stockwerke je ein leichtes Maschinengewehr. Dann wies er den Männern, von denen die meisten bereits in der Armee gedient hatten, verschiedene Stellen im Gebäude zu.

Die Männer in der Post versuchten, ein wenig Schlaf zu finden.

Einige beobachteten das Gelände vor der Post. Als sie im Bereich des Arbeitsamtes Uniformierte bemerkten, ließen sie die Eisengitter an den Eingängen herunter. Die Frau des Hausmeisters und das Mädchen versuchten, sich im zweiten Stock, im sogenannten Papierraum, in Sicherheit zu bringen. Gegen 4.00 Uhr in der Frühe stellten die Verteidiger fest, daß die Telefon- und Telegrafenverbindung unterbrochen worden waren und auch der Strom abgeschaltet war. Sie waren ab jetzt von jeder Kommunikation mit der Außenwelt abgeschnitten.

Nach dem Operationsplan der Danziger Sicherheitsbehörden sollten handstreichartig in aller Frühe die 18 «polnischen Stützpunkte» ausgeschaltet werden. Die Polnische Post war einer dieser Stützpunkte. Die operative Verantwortung für die Einsätze der Sicherheitsbehörden trug der zum Chef der Danziger Polizei ernannte SS-Oberführer Johannes Schäfer. Er war damals 42 Jahre alt und seit 1927 Mitglied der NSDAP unter Nr. 49 889, SS-Nr. 1523. Unter Schäfers Oberkommando standen auch die zahlreichen Festnahme- und Durchsuchungstrupps, die exakt um 5.45 Uhr ausschwärmten. Schäfer war vom Senat der Stadt am 28. 6. 1939 zum alleinigen Bevollmächtigten in polizeilichen Angelegenheiten ernannt worden. Für seine Verdienste wurde er drei Wochen später mit Wirkung vom 1. 9. 1939 von Reichsführer-SS Himmler persönlich zum SS-Brigadeführer befördert.

Die politische Verantwortung für die Danziger Maßnahmen am 1. 9. 1939 übernahm der 36jährige Gauleiter Albert Forster, damals der mächtigste Mann der Stadt.

Die Führungszuständigkeiten waren im Bereich der Sicherheitskräfte doch nicht ganz so eindeutig geregelt, denn neben dem SS-Oberführer Schäfer spielte auch der langjährige Polizeipräsident Froboes eine wichtige Rolle. Der Einsatz an der Polnischen Post wurde vom Kommandeur der Danziger Schutzpolizei, Willy Bethke, befehligt, der wiederum Froboes als seinen Vorgesetzten bezeichnete. Das Konkurrenzverhältnis zwischen Partei- und staatlichen Instanzen zeichnete sich so auch am ersten Kriegstag ab.

«Der Wahnsinn rollt ab», mit diesen Worten beschreibt der regimekritische Abwehroffizier Helmuth Groscurth das Geschehen in seinem Tagebuch. Die Polnische Post wurde angegriffen.

Als der erste Schuß fiel, schliefen einige Postbeamten, die Erschöpfung hatte sie übermannt. Jan Michon lief durch die Flure und schrie: «Die Stellungen einnehmen! Die Stellungen einnehmen!» Gleichzeitig betätigte Bronislaw Szulc eine Alarmglocke.

Aus dem Keller des Landesarbeitsamts wurde eine Sprengladung geworfen, explodierte und riß ein Loch in den Zaun, der den Posthof vom Hinterhof des 2. Polizeireviers trennte. Zwei deutsche Stoßtrupps unter Polizeileutnant H. stürmten vor und erhielten aus dem Haus Rähmgasse 4 und dem Landesarbeitsamt Feuerschutz. Ihr Ziel waren die beiden Hofeingänge des Postgebäudes, die zum Keller und über eine Rampe zum Paketlager im Hochparterre führten. Gleichzeitig zerstörte eine zweite Haftladung das Tor in der Umzäunung im Eingangsbereich an der östlichen schmalen Seite des Gebäudes, von wo man zur im Hochparterre gelegenen Wohnung des Pförtners kam. Von der Rähmgasse aus versuchte ein dritter Stoßtrupp, diesen Eingang zu erreichen.

Die Postler verteidigten sich. Mit Salven aus drei Maschinengewehren und Pistolen gelang es ihnen, die Attacke zu stoppen. Sie zielten aus dem Hintergrund der Räume auf die Angreifer und warfen Handgranaten durch die Fenster.

Der deutsche Polizeileutnant H. erreichte trotzdem mit seinen Leuten das Postgebäude und drang in den Vorraum des Paketlagers ein. Hier konzentrierte sich der dramatische Verteidigungskampf.

Im Innern des Postgebäudes waren Wladyslaw Milewczyk und Bronislaw Szulc dorthin gelaufen, als sie von der Hofseite zwei Detonationen hörten, die zweite sprengte die Tür zum Paketlager. Szulc und Milewczyk schossen mit Pistolen auf einen eindringenden Polizisten, der nicht mehr dazu kam, die Handgranate zu werfen. «Konrad» versorgte die beiden Verteidiger im Paketraum mit Handgranaten. Er hatte das Maschinengewehr dabei. Inzwischen verstärkte Kazimir Rogaczewski die Mannschaft im Paketlager, obwohl er schon leicht verwundet worden war.

Polizeileutnant H. mußte sich mit seinen Leuten wieder zurückziehen. H. selbst wurde schwer verwundet. Polizeiwachtmeister G. und Walter N. von der «SS-Heimwehr» kamen um, sieben weitere Angreifer wurden verwundet, so zum Beispiel der Angehörige der 36. SS-Standarte Danzig, Paul J., den ein Splitter an der Schulter verletzte und der erst nach drei Wochen Lazarettaufenthalt wieder, nunmehr zur Bewachung des «Führers», in dessen Zoppoter Hauptquarter eingesetzt werden konnte.

Am Postgebäude waren inzwischen sämtliche Fensterscheiben zerstört. Senatspräsident Greiser, der sich vor Ort informieren wollte, packte kurzerhand einen verwundeten Polizisten in sein Auto und fuhr ihn ins Krankenhaus. Polizeioberst Bethke, der Einsatzleiter, war vom heftigen Widerstand der Postbeamten vollkommen überrascht worden und sah sich zu einem veränderten Vorgehen gezwungen. Die Angreifer waren vom Widerstand der Postler sichtlich beeindruckt, denn ein SS-Mann verglich in einer Vernehmung nach dem Krieg die Post mit einem «feuerspeienden Berg».

Während dieser Kämpfe im Postgebäude hatte ein Panzerspähwagen der «SS-Heimwehr» in der Straße An der Schneidemühle Stellung bezogen. Als er mit seinem MG losfeuerte, mochte es inzwischen um 9 Uhr geworden sein. Bethke entschied, zunächst eine Pause einzulegen und die Zivilbevölkerung aus allen Häusern im Umkreis von 200 m zu evakuieren. Der Polizeioberst ordnete an, daß die Einwohner alle Fenster öffnen, die Türen schließen, aber nicht verschließen und dann ihre Häuser in Richtung Stadtzentrum verlassen sollten. Den polnischen Postverteidigern ließ er über Lautsprecher übermitteln, sie hätten zwei Stunden Zeit, über ihre Kapitulation nachzudenken. Danach werde die Post in die Luft gesprengt.

Von den Männern in der Post war bei der ersten Angriffswelle niemand ernsthaft verletzt worden. Alfons Flisykowski hatte einen Streifschuß am Ohr erhalten. Sie kamen alle im ersten Stockwerk zusammen, wo Franciszek Klinkosz Nachschub an Munition und Handgranaten verteilte. Niemand erhob Einspruch, als die Parole ausgegeben wurde, daß man jetzt nicht aufgeben sollte. Die Verteidiger der Post glaubten noch zu diesem Zeitpunkt fest daran, daß die Pommerellische Armee bald eintreffen und sie aus ihrer mißlichen Lage befreien würde.

Polizeioberst Bethke setzte sich während dieser Stunden mit der «Gruppe Eberhardt» – jener Einheit, in der auch die beiden Juristen Bode und Giesecke ihren Militärdienst leisteten – in Verbindung und bat um Unterstützung. Bethkes Ersuchen erreichte den Generalstab, dem auch Kriegsgerichtsrat Hans-Werner Giesecke angehörte. Dort entschied Generalmajor Eberhardt, daß Bethke mit einer Feldhaubitze und einer Danziger Pionierkompanie unter Hauptmann St. zu unterstützen sei. Die Abwicklung dieser Militärhilfe oblag dem Gefechtsstab des Generals und fiel in die Zuständigkeit des Ia, Hauptmann Kurt Fett. Im Stab wird der Ia in der Regel durch einen Ordonnanzoffizier unterstützt, eine Rolle, die Dr. Hans-Werner Giesecke in Doppelfunktion übernahm. Er kümmerte sich darum, daß die Feldhaubitze abgezogen und zum Heveliusplatz transportiert wurde. Nach dem Krieg sagte Giesecke dazu aus: «Ich habe selbst für die Ausführung dieses Befehls gesorgt. Das Geschütz befeuerte aus nächster Entfernung (300–500 m etwa) das Gebäude. Ich bin gegen Mittag des 1. September 1939 nach dem Einsatz des Geschützes noch eine halbe Stunde in der Nähe der Polnischen Post gewesen.»

Der Einsatz der «Gruppe Eberhardt» bei der zweiten Angriffswelle auf die Polnische Post brachte eine praktische Wende, die später rechtlich bedeutsam werden sollte. Da die «Gruppe Eberhardt» dem Oberkommando der 3. Armee unterstellt war, hatte die Einheit einen offiziellen militärischen Status und gehörte als Kombattanten zu den operativen Heeresteilen. Die Polizei- und Hilfspolizeikräfte des Polizeiobersten Bethke galten hingegen formell nicht als Kriegsteilnehmer. Die deutsche Nachkriegsjustiz befaßte sich, wie wir noch sehen werden, ausführlich mit diesen Aspekten der Danziger Vorgänge. Über 12 Jahre lang widmeten sich bundesdeutsche Gerichte den Fragen, ob auch den Postverteidigern ein Kombattantenstatus zukam oder nicht und ob sie sich zwar gegen die Polizei, nicht aber gegen das Militär hätten wehren dürfen.

Der Heveliusplatz war hermetisch durch Polizeiposten abgeriegelt worden, nachdem alle Bewohner ihre Häuser verlassen hatten. Zutritt erlaubte man allerdings Zeitungsjournalisten, Reportern des

Großdeutschen Rundfunks, des Reichssenders Danzig und den Kameraleuten der Ufa-Tonwoche. Ihren Live-Reportagen kommt historische Bedeutung zu, es handelt sich um ein Musterbeispiel nationalsozialistischer Propagandatechnik. Millionen deutscher Kinobesucher konnten nur wenige Tage später den Kampf um die Polnische Post und die Westerplatte in der *Wochenschau* verfolgen.

Gauleiter Forster ließ sich am Schauplatz des Geschehens sehen. Zu diesem Zweck hatte er sich einen der beiden Panzerspähwagen der «SS-Heimwehr» ausgeliehen, die die Namen «Ostmark» und «Sudetenland» trugen. Auch SS-Oberführer Schäfer traf am Heveliusplatz ein.

Inzwischen überlegten der Kommandeur der Schutzpolizei Bethke und sein Führungsstab, ob sich die Polnische Post nicht einfach in die Luft sprengen ließe. Schließlich hatte man bereits zwei tote Kameraden zu beklagen, das steigerte den Zorn und hemmte die Skrupel der deutschen Angreifer. Diesen Plänen trat aber Forster entgegen, weil er wohl befürchtete, daß seine Stadt durch die Explosion in Mitleidenschaft gezogen werden könnte.

Die zweite Angriffswelle hatte die Vorderfront des Postgebäudes mit dem Haupteingang zum Ziel. Die 105mm-Haubitze war am Ende des Heveliusplatzes, etwa in Höhe der Rittergasse, postiert worden. Zudem verfügte Bethke nunmehr über zwei Infanteriegeschütze der «SS-Heimwehr», die vor dem Haus Nr. 5 in der Straße Am Spendhaus aufgestellt wurden, vis-à-vis dem Post-Hauptportal. Ihr Schußfeld reichte quer über den Heveliusplatz. Die Haubitze wurde von zwei Berliner Bereitschaftspolizisten bedient.

Über Lautsprecher forderte ein Dolmetscher die Postverteidiger in polnischer Sprache auf, sich zu ergeben und das Gebäude mit erhobenen Händen zu verlassen. Als keine Reaktion erkennbar wurde, erteilte Bethke den Feuerbefehl. Die drei Geschütze gaben in kurzer Folge Schüsse ab, die Löcher in die Fassade rissen. Gleichzeitig wurde aus mehreren MGs und zahlreichen Karabinern gefeuert. Aus dem Postgebäude wurden die Schüsse erwidert. Staubwolken, Pulverdampf und ein ohrenbetäubender Lärm legten sich über den Heveliusplatz. Nach längerer Schießerei trat eine Pause ein.

Alfons Flisykowski rannte in das obere Stockwerk, wo das MG der Verteidiger eine Ladehemmung zu haben schien. Dort fand er «Inspektor Konrad», er war tot. Später behaupteten einige, daß «Konrad» zu leichtsinnig gewesen sei. Als die ersten Granaten aus den Geschützen einschlugen, war vorübergehend eine Panik entstanden. Während die meisten Postverteidiger ins Parterre oder in den Keller hasteten, hatte Flisykowsky noch schnell die 11jährige Erwina aus dem zweiten Stock geholt und in den Keller getragen.

Alfons Flisykowski war am Oberschenkel verwundet, übernahm nun die Führung der Verteidiger. Das hatte sich so ergeben, weil er sich gegen eine Kapitulation aussprach. Die Stimmung der Verteidiger hatte sich verschlechtert, ein Entsatz durch das Pommerellische Heer war nicht in Sicht. Manche glaubten nicht mehr daran, daß sie sich mit Eierhandgranaten gegen solch einen Feind verteidigen könnten.

Auf der anderen Seite war Polizeioberst Bethke jedoch mit seiner Taktik nicht weitergekommen. Er bereitete nun zwei weitere Aktionen vor: ein Minenwerfer sollte zum Einsatz kommen, und es sollte durch die Pioniere der «Gruppe Eberhardt» ein Durchbruch vom Polizeirevier zum Postgebäude gesprengt werden.

Die Angreifer wie auch die Verteidiger unterlagen bereits seit der Nacht einem Dauerstreß. Am Einsatzort Polnische Post waren von der Schutzpolizei die Beamten des 2. Polizeireviers zuständig, die ja quasi Wand an Wand und unter einem Dach des L-förmigen Gebäudes mit der Polnischen Post untergebracht waren. Daß sie sich trotzdem mit deren Eroberung so schwertaten, wird sie wahrscheinlich wütend gemacht haben. Dies könnte auch ein Grund dafür sein, daß sie nach und nach die brachiale Gewalt ihrer Mittel steigerten. Von der SS hatten zwei Danziger Einheiten Kräfte zum Post-Einsatz abgestellt: Die ‹SS-Heimwehr› und der ‹SS-Wachsturmbann Eimann›. Der Minenwerfer, den die Deutschen von der Westerplatte abgezogen hatten, mußte nach wenigen Probeschüssen sein Feuer einstellen. Es lag wegen der mangelhaften Zieloptik zu ungenau und gefährdete die postierten Einsatzkräfte und die umliegenden Häuser. Die Pionierkompanie der «Gruppe Eberhardt» hatte inzwischen im Keller des Polizeireviers einen Stollen gegen die Mauer des Postgebäudes vorgetrieben und an dessen Ende eine Sprengladung verdämmt. Die Explosion sollte eine Öffnung in die besonders stabile Grundmauer des Postkellers reißen. Zur Vorbereitung der dritten Angriffswelle bauten MG-Trupps in den umliegenden Häusern ihre Waffen auf, und die Geschützbedienungen gingen erneut in Stellung.

Bei den Postverteidigern wurden die Maschinengewehre von Andrzej Gorski, Leon Marszalkowski und Franciszek Mionskowski bedient. Über die dritte deutsche Angriffswelle wurde nach dem Krieg in einer Ausgabe des *Freiwilligen*, der Monatszeitschrift der Organisation der ehemaligen Angehörigen der Waffen-SS (HIAG), berichtet. Der Text stammte aus einem NS-Propagandabuch des Jahres 1940:

«Der Angriff ist für 17.00 Uhr angesetzt. Als Angriffszeichen gilt die Zündung der von den Pionieren unter dem Gebäude angebrachten Sprengladung. Eine schwere Detonation erschüttert den Boden, dann folgt sekundenlang lähmende Stille, die aber schlagartig von schwerem Maschinengewehrfeuer unterbrochen wird, in das sich die Abschüsse der Geschütze mischen. Von nun an jagt Schuß auf Schuß aus den Rohren der leichten Infanteriegeschütze und der Feldhaubitze. Krachend schlagen die Granaten in die Vorderfront der polnischen Bastion und reißen ein scheunentorgroßes Loch in das Mauerwerk. Der aus Ziegelpfeilern und eisernen Stangen bestehende Zaun wird umgelegt. Granatsplitter und Steinbrocken schwirren durch die Gegend und klatschen auf Dächer und gegen Hauswände. MG-Garben prasseln in die Fensterhöhlen. Querschläger zischen über den Heveliusplatz. Die Polen feuern zurück. Das zusammengefaßte Feuer aller Waffen zwingt die Polen, die oberen Stockwerke zu räumen. Sie ziehen sich in die Keller zurück und kämpfen weiter. An eine Aufgabe denken sie nicht.»

Die Sprengung erzielte nicht die von den deutschen Strategen gewünschte Wirkung, denn die Postverteidiger hatten vorgesorgt und den Durchgang mit Baumstämmen verbarrikadiert. Weder gelang es den Angreifern, die Post «sturmreif» zu schießen, noch wäre das Eindringen in das Gebäude ohne hohe deutsche Verluste möglich gewesen.

Währenddessen arbeiteten die deutschen Medienleute allerdings perfekt. Der Kampf fand unter laufender Kamera der Ufa-Tonwoche und unter den Augen der Presseleute statt, die in Kauf nahmen, von Splittern getroffen zu werden.

Man kann nur ahnen, wie demoralisierend das Trommelfeuer für die Postverteidiger war: Krach, Staub, Geschosse, Splitter, einstürzende Wände und Decken, Wasserfontänen aus einem zerschossenen Rohr. Bernard Binnebesel wurde durch Splitter verwundet. Einem Wunder kam gleich, daß die blindwütige Schießerei unter den Postverteidigern bis zu diesem Zeitpunkt keine Schwerverletzten und außer «Inspektor Konrad» keine weiteren Menschenleben gefordert hatte. Alfons Flisykowski überließ die Entscheidung über eine Kapitulation den anderen, wie er in seiner späteren Vernehmung sagte. Er wollte lieber kämpfen und sterben. Man suchte und fand kein weißes Tuch. Es ist auch überliefert, daß einige Postverteidiger in dieser Situation davon ausgingen, erschossen zu werden, wenn sie das Gebäude kapitulierend verlassen. Die Mehrheit schloß sich schließlich Flisykowski an.

Draußen vor dem Gebäude ließ Bethke einen Kesselwagen mit Benzin von der Feuerwehr heranschaffen, die es in den Keller des Postgebäudes pumpte. Mit einer Handgranate wurde das Benzin zur Explosion gebracht. Die Wirkung war verheerend. Fünf Menschen verbrannten: Brunon Marszalkowski (35), Stanislaw Rekowski (39), Bronislaw Szulc (29) und zwei weitere Personen, deren Leichen nie identifiziert werden konnten. Sechs Polen verstarben in den nächsten Tagen an ihren schrecklichen Brandwunden im Krankenhaus, darunter auch die 11jährige Erwina und ihr Pflegevater.

In der NS-Berichterstattung fiel der Benzineinsatz der Zensur zum Opfer. Er paßte nicht in das gewünschte Bild vom ritterlichen deutschen Kämpfer, der tapfer und ehrenhaft seinen Feind besiegt. Der Brandanschlag wurde als «Einsatz anderer militärischer Mittel» verschleiert, und es wurde behauptet, die im Gebäude befindlichen Benzinvorräte seien explodiert.

Mit der vierten Angriffswelle erzielte Willy Bethke einen Erfolg. Bethke begründete seine Entscheidung 1961 damit, daß zu diesem Zeitpunkt bereits viele seiner Leute verwundet oder tot gewesen seien und daß er keine weiteren Opfer hätte riskieren wollen. Er bezeichnete sein Vorgehen als «Ausräuchern». Symptomatisch ist, daß der vernehmende Kriminalbeamte aus Kaiserslautern nicht nach den Opfern des Benzineinsatzes fragte.

Direktor Dr. Jan Michon, der kurz zuvor noch verwundet worden war, kam als Parlamentär mit einem weißen Badetuch als erster heraus – und wurde unter dem Geschrei: «Das sind die polnischen Hunde! Nieder mit euch! Wir machen keine Gefangenen!» mit einem Bauchschuß getötet. Wer die Verantwortung dafür trug ist nie untersucht worden. Ihm folgte der Postmeister Jozef Wasik, der ebenfalls erschossen wurde. Nach einer anderen in Polen bekannten Version soll Wasik zunächst mit einem Flammenwerfer angegriffen und erst später erschossen worden sein.

Nach und nach erschienen die Postverteidiger vor dem Gebäude, sie verschränkten die Hände hinter dem Kopf, einige trugen Postuniform, andere Zivil. Viele hatten versengte Haare und rußgeschwärzte Gesichter. Mit erhobenen Händen mußten sie sich an eine hohe Backsteinmauer stellen. Dann wurden Frau Pipka und 27 Männer, darunter auch Verletzte, mit Lastwagen in die Viktoria-Schule, eine von der Gestapo eingerichtete Sammelstelle für Festgenommene, gefahren. Sechzehn Schwerverletzte wurden in Krankenhäuser eingeliefert.

4. KAPITEL

«HEIM INS REICH»

Die meisten Bürger Danzigs hatten in der Nacht zum 1. 9. 1939 nur wenige Stunden Schlaf gefunden; eine nervöse Spannung zwischen Todesangst und freudiger Erwartung lag über der Stadt. Daß die Ereignisse auf einen Krieg hinausliefen, wußte buchstäblich jedes Kind. Noch bis Mitternacht hatten viele Menschen am Rundfunk das vom «Führer» an Polen gestellte Ultimatum verfolgt, die Sondermeldung um 21 Uhr gehört. Sie vernahmen das Scheinangebot an Polen, ein 16-Punkte-Programm, das eine friedliche Lösung des deutsch-polnischen Konflikts in Aussicht stellen sollte. Die wahre Absicht aber war, England aus dem beabsichtigten Krieg herauszuhalten. Hitler hatte den Angriffsbefehl als «Weisung Nr. 1 für die Kriegsführung» bereits unterschrieben.

Gauleiter Forster ließ es sich nicht nehmen, die Festnahmeaktion zu beobachten. Schließlich hißten Polizisten um 18.30 Uhr auf dem Gebäude der Polnischen Post die Hakenkreuzfahne, und die evakuierte Zivilbevölkerung kehrte in ihre Wohnungen am Heveliusplatz zurück.

Ein Bericht im Kriegstagebuch Nr. 1 des Militärbefehlshabers Danzig-Westpreußen besagt, daß im Postgebäude nach «Abschluß der Aktion» folgende Waffen gefunden wurden: drei leichte MG, etwa 40 Pistolen, eine Anzahl Eierhandgranaten sowie Pistolen- und MG-Munition. Diese exakte Auflistung spricht also nicht von Karabinern oder Gewehren, mit denen sich die polnischen Postbeamten nach Darstellung der NS-Propaganda angeblich auch verteidigt hatten. Dort war auch zu lesen: «...die Tatsache, daß eine Frau und ein schwerverletztes etwa elfjähriges Kind darunter sind, beleuchtet in eindringlicher Weise die niederträchtige, gewissenlose Art polnischer Kriegsführung. Ich hörte einen Landespolizisten zu seinem Kameraden sagen: Mensch, wenn das Soldaten wären und wenn sie vor Beginn des Kampfes die Frau und das Kind weggeschafft hätten, würde ich alle Hochachtung vor ihnen haben, so aber sind sie in meinen Augen nichts anderes als gemeine Verbrecher.

Bei ihrer späteren Vernehmung erklärten die Gefangenen übereinstimmend, daß sie sich deshalb so hartnäckig zur Wehr gesetzt hätten, weil man ihnen gesagt hatte, polnische Kavallerie müßte jeden Augenblick in Danzig einrücken.

Mit der Einnahme der Post sind nun sämtliche Bollwerke und Schlupfwinkel der polnischen Insurgenten in unserer Hand. Danzig ist frei!»

Das Getöse der ersten Schüsse der 15-cm- und 28-cm-Geschütze des Gefechtsturms «Sophie X» auf dem Kriegsschulschiff «Schleswig-Holstein» schreckte alle Danziger aus dem Schlaf hoch. Die Einschläge auf der Westerplatte, ein ehemaliges Strandbad und jetzt stark befestigtes polnisches Munitionsdepot, meldete dessen Kommandant, Major Sucharski, um 4.50 Uhr an seine Vorgesetzten vom Kommando der polnischen Kriegsmarine in Gdingen, daß die «Schleswig-Holstein» das Feuer auf ihn und seine Mannschaft aus allen Rohren eröffnet habe.

Der Vizepräsident des Danziger Oberlandesgerichts Dr. Kurt Bode fuhr mit dem Fahrrad in den Zweiten Weltkrieg. Er trug die Uniform eines Oberleutnants der Reserve und war auf dem Wege zum Gefechtsstand der «Gruppe Eberhardt», seiner militärischen Einheit. Dort war bereits Kriegsgerichtsrat Hans-Werner Giesecke eingetroffen, nach der Beurteilung seiner Vorgesetzten «eine äußerst gewissenhafte, von ihrer Aufgabe durchdrungene, soldatisch veranlagte Persönlichkeit».

Kurt Bode beschrieb die Situation 31 Jahre später: «Am 1.9.1939 habe ich zwar die Beschießung der Westerplatte und die anschließenden Stukaangriffe auf diese wahrgenommen. Daß es daneben auch zu Kampfhandlungen in der Stadt Danzig selbst gekommen sei, ist mir unbekannt geblieben, obwohl ich mit dem Fahrrad auf dem Weg von der außerhalb Danzigs liegenden Unterkunft meiner Einheit zum Regimentsgefechtsstand die Innenstadt passierte.»

Bode schilderte, daß er sich noch sehr lebhaft erinnere, wie aus den geöffneten Fenstern abwechselnd die Proklamation des Gauleiters und Botschaften des «Führers» zu hören gewesen seien, die vom Radio übertragen wurden. Die Menschen hätten in Gruppen auf der Straße beieinander gestanden und erregt über das Gehörte gesprochen.

Trotz der frühen Stunde zeigten sich schon viele Menschen auf den Straßen. In Windeseile waren sie mit Hakenkreuzfahnen geschmückt worden, große Fahnentücher flatterten an Masten, kleine Fahnen hingen aus den Fenstern der Wohnungen. Noch im Laufe des Vormittags wurden unter dem Beifall Umherstehender die zehn polnischen Briefkästen aus dem Straßenbild entfernt.

Eine Proklamation des Gauleiters war überall im Stadtgebiet angeschlagen und in dieser Vielzahl nicht jetzt gedruckt worden. Zahlreiche Klebekolonnen, Gehilfen des Büros des Gauleiters, mußten über Nacht unterwegs gewesen sein. Auch in Danzig funktionierte der nationalsozialistische Propaganda-Apparat, der solche Anlässe perfekt zu inszenieren wußte. Jedermann las den Aufruf Forsters:

«Männer und Frauen von Danzig!

Die Stunde, die Ihr seit 20 Jahren herbeigesehnt habt, ist angebrochen. Danzig ist mit dem heutigen Tage heimgekehrt in das Großdeutsche Reich. Unser Führer Adolf Hitler hat uns befreit. Auf den öffentlichen Gebäuden in Danzig weht heute zum ersten Male die Hakenkreuzfahne, die Flagge des Deutschen Reiches. Sie weht aber auch von den ehemaligen polnischen Gebäuden und überall im Hafen. Von den Türmen des alten Rathauses und der ehrwürdigen Marienkirche läuten die Glocken die Befreiungsstunde ein.

Wir danken unserm Herrgott, daß er dem Führer die Kraft und die Möglichkeit gegeben hat, auch uns von dem Unheil des Versailler Diktates zu befreien. Wir Danziger sind glücklich, nun auch Bürger des Reiches sein zu dürfen.

Danziger und Danzigerinnen!

Wir wollen in dieser feierlichen Stunde zusammenstehen, uns gegenseitig die Hand reichen und dem Führer das heilige Versprechen geben, alles zu tun, was in unseren Kräften steht, für unser herrliches großes Deutschland.

Es lebe das befreite, wieder ins Reich heimgekehrte deutsche Danzig! Es lebe unser großes deutsches Vaterland! Es lebe unser geliebter Führer Adolf Hitler!»

Ebenso wie Kurt Bode wollten die meisten Danziger nicht sehen, was noch in ihren Straßen geschah: Überall wurden Menschen, als «polnische oder jüdische Elemente», zu Fuß durch die Stadt zu Sammelstellen getrieben, oder sie warteten auf den Abtransport. Ihre Peiniger gehörten zur Schutzpolizei, Gestapo, Kripo, SA, zur SS oder zum SD, waren Parteiangehörige oder Mitglieder der «SS-Heimwehr». Die Verhaftungen erfolgten nach vorbereiteten Namenslisten. Es war, so hieß es, die Stunde der «Befreiung» – und die Stunde der Abrechnung.

Dora Anker, eine Danziger Jüdin, die von den Nazis vertrieben wurde, beschrieb 1955, wie sie jene Septembertage erlebt hat:

«Am 1. September 1939 befand ich mich mit meinem Mann und meinen beiden Kindern (geboren 1934 und 1937) in unserer Wohnung in Danzig, Vorstädtischer Graben 44a. In diesem Hause wohnten nur jüdische Familien. Um 5 Uhr morgens wurde ich durch lauten Lärm auf der Straße geweckt. Ich sah, daß die Straße voller Menschen und die Häuser geschmückt waren. Meine Nachbarn riefen mir zu, der Krieg sei ausgebrochen. Unter dem Eindruck dieser Nachricht liefen alle Hausfrauen in die Lebensmittelgeschäfte, um einzukaufen. Die Geschäfte waren zu dieser frühen Stunde bereits geöffnet.

Als ich von meinen Besorgungen in meine Wohnung zurückkehrte, fand ich die Wohnung in einem unbeschreiblichen Zustand vor. Alle Schränke waren aufgerissen und durchwühlt, die Betten aufgeschnitten, so daß die Federn herumflogen. Mein Mann war völlig verstört. Er berichtete mir, daß soeben eine Haussuchung in der Wohnung veranstaltet worden sei, und zwar durch drei SS- und Gestapoleute. Einer habe die Haustür bewacht, und die beiden anderen hätten alles nach Geld und Waffen durchsucht. Da sie Waffen nicht fanden, hatten sie die eiserne Kassette, in der wir unser Geld für die Auswanderung aufbewahrten, mitgenommen. Mein Mann hatte ihnen sein Visum nach Palästina gezeigt. Sie hatten darauf gelacht und geantwortet: Der Jude bildet sich ein, im Kriege nach Palästina zu fahren.»

In Danzig-Neufahrwasser hatte man in diesen Stunden, von denen auch Dora Anker erzählt, sechs Polen gefaßt. Die Männer standen mit erhobenen Händen vor der Schaufensterscheibe des «Salons Schott». Vor ihrem Abtransport machte jemand ein Foto, das die Unterschrift trägt: «Franktireure». Der eine Mann in Hemd und Hose mit Hosenträgern ist auf einem zweiten, Wochen später aufgenommenen Foto zu sehen im Strafgefangenenlager Stutthof, dem späteren Konzentrationslager, beim Barackenbau. Beide Fotos hängen heute im Museum des KZ Stutthof nebeneinander. Diese Männer waren keine «Partisanen», diese Darstellung ist eine Legende der NS-Propaganda, es gab in Neufahrwasser keinen Widerstand. Gegen die Deutschen gekämpft wurde ausschließlich auf der Westerplatte und bei der Polnischen Post.

Als der Oberpostkutscher Jozef W. an der Polnischen Post eintraf, war die Evakuierung der Zivilbevölkerung noch im Gange. Ihn hatten die Schüsse der «Schleswig-Holstein» geweckt. Obwohl er im Radio gehört hatte, daß Danzig dem Reich angegliedert worden sei, machte er sich auf den Weg zu seiner Dienststelle. Der Heveliusplatz aber war durch Polizeiposten abgesperrt worden. Daraufhin wollte er in Erfahrung bringen, was in den Postämtern 2 und 3 geschehen war, und machte sich auf den Weg. Er trug seine Postuniform unter einem Regenmantel und verbarg die Mütze in seiner Aktentasche. «Unterwegs erkannten mich zwei SS-Leute. Ich mußte mich ausweisen. Ich zeigte meinen Postausweis vor, und da schlug mir einer der beiden sofort mit der Faust ins Gesicht, wobei ich zwei Backenzähne verlor.» Jozef W. sah die Freiheit erst am

2. 4. 1945 wieder. Er kam in die Viktoria-Schule, dann in das Zivilgefangenenlager Neufahrwasser, später in die KZ Stutthof und Oranienburg bei Berlin.

An diesem Morgen wartete Jadwiga Szulc mit ihrem sechs Wochen alten Baby vergeblich darauf, daß ihr Mann aus dem Post-Nachtdienst nach Hause kam. Für sie war es, wie sie heute berichtet, der schlimmste Tag ihres Lebens. Gegen 11 Uhr stürmten SS-Männer in ihre Wohnung und durchwühlten alles auf der Suche nach Waffen. Als sie die Frage, wo ihr Mann sei, nicht sofort beantwortete, schlug einer sie mit dem Gewehrkolben bewußtlos. Sie wachte im Keller des Hauses auf und durfte ihre Wohnung nicht mehr betreten. Abends war Bronislaw Szulc, der zu dieser Stunde im Postgebäude kämpfte, tot, sein Körper bis zur Unkenntlichkeit verbrannt.

In aller Frühe hielt es Gauleiter Albert Forster nicht zu Hause im Prominentenviertel Danzig-Oliva in der Colbatzerstraße 95, er fuhr «auf den Gau», wie er zu sagen pflegte. Gemeint war das NSDAP-Büro in Danzigs Altstadt in der Jopengasse 11.

In dem noblen Bürgerhaus, gestaltet von Professor Brinkmann, dem Innenarchitekten des «Führers», hatte der Danziger Rundfunk, der sich nun Reichssender Danzig nannte, zu früher Stunde seine Übertragungstechnik aufgebaut. Forster nahm in der gelbbraunen Parteiuniform an seinem Schreibtisch hinter einem für heutige Verhältnisse riesigen Mikrofon Platz. In einer der Schreibtischschubladen müssen zwei wichtige Schreiben Hitlers aufbewahrt worden sein. Das eine beauftragt den Reichstagsabgeordneten Forster am 15. 10. 1930 mit der kommissarischen Führung des Freistaates Danzig, «mit allen Vollmachten sowohl über die politischen Gliederungen, wie über die SA und SS». Im anderen Schreiben vom 12. 7. 1933 heißt es, daß «Pg. Gauleiter Forster mein Vertrauensmann im Freistaat Danzig» ist.

Das Gesicht Forsters war ernst, noch barg der angebrochene Tag unkalkulierbare Risiken, noch konnte er ein schwarzer Freitag werden. Es war zu früh für einen Triumph. Deshalb standen seine angespannten Gesichtszüge in einem eigenartigen Widerspruch zu dem euphorischen Text seines Aufrufs an die Danziger und Danzigerinnen, den er verlas. Forster zitierte auch den Text seines Telegramms an Hitler: «Mein Führer! Ich habe soeben folgendes Staatsgrundgesetz, die Wiedervereinigung Danzigs mit dem Deutschen Reich betreffend, unterzeichnet.» Es folgte dann der relativ kurze, aber folgenschwere Inhalt des «Gesetzes», demzufolge die Verfassung der Freien Stadt Danzig aufgehoben wurde und die Gesetzesgewalt und vollziehende Gewalt ausschließlich auf das Staatsoberhaupt, also auf Forster, überging. Damit hatte sich Forster, verfassungsrechtlich gesehen, zum Diktator von Danzig erhoben. Nur die Judikative war gewollt oder unbewußt außen vor geblieben. Das Gesetz war nicht einmal, anders als das «Ermächtigungsgesetz», parlamentarisch legitimiert. Natürlich kannte Hitler diesen Text längst vor dessen Eintreffen in Berlin, denn das Drehbuch für jeden Danziger Schritt war detailliert zwischen ihm und Forster bei den zahlreichen Besprechungen in Berlin und auf dem Obersalzberg festgelegt worden.

Forster beendet seine Durchsage: «In Ergriffenheit gelobt Ihnen, mein Führer, Danzig unvergängliche Dankbarkeit und ewige Treue. Heil Ihnen, mein Führer.» Während sich Frau Forster zu einem Lazarett begab, um dort als Krankenschwester zu arbeiten, fuhr Forster nach der Rundfunksendung zu Carl Jacob Burckhardt, um dessen Danziger Mission zu beenden. Der Schweizer Burckhardt hatte sich am Abend zuvor zu Hause aufgehalten, als gegen 23 Uhr heftig geklingelt worden war. Zwei Gestapo-Männer hatten ihm barsch eröffnet, er dürfe das Haus nicht verlassen, die Telefonleitung sei unterbrochen, und er solle sich bereit halten, noch in der Nacht den Gauleiter zu empfangen, der ihm eine wichtige Mitteilung zu machen habe. Burckhardt hatte sich daraufhin schlafen gelegt.

«Geweckt wurde ich um 4 Uhr morgens durch die ersten Explosionen des Zweiten Weltkriegs, die Stukas jagten über die Stadt, die schweren Schiffsgeschütze der ‹Schleswig-Holstein› gaben ihre Salven auf die Westerplatte ab. Der Gauleiter erschien punkt 8 Uhr früh mit großem Gefolge. Er eröffnete mir, der Versailler Vertrag sei vom Führer zerrissen, in zwei Stunden würde die Hakenkreuzfahne auf der Residenz der gewesenen Hohen Kommissare aufgezogen werden, die polnischen Vertreter seien alle verhaftet, ich hätte das Territorium innerhalb von zwei Stunden zu verlassen. Ich antwortete, indem ich einen kurzen Protest formulierte, worauf der Gauleiter mir plötzlich erklärte: Persönlich habe ich nichts gegen Sie, was der Situation eine ganz bestimmte Lächerlichkeit verlieh. Ich drehte ihm den Rücken zu, setzte mich ans Steuer meines Wagens und fuhr, gefolgt von einem Polizeiwagen, den ich schon vor der Weichselfähre verlor, über Königsberg nach Kaunas.»

Vor den Toren Danzigs kämpfte die «Gruppe Eberhardt», der neben Kräften der Wehrmacht die zwei Danziger Polizeiregimenter unterstellt waren. Kurt Bode war als «Gedienter» einem der Regimenter der Landespolizei zugeteilt worden, das ab Oktober 1939 244. Infanterieregiment hieß. Bode hatte dort als Oberleutnant der Reserve die Funktion eines Kompanieführers inne, er zählte zur kämpfenden Truppe. Die «Gruppe Eberhardt» hatte zum Kriegsbeginn zwei Aufträge: Eroberung der Weichselbrücke bei Dirschau und Eroberung der Westerplatte.

Teile der Truppe standen südlich von Danzig in der Nähe von Dirschau und waren im Begriff, die Stadt einzunehmen. Die Dirschauer Weichselbrücke, als Bahnverbindung nach Ostpreußen und für den Nachschub von wichtiger strategischer Bedeutung, sollte in der Frühe unversehrt erobert werden, jedoch gelang der polnischen Brückenbewachung rechtzeitig die Sprengung. Dies war die erste und neben der Nichteinnahme der Westerplatte einzige größere militärische Mißerfolgsmeldung an das Oberkommando der Wehrmacht am ersten Tag des «Blitzkriegs».

Da der Dirschau-Einsatz überwiegend von Kräften der «SS-Heimwehr» erledigt wurde, die neben einer Hundertschaft des «SS-Wachsturmbanns Eimann» der «Gruppe Eberhardt» unterstellt worden waren, ist anzunehmen, daß auch Dr. Kurt Bode an der Westerplatte eingesetzt worden ist. Das Kriegshandwerk war, nach allem, was wir über seine Persönlichkeit wissen, seine Sache nicht.

Um die Mittagszeit des 1. 9. 1939 war bereits abzusehen, daß im Raum Danzig mit einer ernst zu nehmenden polnischen Gegenoffensive nicht zu rechnen war. Forster hatte das um 9.30 Uhr eingetroffene Telegramm des «Führers» in der Tasche, das die Popularität des Gauleiters nur noch steigern konnte, denn alle Medien im Reich berichteten aus und über Danzig. Hitler hatte gedrahtet: «Ich nehme die Proklamation der Freien Stadt Danzig über die Rückkehr zum Deutschen Reich entgegen. Ich danke Ihnen, Gauleiter Forster, allen Danziger Männern und Frauen für die unentwegte Treue, die Sie durch so lange Jahre gehalten haben. Großdeutschland begrüßt Sie aus übervollem Herzen. Das Gesetz über die Wiedervereinigung wird sofort vollzogen. Ich ernenne Sie zum Chef der Zivilverwaltung für das Gebiet Danzig.»

In Berlin beendete Hitler um die Mittagszeit seine Rede im Reichstag, in dem über hundert Abgeordnete fehlten. Einige waren zur Wehrmacht eingezogen, andere konnten nicht rechtzeitig erscheinen. Göring hatte dieses Problem als Präsident des Reichstags auf seine Weise gelöst: Er ließ die leeren Plätze einfach durch Parteifunktionäre besetzen und ermächtigte sie, an der Abstimmung über das Danzig-Gesetz, die verfügte Wiedervereinigung der Freien Stadt mit dem Deutschen Reich, teilzunehmen.

Die Lösung der Danzig-Frage spielte in Hitlers Rede eine zentrale Rolle. Eine offzielle Kriegserklärung an Polen wurde weder in dieser Rede noch überhaupt abgegeben: «So habe ich auch im Falle Danzigs und des Korridors versucht, durch friedliche Vorschläge auf dem Wege der Diskussion die Probleme zu lösen. Daß sie gelöst werden mußten, das war klar...

Polen hat den Kampf gegen die Freie Stadt Danzig entfesselt! Es war weiter nicht bereit, die Korridorfrage in einer irgendwie billigen und den Interessen beider gerecht werdenden Weise zu lösen! Und es hat nicht daran gedacht, seine Minderheitenpflichten einzuhalten...

Ich habe dem polnischen Botschafter vor nun schon über drei Wochen mitteilen lassen, daß, wenn Polen noch weitere ultimative Noten an Danzig schicken würde, wenn es weiter Unterdrückungsmaßnahmen gegen das Deutschtum vornehmen würde oder wenn es versuchen sollte, auf dem Wege zollpolitischer Maßnahmen Danzig wirtschaftlich zu vernichten, dann Deutschland nicht länger mehr untätig zusehen könnte...

Eines aber weiß ich: daß es keine Großmacht von Ehre gibt, die auf die Dauer solchen Zuständen ruhig zusehen würde...

Meine Friedensliebe und meine endlose Langmut soll man nicht mit Schwäche oder gar mit Feigheit verwechseln!...

Unsere Ziele: Ich bin entschlossen: 1. die Frage Danzig, 2. die Frage des Korridors zu lösen und 3. dafür zu sorgen, daß im Verhältnis Deutschlands zu Polen eine Wendung eintritt, die ein friedliches Zusammenleben sicherstellt...

Polen hat nun heute nacht zum erstenmal auf unserem eigenen Territorium auch durch reguläre Soldaten geschossen. Seit 5.45 Uhr wird jetzt zurückgeschossen! Und von jetzt ab wird Bombe mit Bombe vergolten.»

Hitler behauptete in der zitierten Rede weiter, daß die Polen Grenzzwischenfälle provoziert hätten. Diese angeblichen Zwischenfälle waren von den Nationalsozialisten inszeniert, wie auch der Überfall auf den Sender Gleiwitz.

Während die Danziger Post bereits einen Sonderstempel zum 1. 9. 1939 herausgab und der Untergang der Polnischen Post besiegelt worden war, verlor man im Siegestaumel die Westerplatte etwas aus den Augen. Dort wurde nach wie vor gekämpft. Der Tagebuchschreiber Willi Aurich:

«An Bord haben wir einen schweren Fall zu verzeichnen. Ein Kadett ist durch ein Sprengstück der eigenen Kanone schwer verletzt (Brust und Lunge). Aus der Ferne sehen wir schwarzen Rauch der brennenden Werft zum Himmel steigen. Trotz des heftigen Artilleriefeuers ist es uns nicht gelungen, die Westerplatte in unsere Hände zu bekommen. Von der Danziger Polizei wurde uns versichert, daß die Westerplatte in 10 Minuten zu nehmen ist. Jetzt ist es 16.10 Uhr, aber es sieht nicht danach aus. Die Zahl unserer Verwundeten soll 50–60 betragen. Tote ca. 18.
19.40 Uhr. Unsere Verwundeten sind alle in Danzig. Um den Kadett soll es schlimm bestellt sein. Die Westerplatte war in 10 Minu-

ten ein Trümmerhaufen, so berichteten auch die Abendzeitungen. Die Berichterstatter hatten es etwas zu eilig.»

Bei keinem der anderen sogenannten polnischen Stützpunkte in Danzig stießen Polizei und Hilfspolizei auf Widerstand. Es handelte sich um das polnische Gymnasium und Studentenheim in Langfuhr sowie um das polnische Zollinspektorat in der Opitzstraße, die Eisenbahndirektion, den Hauptbahnhof mit der polnischen Bahnpost, den polnischen Wohnblock in der Hindoriusstraße in Neufahrwasser, die polnische diplomatische Vertretung Neugarten 27 und um eine Anzahl kleinerer Örtlichkeiten.

An diesen Orten wurden insgesamt 136 Polen festgenommen und in die Viktoria-Schule eingeliefert. Oft war ein MG in Stellung gebracht worden, das aber niemand hatte bedienen wollen. Nur an zwei Stellen fanden die Deutschen weder Waffen noch Munition. Zur Beute im polnischen Generalkonsulat zählten auch etwa 100 Gummiknüppel und Gummipeitschen. Auch dieser Fund wurde sofort propagandistisch ausgeschlachtet, die Polen hätten im Schilde geführt, Deutsche auszupeitschen.

Die Schlußworte zu Danzigs «Heimkehr in das Deutsche Reich» sollen an dieser Stelle dem O-Ton der schwülstigen NS-Propaganda überlassen werden:

«Der Abend kommt. Zum ersten Mal ist die Stadt verdunkelt. Die Menschen sind erregt und voller Freude und achten der Dunkelheit nicht. Sie fluten gleich einem Strom, den der Frühling vom Eise befreit hat, mit unterdrücktem Jubel durch die Langgasse und über den Langen Markt. Es wird tiefe Nacht, bis der fröhliche Lärm verebbt.

Im Licht des fast noch vollen Mondes, der nun aufgegangen ist, stehen die hochragenden Mauern der Marienkirche und ihr trotziggedrungener Turmstumpf wie eine feste Burg in der Nacht. Magisch leuchten die Fronten der alten Häuser, schimmernd vom Glas der vielfenstrigen Wände, darüber die Fahnentücher mit dem Hakenkreuz hinwehen im Nachtwind.

Aus den schwarzen Schatten der engen Gassen tritt man auf den vom Mondlicht übergossenen Langen Markt. Der Neptunsbrunnen plätschert. Verhüllt im Dunkel liegt die Giebelfront des Artushofes. Aber silberhell ins Mondlicht reckt sich der kühne, schlanke Turm des Rathauses. Von seiner Höhe schlägt es zwölf. Der erste Tag ging zur Neige. Das Glockenspiel beginnt und tönt über die nun still gewordenen Gassen, über die alten stolzen Häuser, über Kirchen, Tore, Türme, über Speicher, Werften und Schiffe: Danzig ist wieder bei Deutschland – wir danken dem Führer.»

5. KAPITEL

GEFANGEN

Die gefangenen Postverteidiger wurden in die Viktoria-Schule, die Schwerverletzten in das Gestapo-Gefängniskrankenhaus gebracht. Die Viktoria-Schule, eine ehemalige Mittelschule für Mädchen, war für den Gebrauch durch die Sicherheitskräfte umfunktioniert worden. Aus deren Sicht war das Gebäude auf der Rückseite des Polizeipräsidiums, am Karrenwall, geradezu ideal gelegen, von dessen Hinterhof nur durch die Holzgasse getrennt. Das bedeutete kurze Wege aus der Polizeizentrale in die Folterzentrale.

Vor dem 1. 9. 1939 hatte man dort bereits SS-Kräfte einquartiert, weil die Danziger Kasernen aus allen Nähten platzten. Nach dem Kriegsbeginn wurde die Viktora-Schule bald berüchtigt als eine Art erstes Auffang- und Durchgangslager. Die Festgenommenen gehörten überwiegend der polnischen Minderheit Danzigs an, darunter vor allem Priester, Lehrer und Beamte – Personen also, denen die Aktion «Vernichtung der polnischen Intelligenz» galt. Hinzu kamen Angehörige der jüdischen Gemeinde. Man sperrte die Menschen, 300 bis 400 Personen, in die Keller- und Klassenräume ein. Kommandant dieses und weiterer Lager war der damals 39jährige SS-Sturmbannführer Max Pauly.

In der Viktoria-Schule war die Aufnahmeprozedur besonders grausam, es wurde gefoltert und gemordet. Zygmunt Z., der selbst in der Schule festgehalten wurde, beschreibt die Prozedur in einer Aussage im Jahre 1947:

«An dem Gebäude dieser Schule war ein Spalier gebildet, das an der linken und rechten Seite aus lauter in schwarze Uniform gekleidete SS-Funktionären bestand. Jeder der SS-Leute hielt einen Gummiknüppel in der Hand und schlug auf jeden den Schulhof betretenden Polen ein. Wir waren von den SS-Leuten geradezu massakriert und ganz mit Blut bedeckt. Es gab auch solche, die das Bewußtsein verloren. Ich sah nichts mehr... Als wir den Schulhof betraten, mußten wir uns vor die Mauer stellen und die Hände hochheben. Mit der Nase berührten wir die Mauer...»

In zahlreichen Zeugenaussagen bekunden überlebende Opfer Fußtritte, schwerste Mißhandlungen, stundenlanges Stehen mit erhobenen Händen. Ein Mithäftling berichtete später über die Viktoria-Schule, daß die Gefangenen als «Saupollacken» beleidigt wurden und man von ihnen Aussagen über die Mitglieder der geheimen Militär- und Widerstandsvereine erpressen wollte. Er erkannte an der Mauer einen der Postler mit durchgeblutetem Kopfverband.

Zu den in der Viktoria-Schule festgehaltenen Juden gehörte auch Oskar Grau, der berichtete, daß zahlreiche Juden ihre Freiheit und ihr Leben dem Polizeirat Kammer zu verdanken hätten. Kammer soll im Einvernehmen mit dem Polizeipräsidenten für die Freilassung einer großen Anzahl von Juden gesorgt haben. Er wurde am 9. 9. 1939 aus seinem Amt im Polizeipräsidium entfernt und nach Gdingen versetzt.

Noch am 1. 9. wurden aus der Viktoria-Schule einige Frauen freigelassen, darunter auch zwei Beamtinnen der Post. In der Mittagszeit am 1. 9. 1939 verhafteten zwei Schutzpolizisten den Postbeamten Anton Wieloch in der Wohnung seiner Schwester. Die Beamten brachten ihm zum Polizeirevier, wo er zusammen mit anderen Polen zu Fuß zur Viktoria-Schule abgeführt wurde. Unterwegs wurden sie von Passanten, von Frauen und Kindern, beschimpft und bespuckt. In der Schule nahm man ihnen alle Dokumente ab. Anton Wieloch kam in das KZ Stutthof, später nach Sachsenhausen. Im Mai 1945 gelangte er als schwerkranker Mann nach Schweden, wo er noch heute lebt.

Seine Schwester, ebenfalls eine Postbeamtin, wurde nach einer kurzfristigen Inhaftierung am 1. 9. 1939 im Herbst 1942 erneut verhaftet und in das KZ Stutthof eingeliefert, das sie bis zur Befreiung 1945 überlebte.

Der *Danziger Vorposten* beschrieb am 11. 9. die Vorgänge in der

Viktoria-Schule unter der Schlagzeile «Verräter, Mordbrenner, Plünderer und Staatsfeinde werden interniert». Die Danziger konnten ihrer Lokalzeitung eindeutig entnehmen, wie die Nationalsozialisten mit den Festgenommenen verfahren sollten: «Die Durchgangsstation Viktoria-Schule – Das Untermenschentum aus den befreiten Gebieten wird hier eingeliefert – Nach der ‹Auslese› auf verschiedene Läger verteilt... Durchweg sind es Typen, denen man im Dunkeln nicht alleine begegnen möchte. Jedem dieser Zivilgefangenen kann man schon zutrauen, daß er fähig ist, verwundeten deutschen Soldaten die Augen auszustechen, Volksdeutsche hinzumorden, Häuser und Höfe anzustecken, Frauen und Mädchen zu vergewaltigen und sich an Kindern zu vergehen. Eine harte aber gerechte Strafe wird diese Elemente treffen, sofern ihnen Verbrechen einwandfrei nachgewiesen sind.»

Der Gauleiter hat die Viktoria-Schule mit größerem Gefolge besichtigt; die Gefangenen mußten zum Appell antreten. Er hat geäußert: «Na wartet, ihr Schweine, die Strafe kommt noch!» Diese Szene ist im Prozeß gegen Forster zur Sprache gekommen.

Der Kampf um die Westerplatte war nicht am 1. 9. beendet. Aus dem Sonntagskonzert am 3. 9. 1939, das Obermusikmeister Willi Aurich noch mit dem Landessender Danzig vereinbart hatte, der inzwischen zum Reichssender geworden war, wurde nichts.

Die «Schleswig-Holstein» und ihre Bordkapelle hatten andere Aufgaben zu erfüllen. Für sie galt es, nicht nur die Westerplatte zu beschießen, sondern auch Gdingen. Diese Stadt war für die NS-Befehlshaber wegen des neuen von Polen gebauten Hafens von besonderem strategischem Interesse. An den Kämpfen um Gdingen, die nach und nach zu einer Belagerung wurden, war auch Dr. Kurt Bode beteiligt.

Über die erfolgreichste militärische Strategie, die Westerplatte zu besiegen, kam es beim Oberkommando der Wehrmacht zu einer Auseinandersetzung, in die sich sogar Rudolf Heß und Heinrich Himmler einmischten und der «Führer» sich widersprechende Entscheidungen traf. Die operative Leitung wurde der Marine entzogen und dem Heer übertragen. Die Deutschen hatten dieses Unternehmen unterschätzt, denn die Polen wehrten sich verbissen, und die Befestigung der Anlage hielt schwerstem Beschuß stand.

Willi Aurich notierte in seinem Tagebuch:

«1939 2. September

01.40 h. Soeben wache ich auf durch eine Schießerei, welche auf der Westerplatte vor sich geht. Da ‹Alarm› durchs Schiff gegeben wird, gehe ich ins Lazarett. Da weiter nichts geschieht, gehe ich um 02.15 h wieder schlafen.

11.50 h. Durch unsere 28cm-Geschütze senden wir nach Gdingen unsere Visitenkarte.

Durch einen Krankenträger erfahre ich, daß die nächtliche Schießerei auf einen Ausfallversuch der Polen entstanden ist, von der SS und Polizei wieder abgeschlagen wurde.

12.50 h. Die Beschießung von Gdingen durch unsere 28er hält noch an.

Obwohl ich selbst schwer verletzt war, empfand ich alles, was ich dort sah, mit einem furchtbaren Entsetzen. Das Stöhnen und Schreien der grauenhaft zugerichteten Menschen war nicht zu ertragen. Auf den mir gegenüberstehenden Pritschen lagen schwarzgraue Menschenleiber, von denen sich nur noch der eine von Zeit zu Zeit schwach regte und furchtbar laut aufstöhnte. Etwa zwei Tage später habe ich erfahren, daß es sich um Menschen handelte, die während der Kampfhandlungen im Gebäude der Polnischen Post schwere Verbrennungen erlitten hatten.

18.00 h. Wir stehen an Oberdeck. Ein Mann zeigt zum Himmel. In beträchtlicher Höhe 3, 6, 9, 12 Punkte. Immer mehr werden es. Es sind die gemeldeten Sturzbomber, welche nun gegen die Westerplatte angehen, im ganzen 60. Schnell nähern sie sich ihrem Ziel. Der erste neigt sich plötzlich ganz steil nach vorn, so daß er fast senkrecht steht. Im Sturz läßt er seine ‹Eier› fallen, eine größere und zwei kleinere Brandbomben. So ziehen alle 60 über die Westerplatte und erfüllen ihre Aufgabe. Gewaltige Detonationen erfolgen, der Himmel bezieht sich mit aufsteigendem Rauch. An Bord ist alles der größten Zuversicht, denn das muß das Ende der Westerplatte sein...»

Die Verteidigung der Post durch die polnischen Beamten hatte ein juristisches Nachspiel. Kriegsgerichtsrat Dr. Hans-Werner Giesecke wurde als Gerichtsoffizier der «Gruppe Eberhardt» mit den Untersuchungen gegen die inhaftierten Postbeamten betraut. Auch für diese Situation sah das nationalsozialistische Unrechtssystem eine formelle Rechtsgrundlage vor. Es galt die Kriegsstrafverfahrensordnung (KStVO), die – ähnlich der Strafprozeßordnung im Strafverfahren – die Verfahrensrichtlinien festlegte. Als Aufgaben des Untersuchungsführers, also Giesecke, wurde hier definiert: Beschuldigte, Zeugen und Sachverständige zu hören und gegebenenfalls zu verteidigen, den Sachverhalt aufzuklären und eine Anklageverfügung zu fertigen.

Zunächst einmal prüfte Giesecke seine örtliche, zeitliche und sachliche Zuständigkeit. Bei diesem juristischen Routineschritt kam er zu dem Ergebnis, daß das Geschehen am Heveliusplatz in die Kompetenz seines Gerichts als der für das Operationsgebiet Danzig zuständigen Einheit fiel. Die Verteidigung der Post subsumierte er unter den Tatbestand der Freischärlerei. Giesecke: «Die hatten sich nach der Haager Landkriegsordnung völkerrechtswidrig verhalten.» Unter dieser Voraussetzung war das Militärgericht der «Gruppe Eberhardt» nach damaliger Rechtsauffassung in der Tat sachlich zuständig. Freischärlerei war nach § 3 der Kriegssonderstrafrechtsverordnung (KSSVO), dem damaligen Strafgesetzbuch der Militärs, ein todeswürdiges Verbrechen.

Inzwischen hielt Giesecke überdies ein Fernschreiben des Generalquartiermeisters in den Händen: «Polnische Übergriffe in den letzten Tagen an Teilen der Ostfront zwingen zu folgenden Hinweisen: Freischärler sind im Kampf zu erschießen. Nach beendetem Kampf dürfen sie nicht ohne gerichtliches Verfahren… bestraft werden.» Die Kriegsstrafverfahrensordnung schrieb eindeutig vor, daß Freischärlerei der Militärgerichtsbarkeit und nicht einem zivilen Strafgerichtsverfahren zu unterwerfen war. In dieser Logik handelte es sich bei dem deutschen Überfall auf Polen ungeachtet der fehlenden Kriegserklärung um einen Krieg.

Konsequenterweise folgerte Giesecke, daß die «Gruppe Eberhardt» ein Feldkriegsgericht zu bilden hatte.

Generalmajor Friedrich Eberhardt fungierte somit als «Gerichtsherr». Giesecke schlug vor, ein Ermittlungsverfahren anzuordnen und ihn selbst als Untersuchungsführer zu bestimmen. Vermutlich wird Giesecke die Kriegsstrafverfahrensordnung und die Erläuterungen dazu konsultiert haben. Danach sollte der Untersuchungsführer die Ermittlungen «schleunigst» führen, Beweise waren unverzüglich, vollständig und zuverlässig zu sichern. Diese Untersuchungen galten als richterliche Handlungen. Vorgesehen war die Anfertigung eines Tatberichts. Giesecke erledigte diesen Berg an Arbeit vorschriftsgemäß und erstaunlich schnell, nämlich in genau einer Woche, obwohl er allein Haftbefehle für 38 Beschuldigte zu formulieren hatte.

Der Kampf um die Westerplatte war noch nicht zu Ende, als Giesecke schon seiner «Aufgabe» als Gerichtsoffizier nachging. Oberleutnant Aurich setzte seine Tagebucheintragungen fort:

«1939 3. September

Um 04.00 h werde ich wach durch den Lärm des Wachwechsels. Ich gehe auf die Brücke; auf der Westerplatte wird mit Leuchtspurmunition geschossen. Sind die Polen noch nicht mürbe? Angezogen lege ich mich wieder schlafen.

Leutnant zur See Böning wird losgeschickt, um etwas über die Wirkung des Bombenangriffs aus den vordersten Linien zu erfahren. Ein Bunker soll eingestürzt sein. Nach den verschiedenen Aussagen muß die Westerplatte eine halbe Festung sein, und nicht, wie vertraglich festgelegt, ein kleiner Stützpunkt mit einer beschränkten Zahl von Besatzung. Aus Rosslau ist über Nacht ein Pioniertaillon, ein Spezialtrupp für Erstürmungen, nach Königsberg gebracht worden. Sie werden noch heute hier eintreffen und dann der Westerplatte mit Flammenwerfern und ähnlichem Spezialgerät zu Leibe rücken. Der Kommandant spricht mit den Offizieren über die Lage. Da uns England den Krieg erklärt hat, will der Führer schnell mit Polen fertig werden. Morgen sollen unsere toten Kameraden beigesetzt werden.»

Als Gestapo-Gefängniskrankenhaus war im Städtischen Krankenhaus Danzig die Baracke 32 hergerichtet worden, die ehemalige Seuchenstation. Sie war mit hohem Stacheldraht eingezäunt worden. In den ersten Wochen nach Kriegsbeginn bewachte sie die SS, später waren es Polizeiposten. Jeder der beiden Flügel der Baracke verfügte über Liegepritschen für etwa 25 Kranke.

Hier waren auch einige der verletzten Postverteidiger untergebracht. Der Eisenbahner Alois Brillowski (Jahrgang 1898) hat beobachtet, was hinter dem hohen Stacheldraht geschah. Von 1914 bis 1920 stand er im Dienst der Preußisch-Hessischen Eisenbahnverwaltung; zwischen 1920 und 1939 war er dann Beamter der Danziger Eisenbahn, die unter polnischer Verwaltung stand, und leitete die Güterabfertigung auf dem Danziger Bahnhof. Wegen «Verunglimpfung der NSDAP» und «Hilfeleistungen gegenüber Juden» wurde er am 2. 9. 1939 festgenommen und von SS-Leuten derart mißhandelt, daß er mit Schädelbasisbruch, Gehirnerschütterung und inneren Verletzungen in das Gestapo-Gefängniskrankenhaus eingeliefert wurde. Er wurde in den Krankenraum des rechten Flügels gebracht.

Zwischen dem 2. und 5. 9. 1939 erlagen die Postbeamten Bernard Binnebesel (46), Stefan Cywinski (32), Alojzy Franz (34), Józef Mitkowski (44) und Jan Pipka (67) ihren Verletzungen. Die 11jährige Erwina Brazychowska ist am 20. 10. 1939 verstorben. Nur zehn der verletzten Postverteidiger haben überlebt. Wie Alois Brillowski berichtet, ist Kriegsgerichtsrat Giesecke zweimal in der Krankenstation erschienen. Er hat sich bei der Vernehmung der einzelnen Postler ausschließlich auf zwei Fragen beschränkt: «Haben Sie an dem Kampf um die Post teilgenommen?» und «Haben Sie geschossen?»

In der Viktoria-Schule harrten 28 Postverteidiger einem ungewissen Schicksal. Über ihre Behandlung, ihre Unterbringung und die Schikanen, denen sie vermutlich ausgesetzt waren, wissen wir nichts Genaues, wohl aber darüber, daß sich ihr Anführer, Alfons Flisykowski, weiter um sie kümmerte. Sie diskutierten in der Gefangenschaft die Erlebnisse bei dem Kampf um ihr Postamt.

Unter den Gefangenen waren weitere Postkollegen, die nicht am

Kampf beteiligt gewesen waren und die man in der Haft von den Verteidigern separierte. Darunter war Florian Nitka, der erste Angehörige der Polnischen Post, der verhaftet worden war. Seine Tochter Halina Czarlewska, die heute noch in Danzig wohnt, erzählt, daß ihr Vater am 1. 9., um 5 Uhr morgens, von der Gestapo in der Wohnung verhaftet wurde. Er wurde nur im Nachthemd rausgeschleppt, man setzte ihm die Postmütze auf den Kopf und führte ihn durch die Innenstadt zur Viktoria-Schule. Dort wurde er geschlagen und mußte in der Krankenstation behandelt werden. Man zwang ihn, dieses Nachthemd über mehrere Tage zu tragen, bis ihm Freunde Unterwäsche, Strümpfe, einen Anzug und eine Decke bringen durften. Im Januar 1940 verstarb er entkräftet im Lager Stutthof.

Um die Postverteidiger spielte sich hinter den Kulissen währenddessen ein Machtkampf zwischen Gestapo-Chef Dr. Rudolf Tröger und Dr. Giesecke ab.

Wie dem Aurich-Tagebuch zu entnehmen ist, hatten die Deutschen beim Kampf um die Westerplatte hohe Verluste:

«1939 5. September

Gegen 10.00 h feuert eine Haubitzbatterie auf die Westerplatte. Um 15.00 Uhr Beisetzung unserer Gefallenen auf dem Friedhof ‹Silberhammer›: vom Stoßtrupp 6, der Funker Schumann von uns und weitere 20 Angehörige der SS und Polizei.»

Das Kriegsgefangenenlager Bischofsberg der «Gruppe Eberhardt» wurde zur nächsten Station der 28 Postverteidiger. Der genaue Zeitpunkt der Verlegung ist nicht bekannt, er liegt aber auf jeden Fall vor dem Prozeß am 8. 9. 1939.

Giesecke sagte 1960 mit stolzem Unterton aus, er habe, als er davon erfuhr, daß die Postverteidiger in Gestapohaft gekommen seien, diese dort wieder herausgeholt. Noch 20 Jahre später scheint er von einer schizophren anmutenden Denkweise bestimmt gewesen zu sein, wenn er sich dafür rühmt, jemanden vor der berüchtigten Gestapohaft zu bewahren, um ihm selbst dem Tod zu überantworten.

Auf Anweisungen von General Eberhardt ließ Giesecke die Postbeamten von den Kasematten Bischofsberg in die Standortarrestanstalt Schießstange überführen, eine frühere Arrestanstalt der preußischen Armee.

Dort hat Giesecke alle Beschuldigten persönlich vernommen. Alfons Flisykowski, den Giesecke als den Anführer bezeichnete, warf er vor, als Zivilperson gegen militärische Verbände gekämpft zu haben. In seiner Aussage betonte Giesecke, gefragt zu haben, ob Flisykowski nicht gewußt hätte, daß dies Freischärlerei gewesen sei. Flisykowski, berichtete Giesecke, habe mit dem Begriff Freischärlerei nichts anzufangen gewußt und ihm geantwortet, wenn damit Franktireure gemeint seien, ja, das seien sie gewesen. Dies war für Giesecke (und im Prozeß auch für Bode) eine Schlüsselaussage.

Die Tagebucheintragungen des Offiziers Aurich belegen, daß die Westerplatte auch am 6. 9. 1939 noch immer nicht erobert worden ist:

«Um 09.00 h mit dem Oberstabsarzt zur Stadt, um durch die Krankenhäuser zu fahren und unsere Verwundeten zu besuchen. Gegen 13.00 h sind wir wieder an Bord. Heute morgen wurde versucht, einen Benzintank auf die Westerplatte zu schieben und diesen dann in Brand zu setzen, um die Bäume abzubrennen. Leider geriet der Wagen zu früh in Brand. Um 16.00 h wird der Versuch wiederholt, jedoch ohne Erfolg, denn die Bäume sind zu grün, und außerdem ist es überwiegend Laubwald.»

6. KAPITEL

DAS KRIEGSGERICHT

Die allgemeinen politischen Umstände, unter denen der Prozeß in Danzig gegen die 38 Postverteidiger stattfand, beeinflußten seinen Ausgang nachhaltig. Am 7. 9. 1939 war, wie das Kriegstagebuch der Heeresgruppe Nord vermerkt, «die Schlacht um Westpreußen siegreich abgeschlossen», und die Deutschen hatten auch die Westerplatte eingenommen. Siegereuphorie machte sich breit. Forciert von Partei und SS, begann eine hemmungslose Ausbeutungs- und Rassenpolitik. Innerhalb weniger Tage erließ Gauleiter Forster als «Chef der Zivilverwaltung» Verordnungen, die die Juden und die polnische Minderheit des neuen Reichsgaues vollständig entrechteten.

Im Reichssicherheitshauptamt in Berlin wurde unter dem Chef der Sicherheitspolizei Heydrich das Programm zur Vernichtung der «polnischen Intelligenz» und die Vertreibung der polnischen Juden beschlossen. Die Einsatzkommandos der Gestapo, rekrutiert aus der politischen Polizei der Kripo Danzig, rückten nach Gdingen und Bromberg aus und begannen mit massenhaften Erschießungen, unterstützt von SS, SA, NSDAP-Funktionären und Kräften des sogenannten «Selbstschutzes». So wurde etabliert, was Ernst von Weizsäcker, damaliger Staatssekretär im Auswärtigen Amt, die «neue Ordnung in Polen» nannte. Dazu zählte auch die Eröffnung des ersten Sondergerichts durch den Justizstaatssekretär Roland Freisler im nordpolnischen Bromberg. Dort lebten 1939 noch ca. 15000 Deutsche. Als polnische Truppen nach dem deutschen Angriff sich vor der Wehrmacht zurückzogen, richteten Soldaten und polnische Zivilisten am 3. 9. ein Blutbad unter den sogenannten «Volksdeutschen» an. Über 1000 Menschen kamen ums Leben. Das wurde von der nationalsozialistischen Propaganda als «Bromberger Blutsonntag» ausgeschlachtet. Bekannt wurden die Ereignisse gerade zu dem Zeitpunkt, als über die 38 Postverteidiger zu Gericht gesessen werden sollte. In einer öffentlichen Ansprache benutzte Forster die ganze Palette der propagandistischen Rhetorik. Der Gauleiter prangerte an: «Man hat wehrlosen deutschen Männern und Frauen die Augen ausgestochen, die Zunge herausgerissen, die Ohren abgeschnitten, ist auch nicht vor kleinen, harmlosen Kindern zurückgeschreckt. Diese sadistischen Mörder sind Angehörige des polnischen Volkes.»

Vor diesem Hintergrund war die Niederlage der Postverteidiger im juristischen Verfahren vorprogrammiert. Das lag auch an den Personen, die für ihre Verfolgung und Aburteilung unmittelbar verantwortlich waren. Der Ankläger Dr. Giesecke, empfindlich im Nehmen und hart im Geben, handelte strikt und konsequent nach der Intention des militärischen Strafverfahrens. Das bedeutete für ihn scharf und beschleunigt «durchzugreifen».

Dr. Bode galt über Danzig hinaus als renommierter Jurist und war fest entschlossen, sich nicht in seinen ehrgeizigen Plänen im NS-Staat behindern zu lassen. Es stand zu erwarten, daß er als Gerichtsvorsitzender in einer Weise entscheiden würde, die ihm persönlich nicht zum Nachteil werden könnte.

Während in den gerade eroberten polnischen Gebieten die Strukturen von Verwaltung, Gestapo oder Justiz noch aufgebaut werden mußten, waren sie in Danzig bereits intakt. Hier funktionierte die scheinbar nach Recht und Gesetz vorgehende Justiz nach Maßstäben deutscher Gründlichkeit bereits reibungslos.

Hätte es nicht den «Bromberger Blutsonntag» gegeben und wären die Postverteidiger nicht bereits öffentlich als Staatsfeinde Nr. 1 angeprangert worden, hätte vielleicht noch eine kleine Hoffnung für die Angeklagten bestanden. Jedoch war Giesecke aus Überzeugung und Bode aus Opportunismus gewiß nicht gewillt, sich gegen die Meinung zu stemmen, die der *Danziger Vorposten* am 4. 9. 1939 zum Ausdruck brachte: «Die polnischen Franktireurs haben den unwiderlegbaren Beweis für die schweren Rechtsbrüche Polens gegen Danzig erbracht.» Und weiter hieß es dort: «Danzig ist durch die Aktion am Freitag (1. 9., d. A.) von einem gefährlichen, planmäßig und skrupellos in der Stille unheimlich arbeitenden Feind befreit worden, damit wurde eine ungeheure, in ihrem ganzen Ausmaß erst heute erkennbare Gefahr beseitigt.»

Das Verfahren vor dem Feldkriegsgericht der «Gruppe Eberhardt» wurde nach den Bestimmungen der Kriegssonderstrafrechtsverordnung (KSSVO) geführt. Die KSSVO sah gewisse rechtliche Grundsätze und Mindeststandards vor, die im weiteren von Belang sein werden. In der Diktion des NS-Rechts lautete das so: «Bei dem Tatbestand der Freischärlerei sind *alle* Personen (auch Zivilpersonen und ausländische Staatsangehörige) dem Kriegsverfahren unterworfen. Der Gerichtsherr kann in Eilfällen von einer schriftlichen Anklageverfügung absehen und den Vertreter der Anklage beauftragen, sie in der Hauptverhandlung mündlich vorzutragen. Verlangt der Angeklagte die Ladung von Zeugen oder Sachverständigen, so ist dem zu entsprechen, soweit die Anträge begründet sind. Bei strafbaren Handlungen, die mit dem Tode bedroht sind, beruft der Gerichtsherr stets einen Verteidiger. Der Angeklagte kann sich auch selbst einen Verteidiger wählen, der zuzulassen ist, sofern die Sicherheit des Reichs nicht gefährdet wird. Der Verhandlungsleiter kann aus wichtigen Gründen die Öffentlichkeit ausschließen. Die Hauptverhandlung darf keinen überstürzten Verlauf nehmen. Das Gericht hat von Amts wegen alles zu tun, was zur Erforschung der Wahrheit notwendig ist. Findet das Gericht, daß der Angeklagte nicht unter der Kriegsgerichtsbarkeit steht, so spricht es durch Beschluß seine Unzuständigkeit aus. Entscheidungen des Kriegsverfahrens können mit Rechtsmitteln nicht angefochten werden, unterliegen aber der Nachprüfung zur Bestätigung oder Aufhebung durch den Befehlshaber. Eine Strafe kann auf dem Gnadenweg ganz oder teilweise erlassen werden.»

Am 8. 9. 1939 wurde 28 Postverteidigern der Prozeß gemacht. Seit dem deutschen Überfall war genau eine Woche vergangen. 38 Postverteidiger, die den Angriff überlebt hatten, waren festgenommen worden, nur 28 von ihnen galten als verhandlungsfähig. Zehn Schwerverletzte lagen noch in der Krankenbaracke der Gestapo und wurden dem Feldkriegsgericht nicht vorgeführt. Giesecke hatte entschieden, gegen sie später eine zweite Hauptverhandlung anzusetzen.

Giesecke, der seine Ermittlungen in Windeseile abgeschlossen hatte, rief am Morgen des Prozeßtages den Gerichtsoffizier beim Oberkommando des Heeres (OKH), Dr. Erich Lattmann, an. Die beiden waren miteinander bekannt, Lattmann hatte ihn für die Heeresjustizlaufbahn empfohlen und spielte Gieseckes Mentor. Lattmann schrieb über das Telefonat am 10. 9. 1939 einen Aktenvermerk:

«Am 8. 9. 1939, gegen 8 Uhr vormittags, ruft das Gericht Gruppe Eberhardt (Kriegsgerichtsrat Dr. Giesecke) an und bittet um Auskunft, ob mit Rücksicht auf die besonderen Verhältnisse in Danzig gegen 36 polnische Postbeamte, die am 1. 9. 1939 spätnachmittags aus einem polnischen Postamt auf Danziger Gebiet auf Angehörige der Gruppe Eberhardt geschossen hätten, wegen Freischärlerei vorgegangen werden könnte.

Ich habe ihm erwidert, daß durch Verkündung des Gesetzes des Großdeutschen Reichstags am 1. Sept. 1939 Danzig deutsches Reichsgebiet geworden ist und daß außerdem Danzig im Operationsgebiet der 3. Armee liegt. Es bestehen daher keine Bedenken, daß die Verordnungen der HDv. 3/13 angewandt werden könnten. Käme es zur Anklage, so hätte das Feldkriegsgericht seinen Schuldspruch allein nach den tatsächlichen Feststellungen zu treffen. Bei Erkenntnis auf Todesstrafe habe der Oberbefehlshaber der zuständigen Armee das Urteil nachzuprüfen, so daß eine Gewähr für Rechtssicherheit gegeben sei. Irgendwelche anderen Bedenken wegen der besonderen Lage in Danzig bestünden nicht.

Am gleichen Tag ging ein Fernschreiben folgenden Inhalts an das Gericht der ‹Gruppe Eberhardt›: Da Danzig zum Operationsgebiet gehört, gilt Kriegssonderstrafrechtsverordnung und Kriegsstrafverfahrensordnung (RGBl. 39 I Nr. 147; HDv. 3/13). Die festgenommenen polnischen Postbeamten können wegen Freischärlerei vor Feldkriegsgericht gestellt werden. Unter Umständen wird zu prüfen sein, ob nicht die im § 3 Abs. 2 Kriegssonderstrafrechtsverordnung angeführten Ausnahmen vorliegen.»

Mit diesem Telefonat hatte sich Giesecke die Rückendeckung des OKH geholt, um die fernschriftliche Bestätigung dürfte er gebeten haben.

Dr. Kurt Bode wurde etwa zum Zeitpunkt des Telefonats aus seinem Marschquartier im Kreis Karthaus zum Brigadestab nach Danzig gerufen, zu dem auch Giesecke gehörte. Es war Gieseckes Idee gewesen, Bode in dem Verfahren als Richter einzusetzen: «Nach dem Abschluß der Ermittlungen habe ich meinem Gerichtsherrn, dem Brigadekommandeur Eberhardt, Vortrag gehalten und vorgeschlagen, aus dem Offiziersbestand der ‹Gruppe Eberhardt› den ranghöchsten Danziger Juristen Dr. Bode als Verhandlungsleiter zu bestimmen. Dr. Bode kannte ich bereits aus den Jahren 1931 und 1932, als ich in der Danziger Justiz tätig war.»

Die Verhandlung fand im Schwurgerichtssaal des Landgerichts Danzig, Neugarten 31/33, statt und begann in den Nachmittagsstunden. Wie sich Bode erinnerte, endete sie abends, es habe bereits das elektrische Licht gebrannt.

Die Verhandlung vollzog sich vermutlich unter Ausschluß der Öffentlichkeit, denn über einen «Schauprozeß» hätte der *Danziger Vorposten* ausführlich berichtet.

Das Gericht setzte sich aus Dr. Kurt Bode als Vorsitzendem, Dr. Hans Wolfgang Schimmelpfennig und einem namentlich ungenannten Offizier als Beisitzer zusammen. Die KStVO schrieb drei Richter vor, der Verhandlungsleiter mußte die Befähigung zum Richteramt besitzen. Dr. Schimmelpfennig war Major der Danziger Schutzpolizei und zur «Gruppe Eberhardt» versetzt. Als Urkundsbeamter nahm der Feldjustizinspektor Helmuth von Zelewski an dem Prozeß teil. Zelewski fertigte als Protokollführer eine Verhandlungsniederschrift an.

Bode erwähnte nach 1945 die Zeugenvernehmung, nämlich eines deutschen Offiziers, entweder von der Truppe oder von der

Schutzpolizei, wie er meinte, der den Hergang des Kampfes an der Post dargestellt habe. Außerdem soll, wie Bode bekundete, jeder einzelne Angeklagte ausgiebig Gelegenheit gehabt haben, sich ohne Hemmung auszusprechen. Ein Wortführer der Angeklagten habe sich und seine Freunde bezichtigt, Franktireure gewesen zu sein und als Zivilisten auf deutsche Soldaten geschossen zu haben. Wahrscheinlich meinte Bode den Anführer der Postverteidiger, Alfons Flisykowski.

Das Gericht folgte dem Strafantrag des Anklagevertreters Giesecke und verhängte, da es zu dem Ergebnis kam, daß der Tatbestand der Freischärlerei erfüllt war, achtundzwanzigmal die Todesstrafe. Die Todesstrafe war in der KSSVO bei Freischärlerei bindend vorgeschrieben.

Die zweite Gerichtsverhandlung gegen zehn Postverteidiger fand am 29. 9. 1939 statt. Anklagevertreter war wiederum Dr. Giesecke, und auch an der übrigen Zusammensetzung des Gerichts hatte sich nichts geändert.

Zwischen den beiden Verhandlungen hatte sich die polenfeindliche Stimmung nicht etwa beruhigt, sondern war allenfalls durch Hitlers triumphalen Einzug in Danzig am 19. 9. und seine Rede im Artushof angeheizt worden.

Giesecke war in der Zeit zwischen dem ersten und zweiten Prozeß ein zweites Mal in dem Gestapo-Krankenhaus erschienen, um die überlebenden Postbeamten kurz zu befragen. Das berichtete Alois Brillowski, der, wie wir schon gehört haben, zusammen mit den Verteidigern auf der Krankenstation lag. Die zehn Angeklagten wurden, so Brillowski, gegen 16.00 Uhr abgeholt. Auch diese Verhandlung fand im Gerichtsgebäude, Neugarten 31/33, statt. Als die zum Tode Verurteilten wieder in die Krankenstation zurückgebracht wurden, hätten sie den Prozeß «ein scheußliches Getue der Nazis» genannt.

Bode gab nach dem Krieg an, seine Einheit hätte bereits in Gdingen gelegen (das in «Gotenhafen» umgetauft worden war, was Bode so aber 1961 nicht mehr bezeichnen mochte), als er erneut den Vorsitz in der zweiten Verhandlung übernahm.

Im Kriegstagebuch Nr. 1 des Militärbefehlshabers Danzig-Westpreußen ist unter dem 30. 9. 1939 lapidar vermerkt: «Gerichtswesen: Durch Urteil des Feldkriegsgerichts der Brigade Eberhardt vom 29. Sept. sind die restlichen 10 polnischen Postbeamten aus Danzig wegen Freischärlerei zum Tode verurteilt worden. 28 andere waren schon vor Eintreffen des Mil. Befehlshabers zur gleichen Strafe verurteilt worden (Urteilsvollstreckung am 5. Okt.).»

Bode hat auf dem weiteren Vormarsch der «Gruppe Eberhardt» das Urteil schriftlich verfaßt. Die KStVO schrieb vor, daß die Urteilsbegründung alsbald zu den Akten zu geben sei.

Man kann voraussetzen, daß die zahlreichen juristischen Fallstricke dieses Prozesses dem erfahrenen und hochqualifizierten Juristen Bode bekannt waren. Ein Mammut-Prozeß gegen 28 Angeklagte, der unter rechtsstaatlichen Umständen viele Verhandlungstage beanspruchen würde, wurde vom NS-Juristen Bode ohne jede Vorbereitungszeit über die Bühne gebracht. Auch unter den damaligen Bedingungen war die Rechtslage widersprüchlich: Bode hätte im Vorfeld des Prozesses ein Rechtsgutachten ausarbeiten oder in Auftrag geben müssen, denn es war keineswegs eindeutig, ob die besondere Danziger Situation überhaupt eine Rechtsvoraussetzung zur Verurteilung bot. Es konkurrierten im Prinzip zwei Rechtsauffassungen miteinander: War die Kriegssonderstrafrechtsverordnung (KSSVO) im Operationsgebiet der 3. Armee oder das Strafgesetzbuch der Freien Stadt Danzig anwendbar? Dieses blieb formal bis zum 31. 12. 1939 in Kraft und kannte keine Todesstrafe. Fraglich war, ob der im Kriegsstrafrecht existente Tatbestand der Freischärlerei oder aber Delikte des allgemeinen Strafrechts wie Widerstand gegen Vollstreckungsbeamte in Tateinheit mit Totschlag und Verbindung mit dem Rechtfertigungsgrund der Notwehr erfüllt waren.

So offenkundig es ist, daß die beteiligten deutschen Juristen an einem «neutralen» Rechtsgutachten gar kein Interesse hatten, sei trotzdem festgestellt, welche formalrechtliche Situation im Grunde bestand: Die KSSVO vom 17. 8. 1938 hatte für Danzig keine Gültigkeit, denn sie wurde erst am 16. 11. 1939 für das Gebiet der ehemaligen Freien Stadt Danzig nachträglich in Kraft gesetzt (RGBl. 39 I S. 2232). Strittig war im Prinzip auch, ob der Anschluß Danzigs an das Reich durch das Wiedervereinigungsgesetz vom 1. 9. 1939 automatisch eine analoge Anwendung der Reichsgesetze erlaubte, zumal Artikel IV regelte, daß die bestehenden (Danziger) Gesetze in Kraft bleiben sollten, bis deutsches Reichsrecht eingeführt worden sei.

Die beteiligten Juristen verfuhren härter noch als die ohnehin drastischen Rechtsvorschriften vorgaben: Eine Anklageschrift wurde nicht angefertigt, obwohl kein «Eilfall» vorlag, der nach damaligem Recht einem Gericht hätte zugebilligt werden können, wenn es unter Frontbedingungen verhandeln müßte. Ob Kriegsgerichtsrat Giesecke diesen Zeitdruck selbst erzeugte, oder ob er auf Weisung handelte, kann nicht mehr festgestellt werden. Im Ergebnis wurde den Angeklagten jede Möglichkeit beschnitten, sich auf den Prozeß vorzubereiten oder sich von einem Verteidiger ihrer Wahl vertreten zu lassen, was nach der KStVO prinzipiell möglich gewesen wäre. Ein Wehrmachtsoffizier wurde den 28 Angeklagten als Verteidiger zugeteilt. In diesem Fall überhaupt von einer «Verteidigung» zu sprechen ist absurd und mutet wie eine Verhöhnung der Opfer an. Der Verteidiger gehörte als Offizier der Wehrmacht an, gegen die das den Angeklagten vorgeworfene Delikt gerichtet war. Er erfüllte nicht mehr als ein Alibi.

Nach der KStVO ist jedem Angeklagten die Gelegenheit zu geben, sich zu äußern und zu verteidigen. Diese Mindestforderung, die selbst das nationalsozialistische Recht zugestand, wurde nicht eingeräumt. Verhandelt hat Bode maximal acht Stunden, obwohl die amtlichen «Erläuterungen der KStVO» ausdrücklich erwähnen, daß die Hauptverhandlung keinen überstürzten Verlauf nehmen dürfe. Um jeden der 28 Angeklagten für wenigstens 15 Minuten anzuhören, hätte es mit Dolmetschereinsatz etwa 15 Stunden bedurft.

Bei dieser Vorgehensweise sind die verschiedenen Rollen der Angeklagten gar nicht erst ermittelt worden. Es gibt Hinweise darauf, daß nicht alle Postler aktiv am Widerstand beteiligt waren, vielmehr müssen einige in der bedrohlichen Situation physisch überfordert gewesen sein. Sie waren wie gelähmt und gar nicht in der Lage, eine Waffe zu gebrauchen. Die Juristen Giesecke und Bode fällten ein Pauschalurteil nach dem Motto «mitgefangen – mitgehangen».

Die formalrechtlich entscheidende Frage war, ob die Postbeamten Freischärler oder – um einen anderen Begriff der NS-Diktion zu benutzen – «aus dem Hinterhalt kämpfende Partisanen» gewesen sind. Der entsprechende Gesetzestext des § 3 Abs. 1 KSSVO lautet:

«Wegen Freischärlerei wird mit dem Tode bestraft, wer, ohne als Angehöriger der bewaffneten feindlichen Macht durch die völkerrechtlich vorgeschriebenen äußeren Abzeichen der Zugehörigkeit erkennbar zu sein, Waffen oder andere Kampfmittel führt oder in seinem Besitz hat in der Absicht, sie zum Nachteil der deutschen Wehrmacht oder einer verbündeten Wehrmacht zu gebrauchen oder einen ihrer Angehörigen zu töten oder sonst Handlungen vornimmt, die nach Kriegsgebrauch nur von Angehörigen einer bewaffneten Macht in Uniform vorgenommen werden dürfen.»

Nach dieser Definition machte sich strafbar, wer als Nichtkombattant gegen Kombattanten kämpft. Wehrmachtsangehörige waren Kombattanten, Angehörige der Polizei und der Hilfspolizei nicht. Die Postbeamten hatten aber nicht gegen Soldaten, sondern gegen Polizisten und Hilfspolizisten der SS und SA gekämpft. Einzig die Soldaten des Pionierbataillons der «Gruppe Eberhardt» waren Kombattanten, sie jedoch wurden erst zu einem fortgeschrittenen Zeitpunkt der Kampfhandlungen und lediglich im Keller des Polizeireviers eingesetzt. Sie waren also weder für die Verteidiger der Post sichtbar, noch konnten sie von ihnen angegriffen werden. Das bedeutet: Auf die Postbeamten war auch nach der KSSVO der Tatbestand der Freischärlerei nicht anzuwenden. Niemand wird das bewußter gewesen sein als Giesecke, der den Kampf vor Ort persönlich beobachtet hatte, zumal er selbst die Militärhilfe durch die «Gruppe Eberhardt» organisiert hatte. Spätestens im Verlauf der Verhandlung müssen diese Umstände auch dem Gericht und dem Vorsitzenden Bode klargeworden sein.

Nicht ohne Grund haben sich Bode und Giesecke nach dem Krieg zu vehement mit der Behauptung verteidigt, der Einsatz gegen die Polnische Post habe unter dem Befehl des Generals Eberhardt gestanden. Sie betonten beide, daß die Angreifer deutsche Militärs gewesen seien. Bode formulierte das so: «Die Post zu besetzen, den Stützpunkt niederzukämpfen, war eine rein militärische Angelegenheit und insoweit nach militärischen Grundsätzen zu beurteilen.» Diese Behauptung entspricht ganz und gar nicht den Tatsachen. Bode weiter: «Nach meinem Erinnerungsbild wurden entweder von vorneherein oder nach einem kurzen, vergeblichen Versuch der Schutzpolizei, Einlaß in das Gebäude zu finden, Kräfte der Gruppe Eberhardt mit der gewaltsamen Einnahme dieses Stützpunktes beauftragt.» Giesecke sagte dazu aus, daß Polizisten nur bei der «Einweisung» zugegen gewesen wären.

General Eberhardt, auf den sich beide Juristen zu ihrer Entlastung bezogen, hat allerdings bei seiner Vernehmung im Jahre 1960 ausgesagt: «Es war abgesprochen, daß der Angriff von der örtlichen Polizei, also nicht von der mir unterstellten Polizeitruppe, durchgeführt werden sollte. Da die Besatzung der Post sehr hartnäckigen Widerstand leistete, wurde der Angriff der Danziger Polizei einschließlich Hilfspolizei von mir durch den Einsatz einer Haubitze und einiger Pionierstoßtrupps unterstützt.» Hauptmann Fett, Mitglied der «Gruppe Eberhardt», betonte ausdrücklich: «Ich bin sicher, daß der Angriff nicht von Bestandteilen der Gruppe Eberhardt ausgeführt wurde, sondern von SS- und Polizeiverbänden.»

Giesecke meinte dazu lapidar, daß der General sich geirrt habe.

Bode und Giesecke argumentierten zu ihrer Entlastung auch damit, daß die Angeklagten sich selbst als Franktireurs bezeichnet hätten. Diese Argumentation unterstellt perfide, daß juristische Laien, Postbeamte polnischer Nationalität, die Feinheiten des deutschen Militärstrafrechts durchblickt hätten. Die Postler waren vielmehr polnische Patrioten, die die Bezeichnung «Freischärler» nicht kannten und mit dem Wort «Franktireur» einen diffusen Ehrbegriff verbanden. «Franktireurs, ja, das sind wir gewesen!« sollen Alfons Flisykowski und andere bei den Vorermittlungen und in der Hauptverhandlung gesagt haben.

Bode und Giesecke legitimierten sich mit der Schutzbehauptung, die Angeklagten hätten in der Hauptverhandlung offen zugegeben, wissentlich auf deutsche Soldaten geschossen zu haben. Bode zitiert in seiner Darstellung wahrscheinlich Alfons Flisykowski: «Eine Schilderung der Kampfhandlungen haben wir von der großen Mehrzahl der Angeklagten nur bruchstückweise erhalten. Als deutlich von der Mehrzahl sich abhebend, steht mir ein Angeklagter vor Augen, der in knappen Worten offen zugab, sich am Schießen beteiligt und auch gesehen zu haben, daß draußen deutsche Soldaten ständen. Er wisse, daß er als Zivilist nicht gegen Soldaten kämpfen dürfe, sei aber polnischer Soldat gewesen und jetzt polnischer Beamter. Als solcher habe er sich verpflichtet gefühlt, die Aufforderung zur Verteidigung des Gebäudes zu befolgen. Andere Angeklagten – ich glaube die Mehrzahl – wollten dadurch überrascht worden sein, daß auf einmal auf das Gebäude und aus ihm geschossen worden sei. Viele von ihnen wollten von vorneherein oder sehr bald nur Hilfsdienste verrichtet, Verwundete versorgt oder für die Kämpfenden Wasser herbeigeschafft, der eine oder andere sich auch verborgen gehalten haben.

Jedenfalls hat sich keiner von ihnen dahin eingelassen, nach seiner Beobachtung hätten draußen ja nur Schutzpolizei oder sonstige nichtmilitärische Verbände gestanden. Mit einer Schutzbehauptung dieses Inhaltes hätten wir uns eingehend befassen müssen. Denn zutreffendenfalls wäre nicht Freischärlerei, sondern bloß Widerstand gegen die Staatsgewalt in Frage gekommen, dessen Aburteilung nicht Sache des Kriegsgerichts gewesen wäre. Die Angeklagten hatten ausgiebig Gelegenheit gehabt, sich ohne Hemmungen auszusprechen. Ich hatte und habe keinen Zweifel, daß sie alles vorgebracht haben, was sie zu ihrer Verteidigung glaubten vorbringen zu können. Das Gebäude ist nach längeren Gefechten von den eingesetzten Kräften der Gruppe Eberhardt eingenommen worden.»

Nach der Definition der KSSVO zählten *nicht* als Freischärler:

«Angehörige der Milizen und Freiwilligen-Korps, wenn sie folgende Bedingungen erfüllen:

a) jemand an ihrer Spitze steht, der für seine Untergebenen verantwortlich ist;

b) sie ein bestimmtes, aus der Ferne erkennbares Abzeichen tragen;

c) sie die Waffen offen führen und

d) bei ihren Unternehmungen die Gesetze und Gebräuche des Krieges beachten.»

Auf diese Vorschrift hatte Dr. Lattmann vom Heeresoberkommando in ihrem Telefonat Giesecke explizit aufmerksam gemacht und in seinem Fernschreiben an das Gericht der «Gruppe Eberhardt» empfohlen zu prüfen, ob nicht dieser Fall vorliegt. Das Feldkriegsgericht jedoch ist von der falschen Prämisse ausgegangen, daß die Postverteidiger auf Militärs geschossen haben.

Zeugnis dafür liefert auch ein Rechtsgutachten, das die Staatsanwaltschaft Bremen 1961 im eigenen Haus zu dieser Frage erstellen ließ. Weil es nicht in ihrem Sinne ausfiel, wurde es aus dem Verkehr gezogen und in der Handakte für immer abgelegt.

Das Gutachten stellte fest, daß die Angeklagten aufgrund der polnischen Regierungsanordnung, die Post zu verteidigen, und aufgrund ihres Diensteides durchaus Milizen gleichgesetzt werden könnten. Sie hätten über einen Führer verfügt und offen mit Waffen gekämpft. Es gäbe keine Anhaltspunkte, daß sie Gesetze oder Gebräuche des Krieges mißachtet hätten. Zwar hätten sie keine «erkennbaren Abzeichen» getragen, das sei aber nicht geschehen, den Gegner zu täuschen oder hinterhältig anzugreifen. Dieser Umstand sei für den Angreifer bedeutungslos gewesen, weil sich die Postler defensiv in das Gebäude zurückgezogen hätten und ohnehin nicht sichbar gewesen seien. Im Ergebnis könne man den Verteidigern den Status legitimer Kombattanten nicht versagen, ihre Verurteilung wegen Freischärlerei hätte also nicht erfolgen dürfen.

Darüber hinaus ist das Urteil allein formalrechtlich auch aus weiteren Gründen anfechtbar. So ist zum Beispiel strittig, ob am frühen Morgen des 1. 9. 1939 überhaupt de jure ein Kriegszustand herrschte, da Deutschland Polen ohne Kriegserklärung angegriffen hatte und die beabsichtigte Besetzung der Polnischen Post ebenfalls als Überfall zu bewerten ist. Formell begann unter Umständen der Krieg erst am 3. 9. 1939 durch die Kriegserklärungen Frankreichs und Englands. Aber auch wenn es sich bereits am 1. 9. 1939, um 4.45 Uhr, um einen Krieg handelte, konnten das die Postbeamten nicht wissen, da man sie in der Nacht von Stromverbindung und Fernmeldeverkehr abgeschnitten hatte.

Subjektiv konnten sich die Verteidiger durchaus für Kombattanten halten: Die Warschauer Regierung hatte ihnen Waffen und einen militärischen Führer geschickt und sie mit einem Geheimbefehl angewiesen, die Post zu verteidigen. Außerdem waren die meisten von ihnen in geheimen Organisationen militärisch ausgebildet worden, einige als Soldaten der Reserve. Alfons Flisykowski sagte in seiner Vernehmung, bezogen auf die ausgerufenen polnischen Mobilmachungen am 30. und 31. 9. 1939: «Als die Mobilmachung erklärt wurde, unterlagen wir Post- und Telegrafenbeamten militärischen Bestimmungen. Die Uniform macht nicht den Soldaten.»

Zudem ist der Zeitpunkt des Kampfhandlungsbeginns nicht eindeutig geklärt, es gibt Darstellungen, die die ersten Angriffshandlungen gegen die Post bereits in der Nacht vor 4.45 Uhr registrieren. Auch Giesecke selbst nannte in seiner ersten Vernehmung 4.30 Uhr als Zeitpunkt. Juristisch gesehen hätten sich die Verteidiger dann in einer ohnehin berechtigten Notwehrlage befunden.

Die Angreifer waren Polizisten und Hilfspolizisten, also keine Kombattanten, hatten auch im Sinne der damaligen deutschen und im Freistaat geltenden Gesetze keine Rechtsgrundlage. Somit waren die Verteidiger auch juristisch zur Notwehr legitimiert.

Giesecke behauptete in beiden Vernehmungen nach dem Krieg, alle Verurteilten dazu veranlaßt zu haben, Gnadengesuche einzureichen: «Ich hielt bei der Gesamtsituation eine Begnadigung der Verurteilten, die nach meinem Empfinden vom polnischen Staat in unverantwortlicher Weise in diese Situation gebracht wurden, für erforderlich. Eine entsprechende Stellungnahme zu den Gnadengesuchen schlug ich meinem Gerichtsherrn vor.» Auch will Giesecke bei Dr. Lattmann wegen einer Begnadigung telefonisch interveniert haben.

Wie kann ein Ankläger mit aller Energie Todesurteile forcieren, wenn er anschließend die Begnadigung anregen will? Warum hat Giesecke, vor allem nach dem Hinweis auf den fraglichen Paragraphen von Lattmann, nichts unternommen, um die Angeklagten zu retten? Bode äußerte nach dem Krieg:

«Mir ist sehr deutlich in Erinnerung, daß ich nach Einsichtnahme in die Strafvorschrift und Durchsicht der Akte schon mit dem unguten Gefühl in die Sitzung gegangen bin, daß die Sache für die Angeklagten wahrscheinlich verhängnisvoll auslaufen werde. Hinzu kam das Unbehagen darüber, gegen Leute verhandeln zu müssen, die aus an sich achtungswerten Beweggründen sich der militärischen Besetzung ihres Dienstgebäudes widersetzt hatten und nicht das waren, was der Soldat als ‹Heckenschützen› bezeichnet und scharf ablehnt. Im Lauf der Verhandlung hat sich dann bei mir zunehmend der Eindruck verstärkt, daß sich die Angeklagten unter dem Einfluß des die Verteidigung anfänglich leitenden Beamten in eine nunmehr für sie ausweglose Situation hatte drängen lassen.»

Gegenüber dem Journalisten Michael Naumann äußerte sich Dr. Bode 1969, der bekundete, «froh zu sein, sich die Dinge vom Herzen reden zu können»: «Eine widerliche Sache... Es waren wahnsinnig anständige Leute. Ich wünschte, unsere Beamten würden sich in einer ähnlichen Situation genauso tapfer verhalten... Ich dachte, die werden doch diese Leute nicht erschießen.» Dieser Richter spricht 38 Todesurteile aus, angeblich in der Erwartung, daß sie niemand vollstreckt! Bode wie Giesecke beugten sich offensichtlich dem Erwartungsdruck, der von der Danziger Nazi-Öffentlichkeit und von den Vorgesetzten in Militär, Partei und Justiz ausging. Giesecke dachte womöglich eher an das, was er als «soldatische Pflicht» verstand, Bode mehr an seine ehrgeizigen Karrierepläne.

Die Gerichtsakte wurde im Zuge staatsanwaltschaftlicher Ermittlungen nach dem Krieg gesucht, und Bode mußte mit ihrem Auftauchen rechnen. Prophylaktisch gab er an, das Urteil unter den Erschwernissen des Vormarsches in notgedrungen knapper Form verfaßt zu haben. Sollten sich nach dem Auftauchen der Urteile Widersprüche zu seiner Darstellung geben, so bat er, sie ihm in Anbetracht der seit der Verhandlung verflossenen Zeit vorzuhalten.

Viele Unrechtsurteile der NS-Militärjustiz wurden später damit zu entschuldigen versucht, daß eine gründliche Wahrheitsfindung wegen der vorrückenden Front und der Wirren des Kriegsalltags nicht möglich gewesen wäre. Das jedenfalls traf auf Danzig nicht zu. An der Stadt war der Krieg bereits am 1. 9. 1939, von der Westerplatte abgesehen, vorübergezogen, und kehrte erst Anfang 1945 mit aller Brutalität zurück. Giesecke und Bode jedenfalls hätten in aller Ruhe im Danziger Gerichtsgebäude tagelang verhandeln können, und nichts zwang Bode, wie er es dann glauben machen wollte, das Urteil in besonderer Eile schriftlich zu formulieren. Die für die Nazi-Juristen verbindlichen «Erläuterungen zur KStVO» verlangen gar eine besondere Sorgfalt. Das gelte nach diesen Richtlinien aus außenpolitischen Gründen auch für das Verfahren gegen Angehörige des Feindes: «Nur gut begründete Urteile ermöglichen eine schnelle und sachgemäße Nachprüfung.»

Das Urteil eines Kriegsgerichts besitze nicht mehr als den Charakter eines Gutachtens, besagten die «Erläuterungen zur KStVO» weiter. Erst die Bestätigung mache ein Urteil rechtskräftig und vollstreckbar. Die Entscheidungen der Kriegsgerichte waren mit Rechtsmitteln nicht anfechtbar, sie unterlagen jedoch einer Nachprüfung, die zur Aufhebung führen konnte oder nicht. Alle Todesurteile gegen die Postverteidiger wurden bestätigt, und zwar die 28 Urteile aus dem ersten Prozeß durch das Armeeoberkommando 4, Generaloberst Hans Günther von Kluge, die zehn Urteile aus dem zweiten Prozeß durch den Generalquartiermeister, Oberst im Generalstab Eduard Wagner. Es entbehrt nicht der Tragik, daß Wagner, der als Gegner des Hitlerregimes am 23. 7. 1944 Selbstmord beging, um seiner Verhaftung zu entkommen, in dieser frühen Phase des Kriegs noch nicht einer anderen Entscheidung fähig war.

Die Entscheidung dieser Kommandeure hatte auf der Grundlage eines schriftlichen Gutachtens ihrer richterlichen Militärjustizbeamten zu erfolgen. Nach den bereits mehrfach zitierten «Erläuterungen zur KStVO» mußte der Gutachter das Urteil darauf prüfen, ob es auf einem Verfahrensverstoß beruhte oder wegen falscher Anwendung des sachlichen Rechtes im Schuld- oder Strafausspruch ungerecht war. Für diese Gutachten waren beim 4. Armeeoberkommando der Oberkriegsgerichtsrat Dr. Conrad und beim Generalquartiermeister Dr. Lattmann verantwortlich.

Das Gnadenverfahren war für die 38 auf den Tod wartenden Postbeamten wie für viele Opfer der Militärgerichtsbarkeit die letzte Chance. Die bei einem Todesurteil mitwirkenden Richter hatten im Anschluß an die Urteilsberatung zur Frage der Begnadigung schriftlich Stellung zu nehmen, die Papiere mußten in verschlossenem Umschlag bei den Akten verwahrt und durften nur von den zur Entscheidung über das Gnadengesuch zuständigen Dienststellen geöffnet werden. Dr. Bode hat hierzu ausgesagt: «Das Kriegsgericht war der Auffassung, daß 4 Polen, die auf deutscher Seite am 1. Weltkrieg teilgenommen hatten, als gnadenwürdig anzusehen seien. Diese Stellungnahme wurde in einem geschlossenen Umschlag zu den Akten genommen.»

Gnadengesuche waren dem «Gerichtsherrn» vorzulegen. Die KStVO stellte es in sein Ermessen, ob andere Stellen gehört werden sollten. Bekanntlich war Generalmajor Eberhardt in diesem Fall zuständig. Er sagte 1960 zunächst aus, daß er sich mit Bestimmtheit daran erinnere, ein Gnadengesuch für die Verurteilten eingereicht zu haben. Einen Tag später widerrief er seine Aussage und schrieb dem Richter, er glaube sich jetzt zu erinnern, daß er eine Strafänderung vorgeschlagen habe, weil er die Strafe in Anbetracht der Danziger Verhältnisse für zu hoch hielt. Faktisch bleibt also unklar, wie Eberhardt in der Gnadensache votierte. Wahrscheinlich ließ er sich nach der Vernehmung juristisch beraten und revidierte seine Aussage, um nicht als «Gerichtsherr» in die Mitverantwortung für die Todesurteile gezogen werden zu können. Wäre er bei seiner ersten Darstellung geblieben, hätte seine Einflußmöglichkeit auf die Abmilderung des Urteils auf der Hand gelegen.

Beim Heeresoberkommando waren mit der Gnadensache befaßt:

– Dr. Lattmann als Oberkriegsgerichtsrat und Leiter der Gruppe III (Militärgerichtswesen) beim Generalquartiermeister im Oberkommando des Heeres;

– Oberst Ernst Mantel als Gnadensachbearbeiter;

– der Generalquartiermeister Oberst i. G. Eduart Wagner;

– Oberstleutnant Albrecht Radtke, Generalstabsoffizier beim Oberbefehlshaber des Heeres und

– der Oberbefehlhaber des Heeres, Generaloberst Walther von Brauchitsch.

Eine Schlüsselfunktion im Gnadenverfahren kam – wie sich schon andeutete – Erich Lattmann zu. Nachdem er im Verlauf der Nachkriegsvernehmung durch den Staatsanwalt belehrt worden ist, erklärte er:

«Mir ist vor meiner weiteren Vernehmung ferner eröffnet worden, daß Gnadenentscheidungen gemeinhin gerichtlich zwar nicht nachprüfbar seien, daß im Ausnahmefall aber das auch der Gnadenbehörde obliegende pflichtgemäße Ermessen mit Überlegung und aus niedrigen Beweggründen vorsätzlich zum Nachteil von Verurteilten mit der Folge verletzt werden könne, daß Mord vorliegt. Dieser Hinweis gibt mir keine Veranlassung, an der Richtigkeit meiner damaligen Sachentscheidungen und Empfehlungen gegenüber dem Oberbefehlshaber des Heeres von Brauchitsch zu zweifeln.»

Das «pflichtgemäße Ermessen«, von dem Lattmann sprach, meint den damals faktisch gegebenen individuellen Entscheidungsspielraum, der von ihm und den anderen beteiligten Juristen im Sinn der nationalsozialistischen Rassenideologie und nicht etwa zugunsten der Angeklagten ausgelegt wurde. Damit stellte sich Lattmann dezidiert hinter ein Verhalten, das nach dem Strafgesetzbuch der Bundesrepublik als Ermessensmißbrauch den Tatbestand «Mord aus niederen Beweggründen» erfüllt.

Giesecke beschrieb in seiner Vernehmung die Dinge in aller Offenheit: «Die Gnadengesuche wurden – wohl infolge der allgemeinen haßerfüllten Haltung gegenüber Polen – von höchster Stelle (Oberkommando des Heeres) abgelehnt.»

Nach seinen eigenen Bekundungen war Lattmann sowohl mit der Bestätigung des Urteils als auch mit der Gnadensache befaßt, was noch einmal verdeutlicht, daß die Gewaltenteilung in der Militärjustiz außer Kraft gesetzt war. Lattmann hatte den Vorschlag des Gnadensachbearbeiters Mantel überprüft und den Fall zunächst dem Generalquartiermeister und dann dem Oberbefehlshaber des Heeres vorgetragen. Nach dem Krieg wußte Lattmann sich noch zu erinnern, daß der Oberbefehlshaber der 4. Armee, General von

Kluge, die Gnadengesuche nicht befürwortet hatte. An die Stellungnahme von General Eberhardt konnte er sich nicht erinnern.

An der Rechtmäßigkeit des Urteils und der Entscheidung gegen eine Begnadigung hegte Lattmann auch noch 1970 keinen Zweifel. Er unterließ es nicht, darauf hinzuweisen, welchen Zugewinn an Sicherheit das 1933 eingeführte Militärstrafrecht für die Angeklagten bedeutet hätte, denn 1870/71 und im Ersten Weltkrieg wären Freischärler ohne kriegsgerichtliches Verfahren erschossen worden. Lattmann sprach ab 1943 in der Funktion als Generalrichter am Reichtskriegsgericht 23 Todesurteile, nach dem Krieg wurde er Oberamtsrichter in Goßlar.

Das Rechtsgutachten in der Gnadensache wurde, wie Lattmann aussagte, von Oberkriegsgerichtsrat Mantel erstellt. Er war nach dem Krieg Bundesrichter am Bundesgerichtshof in Karlsruhe und wurde von der Staatsanwaltschaft nie dazu gehört. Eine Anfrage nach den Karrieredaten Mantels beschied der Präsident des Bundesgerichtshofes unter Hinweis auf den Datenschutz abschlägig.

Beteiligt am Gnadenverfahren war außerdem der Generalstabsoffizier Radtke. Seine Rolle bleibt unklar, fest steht allerdings, daß er in der Nachkriegszeit zum Verfassungsschutz ging. Auch beim Bundesamt für Verfassungsschutz (BfV) beantwortet man noch heute keine Anfragen, die den ehemaligen Vizepräsidenten dieser Behörde betreffen.

Alle anderen am Gnadenverfahren Beteiligten waren zu Beginn staatsanwaltschaftlicher Untersuchungen bereits tot. Der Oberbefehlshaber des Heeres, von Brauchitsch, starb 1948 in britischer Kriegsgefangenschaft.

Von Brauchitsch hat die Gnadengesuche in letzter Instanz abgelehnt. Seine Haltung und die polenfeindliche Stimmung im OKH dokumentiert ein von ihm am 17. 9. 1939 ergangener Befehl, der allen unterstellten Truppen des Armeeoberkommandos 3 bekanntzugeben war. Es geht um den «Blutsonntag von Bromberg», der letzte Satz lautet: «Ein solcher Feind ist jeder Niedertracht fähig und verdient keine Schonung.»

Hintergründe für die Bestätigung der Danziger Urteile durch die höchsten Militärstellen gegen ihn und für die Ablehnung der Gnadengesuche sind auch in der obersten Spitze der NS-Hierarchie zu suchen.

Der Generaloberstabsrichter Dr. Lehmann, Chef der Rechtsabteilung im Oberkommando der Wehrmacht, sagte im Nürnberger Prozeß aus, Heydrich hätte ihn nach einer Sitzung in Berlin angesprochen: «Ihre Gerichte versagen auf der ganzen Linie, die lassen alle Freischärler laufen. Der Führer ist außer sich, und Sie werden schon sehen, was daraus wird.» Der Oberbefehlshaber der Wehrmacht, Keitel, habe sich ihm (Lehmann) gegenüber geäußert, daß Hitler die gleichen Vorwürfe gegen ihn erhoben hätte.

Das Buhlen um die Gunst Hitlers, die Furcht, bei ihm in Ungnade zu fallen, und die Bedingungen, die Himmler und Heydrich im Sinne des «Führers» schufen, setzten die Militärführung unter Druck und in Zugzwang. Für die Postverteidiger war damit das Urteil endgültig gesprochen.

Die Akte über den Post-Prozeß (Aktenzeichen St.L. 41/39) wurde nie gefunden, vermutlich ein Glücksfall für Richter und Ankläger, für Urteilsbestätiger und Gnadenversager. Sie hätte Aufschluß über Unterlassungen und Interpretationen gegeben, sie hätte das Zusammenspiel von Politik und Gesinnung in der Nazi-Jurisprudenz dokumentiert. Mit hoher Wahrscheinlichkeit hätte man justitiable Beweise für die Rechtsbeugung gefunden. Die deutsche Nachkriegsjustiz hätte sich aber auch dann aller Wahrscheinlichkeit nach Gründe dafür einfallen lassen, die Verantwortlichen ihrer Verantwortung zu entziehen. Einzelne Fakten hätten sich möglicherweise etwas verlagert dargestellt, aber insgesamt wäre man mit der Akte in der Hand zu den in diesem Buch präsentierten Ergebnissen gekommen. So gesehen ist ihr Verlust unerheblich.

Wo diese Akte geblieben ist, bleibt Gegenstand der Spekulation. Der Heeresjustizamtmann und Protokollführer im Prozeß, Helmuth von Zelewski, erklärte, daß er Mitte April 1940 zur Heeresrechtsabteilung in Berlin versetzt worden sei und die erledigten Akten des Gerichts der «Gruppe Eberhardt» befehlsgemäß an das Heeresarchiv in Potsdam abgeliefert habe. Ähnlich äußerte sich auch Giesecke. Er habe die Akte mit dem Vermerk «Historisch wertvoll» (!) versehen und nach Potsdam abgegeben. Lattmann erklärte, daß sich die Akte im Reichsarchiv auf dem Brauhausberg bei Potsdam befunden habe: «Der Flügel, in dem sie lagerte, ist bei einem Bombenangriff der USA völlig zerstört worden. Dabei sind leider alle Akten aus den ersten Kriegsjahren verlorengegangen.» Dies bestätigte auch das Bundesmilitärarchiv in Freiburg.

7. KAPITEL

DIE HINRICHTUNG

Am 9. 10. 1939 gehörte ich zu einer Gruppe von 12 Männern, die nach Langfuhr auf einen Platz zwischen Saspe und dem Flugplatz gefahren wurden. Dort zeigte uns ein SS-Mann eine Stelle und befahl, ein großes Loch mit den Maßen 12 x 3 x 2 Meter auszugraben. Es sollte schnell gehen. Der SS-Mann gab jedem von uns ein Stück Brot und eine Zigarette. Abends wurden wir wieder zurück ins Lager Neufahrwasser gebracht.

Während der Arbeit habe ich gesehen, daß zwei Frauen zu dem SS-Mann kamen, eine von ihnen trug ein Kind auf dem Arm. Sie fragte, was denn hier los sei. Der SS-Mann antwortete: ‹Da kommen morgen die polnischen Heckenschützen von der Polnischen Post hinein, und von den Schweinen da kommen auch vier hinein.›

Ich war deshalb sehr erregt. Uns wurde gesagt, daß wir am nächsten Tag wieder dorthin müssen, um das Grab zuzuschaufeln.

Am nächsten Tag habe ich gehört, daß um vier Uhr morgens eine andere Gruppe mit den Spaten weggefahren ist.»

Diese Aussage machte Franciszek Sch. als Zeuge bei den Vorermittlungen gegen Gauleiter Forster im Jahre 1947 in Gdansk. Er ist einer von zwei Überlebenden des von der SS aufgestellten sogenannten Grabkommandos. Einem solchen Kommando anzugehören kam einem Todesurteil gleich, seine Mitglieder wurden als unerwünschte Zeugen in der Regel umgebracht.

Das Hinrichtungsdatum, in seiner Aussage hatte Franciszek Sch. sich um vier Tage geirrt, ist durch die Eintragung im Kriegstagebuch Nr. 2 des Militärbefehlshabers Danzig-Westpreußen verbürgt. Dort heißt es unter dem 5. 10. 1939: «Das Todesurteil gegen

38 Beamte der polnischen Post in Danzig wegen Freischärlerei wird vollstreckt.»

Die Kriegsstrafverfahrensordnung, über die im vorigen Kapitel die Rede war, enthielt auch ein minuziöses Reglement für den «ordnungsgemäßen» Ablauf der Hinrichtungen. Die Vollstreckung der Urteile wurde geheim vollzogen, ein richterlicher Militärjustizbeamter hatte auf dem Richtplatz die Urteil- und die Bestätigungsformel vorzulesen.

Die Hinrichtung der Postverteidiger fand auf dem damaligen Schießstand des großen Exerzierplatzes zwischen Danzig-Langfuhr und -Saspe statt, der an den Flugplatz Langfuhr angrenzte.

Giesecke hat in den Nachkriegsvernehmungen kein Wort darüber verloren, daß er an der Exekution teilgenommen hat. In seiner ersten Vernehmung (1960) streifte er nach den abgelehnten Gnadengesuchen die Hinrichtung nur mit einem knappen Satz: «Sonach wurden die Urteile vollstreckt.»

Bode hat 1970 in diesem Zusammenhang ausgesagt: «Die Verurteilten sind alle gemeinsam an einem Tag erschossen worden, und zwar durch Angehörige der ‹Brigade Eberhardt›... Ich weiß auch, daß die Erschießung am Schießstand Saspe in der Nähe von Danzig-Langfuhr erfolgt ist. Ich habe damit nichts mehr zu tun gehabt.»

Es gibt eine weitere Zeugenaussage im Prozeß gegen Gauleiter Forster von einem Mitglied der zweiten Gruppe des Grabkommandos. Stanislaw G. kam mit dem Leben davon, hatte das möglicherweise sogar Giesecke zu verdanken:

«Als Häftling des Lagers Danzig-Neufahrwasser, an ein genaues Datum erinnere ich mich nicht mehr, es war ungefähr 4 Uhr morgens, wurde ich mit einer Gruppe von 10 Häftlingen ausgesucht. In Begleitung von drei oder vier SS-Männern wurden wir mit Spaten ausgerüstet und in Lastwagen nach Saspe gefahren. Dort kamen wir auf dem Schießübungsplatz an. Wir standen zwischen den Zielscheiben, mußten warten und sahen den Lagerkommandanten Max Pauly und andere. Nach ungefähr einer halben Stunde erschien eine Gruppe von Soldaten, ungefähr 80 Leute mit Gewehren mit aufgepflanztem Bajonett. Die Gruppe wurde von einem Offizier angeführt. Alle hatten Helme auf dem Kopf und standen auf der anderen Seite des Schießplatzes. Kurz darauf kam auch ein Pkw, aus dem ein Fahrer und ein Offizier ausstiegen. Dann fuhren zwei Lastwagen mit Verdeck vor. Sie hielten nicht weit von uns. Aus diesen zwei Lastwagen stiegen ungefähr 38 Männer aus, die mit Stricken gefesselt waren, jeweils vier Männer untereinander verbunden. Unter ihnen war ein Junge in der Uniform des Gymnasiums, über die er einen Mantel trug. Die Kleidung der anderen zeigte, daß sie Beamte der Post waren. Diese Gruppe stand vor uns. Anschließend kam zu dieser Gruppe ein Armee-Pfarrer mit dem Offizier und Pauly in Begleitung eines Vorgesetzten des Pauly. Der Offizier las etwas vor: ‹Im Namen des Rechts sind Sie wegen des bewaffneten Widerstands zum Tod durch Erschießen verurteilt.› Dabei wurden Gericht oder Datum nicht gesagt. Danach wurde eine Liste der Vor- und Zunamen vorgelesen, aber daran erinnere ich mich nicht. Der das Urteil vorlas, sagte dann, daß den Verurteilten eine letzte Gnade erwiesen werde, nämlich die heilige Kommunion. Nach diesen Worten knieten die Verurteilten nieder. Der Pfarrer erteilte allen die heilige Kommunion.

Dann haben SS-Männer den Verurteilten die Augen mit Binden verdeckt. Nun wurden immer zwei Männer zusammen gefesselt und zu der anderen Soldatengruppe geführt. Nachdem alle dort angekommen waren, konnten wir die Schüsse hören. Am Anfang war es eine Salve, dann einzelne Schüsse.

Als alles still wurde, marschierte die Armeegruppe ab. Wir wurden dorthin eskortiert. Da habe ich die Leichen in einer Reihe gesehen, ungefähr 25 Schritte von dem Grab entfernt. Das Grab hatte eine Größe von ungefähr 12 x 3 x 2 Meter.

Pauly ordnete an, daß wir den Opfern die Ringe ausziehen und Zähne mit Gold rausziehen sollen.

Der Offizier, der das Urteil verlesen hat, verhinderte das aber. Pauly hat dann selbst Ringe von den Fingern gezogen. Er befahl mir, in das Grab zu gehen und die Leichen aufeinander zu schichten. Das habe ich dann gemacht. Als wir die Leichen hinlegten, bemerkte ich, daß die Fesseln schon ab waren. Das müssen andere erledigt haben, die die Leichen zum Grab brachten, was ich nicht sehen konnte. Es gab auch Teile von Körpern. Ich habe später erfahren, daß sie diese Körperteile mit den Händen tragen mußten.

Ich habe bemerkt, daß die Kugeln meistens in die Stirn getroffen hatten.

Die anderen Häftlinge sollten uns aus dem Grab ziehen, uns die Hände geben. Pauly verhinderte das und sagte, wir würden im Grab bleiben.

Der Offizier befahl jedoch, daß alle zum Lager zurückkehren sollen. Wir haben das Grab zugeschüttet. Nach etwa 30 cm mußten wir den Sand jeweils festtreten. Dann belegten wir das Grab mit Gras und Ästen. Es unterschied sich dann nicht mehr von der anderen Umgebung und konnte nicht mehr als Grab erkannt werden.

Nach Beendigung der Arbeit sagte Pauly zu uns, daß uns das gleiche Schicksal erwarte, falls jemand das Geheimnis nicht für sich behalten werde... Dann fuhren wir zurück ins Lager.»

Da die Mitglieder des Grabkommandos aus dem SS-Lager Neufahrwasser kamen, ist es mit großer Wahrscheinlichkeit so, daß der Lagerkommandant Max Pauly anwesend war, es entsprach zudem seiner Mentalität.

Der Offizier, der das Urteil verlas und von dem Stanislaw G. in seiner Zeugenaussage berichtet, er habe die Ermordung der Häftlinge des Grabkommandos gegen Pauly verhindert, war Hans-Werner Giesecke.

Am 5. 10. 1939 läuteten in Danzig die Glocken. Es war der Tag der Hinrichtung der Postverteidiger – die NS-Propagandisten feierten so die Besetzung Warschaus durch die deutschen Truppen. Adolf Hitler flog zur großen Siegerparade nach Warschau, wo er am Flugplatz von Generaloberst von Rundstedt und von den Generälen Blaskowitz und von Reichenau begrüßt wurde. Anschließend begann die Truppenparade der 8. Armee durch die Ujazdowski-Allee.

Der Polenfeldzug war für Hitler abgehakt, er beschäftigte sich längst mit dem Krieg gegen den Westen und forderte seine Wehrmacht auf, «den Helmriemen fester zu binden». Die Kämpfe um Gdingen und Oxhöfter Kämpe waren für die Deutschen erfolgreich verlaufen, die Besatzung der Halbinsel Hela hatte schließlich doch vor den Deutschen kapituliert. Und der General der Luftwaffe Kaupisch bedankte sich bei seinem Befehlshaber «für diese schöne Aufgabe», die er erledigen durfte.

Einen Tag vor der Hinrichtung der Postverteidiger erließ Hitler einen Gnadenerlaß für alle Taten, die seit dem 1. 9. 1939 «aus Erbitterung wegen der von Polen verübten Greueltaten» begangen worden sind. Abwehroffizier Groscurth notierte am 5. 10. in sein Tagebuch: «Alles spricht bereits von dem Angriff gegen Westen.» Das war für Hitler längst beschlossene Sache. Halder notiert am 27. 9. 1939 schon in seinem Tagebuch: «Franzosen werden nicht den Wert der Polen haben. Nervenstärke! In der Geschichte haben wir Frankreich immer geschlagen, wenn Deutschland einig war.»

Einen Tag nach der Hinrichtung gab Hitler in einer Reichstagsrede die deutschen Opfer mit 10572 Toten, 30322 Verwundeten und 3409 Vermißten an. Die Toten auf polnischer Seite verschwieg er und sprach lediglich von 694000 Gefangenen.

Am 6. 10. wurde an Soldaten der «Schleswig-Holstein» das Eiserne Kreuz verliehen. Einen Tag später veranstalteten die in der Danziger Bucht eingesetzten Seestreitkräfte eine Abschiedsparade auf dem Theatermarkt in Danzig.

Die Benachrichtigung der Angehörigen der hingerichteten Postbediensteten wurde von Kriegsgerichtsrat Dr. Giesecke angeordnet. Die KStVO regelt auch dieses Detail und bestimmte, daß die Benachrichtigung vom Vollzug der Todesstrafe unverzüglich zu erfolgen hat. Da viele der verurteilten Familien Danzig verlassen hatten bzw. einige Postbeamte aus Polen nach Danzig abgeordnet worden waren, erreichte die Mitteilung nur einen Teil der Angehörigen.

Die Umstände der Hinrichtung blieben den Angehörigen verborgen. Dafür, daß die Täter ein gewisses Unrechtsbewußtsein hegten, spricht, wie sie die Toten verscharrten – in den frühen Morgenstunden, an einem geheimgehaltenen Ort und nicht auf einem Friedhof. Nach der damals geltenden Rechtsordnung hätten die Leichen auf Verlangen der Angehörigen zur Beerdigung freigegeben werden können. Giesecke aber entschied anders und beauftragte den Heeresjustizinspektor Hellmuth von Zelewski mit den Benachrichtigungsschreiben, die formal alle mit dem folgenden übereinstimmen:

«Geschäftsstelle des Gerichts der Gruppe Eberhardt
St.L.41/39

Zoppot 6. Oktober 1939

Frau
Anna Magulski
Danzig
Melzergasse 11–13

Auf Anordnung wird Ihnen mitgeteilt, daß der Franz Magulski durch kriegsgerichtliches Urteil wegen Freischärlerei zum Tode verurteilt und hingerichtet ist.
v. Zelewski
Feldjustizinspektor»

Mit dem Postboten Konrad Grotha, der am 1. 9. 1939 festgenommen worden war, ist ein für die Gestapo seltener Vorgang verbunden – im Regelfall hätte man das als Geheimsache behandelt. Die Gestapo bescheinigte am 25. 9. 1939 den Angehörigen Grothas die Verhaftung. Aktenkundig ist außerdem ein Auszug aus dem standesamtlichen Sterberegister, wonach Konrad Grotha am 5. 10. 1939 in Danzig-Saspe im Alter von 33 Jahren verstorben ist. Das Standesamt Danzig I hatte anhand der schriftlichen Benachrichtigung des Feldkriegsgerichts 38 Sterbeurkunden ausgestellt und als Sterbeursache «wegen Freischärlerei hingerichtet» angegeben.

Giesecke verfaßte 1940 eine Mitteilung, die der Sohn des Ermordeten, Ferdynand Michon, aufbewahrt hat:

«Gericht O.U., den 14. Januar 1940
Dienststelle Feldpost-Nr. 02 518
A.L. 10/40

Frau
Karoline Michon
Krakau
Lenartowicz-Gasse 19

Ihr Schreiben vom 5. Jan. 1940 betr. Nachfrage nach Ihrem Ehemann Dr. Johann Michon ist zuständigkeitshalber an die Geheime Staatspolizei abgegeben worden.
I.A.
gez. Giesecke
Kriegsgerichtsrat»

Dieses Schreiben enthält eine durchaus zutreffende Beschreibung der Zuständigkeiten. Damit ist noch einmal aktenkundig unterstrichen, daß Giesecke klar war, was später juristisch zum Problem wurde: die Polizei und nicht das Militär war zuständig für den Angriff auf das Postgebäude und auch für die Ermordung von Jan Michon bei der Kapitulation. Die Gestapo hat auf Frau Michons Anfrage nicht reagiert. Häufig blieben die Angehörigen der Hingerichteten ohne Nachricht, manche noch bis Anfang 1940, bis sie durch informelle Kanäle die Wahrheit erfuhren. In Angst und großer Sorge lebte zum Beispiel die Familie Orzechowska. Anna, die damals 22 Jahre alt war, beschrieb 1947 im Prozeß gegen Forster, wie sie sich auf die Suche nach ihrem zwei Jahre älteren Bruder Kazimierz machte:

«Zuerst bin ich zur Viktoria-Schule gegangen, wo man mich geradezu rausgeschmissen hat. Danach habe ich mich auf den Weg zum Gericht gemacht. Ich kam am Gestapo-Gebäude in der Straße Neugarten 28 vorbei. Ich wurde von einem jungen Deutschen angesprochen, der mir erklärte, daß er meinen Bruder kannte, und daß er genau wisse, daß mein Bruder Waffen vom Postamt Nr. 2 (Am Bahnhof) in das Postamt Nr. 1 gebracht habe.

Am Gericht angekommen, sprach ich einen Beamten an und erklärte ihm meine Lage. Er hat mich jedoch beschimpft und mir gesagt, ich soll mich im Gericht nie wieder blicken lassen. Geholfen hat mir dann ein älterer Gefängniswärter, der mir erklärte, er hätte Informationen über meinen Bruder. Er hat ihn sogar beschrieben und gesagt, daß mein Bruder tot sei, daß er wie alle anderen Postangestellten erschossen wurde. Er ergänzte, daß mein Bruder seinen Tod voller Stolz, für Polen sterben zu können, erwartet hätte. Ferner erklärte er mir, daß mein Bruder an der Wange verletzt gewesen wäre. Die Wunde habe ein Splitter verursacht. Da er mir kein genaues Datum des Todes sagen konnte, nahm er mich mit ins Gefängnis und entnahm aus irgendeinem Buch ein Datum. Ich verlor aber das Bewußtsein, deswegen kann ich mich nicht mehr erinnern, ob es der 5. oder 8. 9. 1939 war.

Danach habe ich die Suche nach meinem Bruder aufgegeben. Wir erhielten auch keine Mitteilung in diesem Fall. Mein Bruder war ledig und am 23. Dezember 1915 geboren worden.»

Das Grab von Kazimierz Orzechowski wurde erst 52 Jahre später entdeckt.

Der ehemalige Exerzierplatz mit dem Schießstand und das Gelände des ehemaligen Flugplatzes sind heute ein Wohngebiet. Nur die halbverfallenen alten Flugzeughallen in der unmittelbaren Nachbarschaft von achtstöckigen Mietshäusern erinnern an die Vergangenheit. Dort wurde das Massengrab der Postverteidiger im August 1991 entdeckt. Bei den Ausschachtungsarbeiten für die Tiefgarage des Bürohauses PEWEX in der Jana Pawla II-Straße stießen Arbeiter auf menschliche Gebeine und Reste von Uniformteilen.

Die Ausgrabungen wurden von verschiedenen polnischen Institutionen mit akribischer Genauigkeit und großem Aufwand durchgeführt, beteiligt waren die anatomische Abteilung der Sportakademie Gdansk, das örtliche Archäologische Museum und das Kriminallaboratorium des Polizeipräsidiums.

Das Grab hatte ein Ausmaß von 11,6 Metern in der Länge und 2 Metern in der Breite. 2,5 Meter tief in der Erde lagen nebeneinander 30 fast vollständig erhaltene menschliche Skelette. Vorausgegangene Bagger- und Betonarbeiten beim Gießen von Fundamenten hatten das Grab teilweise zerstört. Acht Skelette konnten nicht mehr vollständig aufgefunden werden. Die Schädel und Gebeine ergänzten sich aber auf genau 38 Opfer. Ausgegraben wurden Uniformteile – Kragenspiegel, Schulterstücke und Knöpfe, die zur polnischen Postuniform des Jahres 1935 gehörten. In einer Jackentasche versteckt befand sich ein goldener Ehering, in dem die Initialen P.V. und ein Datum, der 4. 4. 1926, eingraviert waren. An diesem Tag hatten sich Prakseda Vogel und Franciszek Klinkosz, einer der Exekutierten, verlobt.

Es wurden Analysen angestellt, vor allem von Alter, Größe und Zahnstatus, so daß mit hoher Wahrscheinlichkeit als Opfer namentlich identifiziert wurden:

Maksymilian Cygalski (39),
Alfons Flisykowski (37),
Konrad Grotha (33),
Wladyslaw Kupka (25),
Bernard Majeski (31),
Jan Nowak (49),
Kazimierz Orzechowski (24),
Aleksander Racki (36),
Leonard Wisniewski (35),
Franciszcek Klinkosz (40).

Die Exhumierung bestätigte, daß man den Opfern Eheringe, Wertsachen und Ausweisdokumente abgenommen hatte – vor oder nach ihrem Tode. Die Gebisse und Goldfüllungen waren in ihrem originären Zustand erhalten.

Heute erreicht man den ehemaligen Friedhof Saspe mit der Straßenbahn der Linien 13 und 15 in Richtung Brzezno/Nowy Port. Es handelte sich früher um den Armenfriedhof, ziemlich abgelegen am Flugplatz Saspe. Zu Fuß sind es von hier bis zur Hinrichtungsstätte etwa 15 Minuten. Heute ist der Friedhof eine Gedenkstätte für 20000 Tote, die zum großen Teil im KZ Stutthof ums Leben kamen. Ein Denkmal erinnert an die polnischen Kämpfer des Zweiten Weltkriegs und an die «Opfer des Faschismus».

Auf dem Friedhof wurden auch 21 Postangehörige bestattet, neun von ihnen waren an der Verteidigung der Post unbeteiligt, zwölf von ihnen kamen bei den Kampfhandlungen, durch den Brandanschlag und bei der Kapitulation ums Leben, die anderen wurden später von der Gestapo oder im KZ Stutthof ermordet. Dort finden sich auch die Grabsteine des Direktors der Polnischen Post, Dr. Jan Michon, und von Konrad Guderski, dem «Inspektor Konrad». Die Toten wurden 1992 aus dem Massengrab in einer feierlichen Zeremonie, unter großer Anteilnahme der polnischen Öffentlichkeit, auf diesen Friedhof übergeführt.

8. KAPITEL

ENTKOMMEN

Sieben Postverteidiger nutzten am 1. 9. 1939 die unübersichtliche Situation bei der Kapitulation, um über den hinteren Teil des Postgrundstücks zu fliehen. Die Gruppe hatte den Moment abgepaßt, als die übrigen Verteidiger an der anderen Gebäudeseite mit erhobenen Händen herauskamen und die ganze Aufmerksamkeit der Einsatzkräfte auf sie gerichtet gewesen war.

Einer von ihnen, Wladyslaw Kupka, kehrte auf halbem Weg um und wurde festgenommen. Die anderen sechs Postler setzten ihre Flucht fort. Das geschah offensichtlich nicht unbemerkt, denn das Kriegstagebuch Nr. 1 des Danziger Militärbefehlshabers enthält den Eintrag: «Es gelang einigen der Verteidiger, aus dem Gebäude der polnischen Post zu entweichen. Im Rahmen einer sofort eingesetzten umfangreichen Durchsuchungsaktion konnten zwei polnische Postbeamte nachträglich festgenommen werden.»

Sicher ist einer der beiden Alfons Flisykowski gewesen, der nach dem Tod von «Inspektor Konrad» die Verteidiger angeführt hatte. Nach dem Abtransport der festgenommenen Verteidiger konnten die Bewohner der umliegenden Häuser in ihre Wohnungen zurückkehren, so auch Anastaza Geschke in das Haus Rähmgasse 9.

In ihrer Wohnung angekommen, entdeckte sie, daß an der Türklinke zum Schlafraum eine Postuniform hing. Erschrocken lief sie zurück auf die Straße und holte, wie sie sagte, «Soldaten», also Uniformträger, die an dem noch nicht lange beendeten Einsatz gegen die Postbeamten beteiligt waren. Frau Geschke schildert die weiteren Geschehnisse:

«Ein anderer Soldat ging in die Küche, und da fand er auf dem

Fußboden eine zweite Uniform und sagte: Hier ist noch eine! In der Kohlenkiste fanden sie Ausweise und noch irgend ein Dokument. Sie suchten auch in den Betten und befahlen mir, in den Schränken nachzuschauen, ob nichts fehlt. Nach dem Öffnen des Schranks habe ich festgestellt, daß der Anzug und die Lederjacke meines Mannes fehlten. Die Soldaten sagten dann: Hier haben sie sich umgekleidet.»

Frau Geschke wurde mit zum 2. Polizeirevier genommen und vernommen. Auch wurden ihr Ausweise vorgelegt, sie merkte sich die Namen Milewczyk und Gorski.

Alfons Flisykowski wurde am nächsten Tag (2. 9.) aufgrund einer Denunziation festgenommen. Er hatte sich unter einer Treppe im Haus Rähmgasse 9a versteckt. Er konnte seine Flucht nicht fortsetzen, weil er verletzt war und viel Blut verloren hatte. Frau Geschke wurde Zeugin der Festnahme:

«Der Mann trug Zivil, einen dreckigen Anzug, hatte einen Hut auf dem Kopf, mittleres Alter, abgezehrtes Gesicht und schleppte ein Bein, konnte aber noch alleine laufen.» Von Nachbarn will sie erfahren haben, daß sich in einer anderen Wohnung (deren Türen bei der Evakuierung unverschlossen bleiben mußten) zwei weitere Flüchtige umgekleidet hatten.

Die Aussage von Frau Geschke aus der Nachkriegszeit ist von polnischen Behörden und in Publikationen angezweifelt worden. Die Flucht von Andrej Gorski, Wladyslaw Milewczyk, Franciszek Mielewczyk und Augustyn Mlynski geriet später ins Zwielicht. Die vier Männer waren von 1939 bis 1945 untergetaucht und ließen sich nach dem Krieg als einzige Überlebende der Postverteidiger feiern. Sie wurden als Helden hoch dekoriert und erhielten bestimmte finanzielle Vorzüge.

Um die Rolle dieser Personen entwickelte sich in Polen ein über zwanzig Jahre währender Streit, der heute wohl nur vorläufig begraben ist. Sicher ist, daß irrationale Faktoren dabei eine Rolle spielten, doch wurden die vier Nachkriegshelden als potentielle Verräter oder Kollaborateure auch deshalb umstritten, da der Historiker Ciechanwoski ihre Namen vergeblich auf den Fahndungslisten der Gestapo suchte. Allerdings ist die Darstellung der vier

Postverteidiger, deren Flucht gelang, gedeckt durch die Zahlenangaben Flisykowskis, der bei den Vernehmungen unmittelbar nach der Verhaftung sagte, mit sechs oder sieben Personen gemeinsam die Flucht versucht zu haben.

Im Danziger Prozeß gegen Gauleiter Albert Forster wurde Wladyslaw Milewczyk 1948 in der Hauptverhandlung als Zeuge vernommen. In seiner Aussage kommt er ausführlich auf das Ende der Postverteidigung zu sprechen:

«Ich bin einer der vier Überlebenden der Postverteidiger... Wir haben uns auf folgende Weise gerettet... Ich bog hinter dem Gebäude ab auf den Posthof. Von dort kam ich in die Postgarage, und dort waren Fahrräder. Die Räder benutzten wir, um auf das Dach zu kommen. Zu viert haben wir uns gehalten und kletterten auf das Garagendach. Von dort sind wir auf die Garage des Polizeireviers gesprungen. An einem Leitungskabel kletterten wir in den Hof eines Hauses in der Rähmgasse. Wir überstiegen dabei einen Schweinestall. Das Dach war schräg, der First etwa in der Höhe der ersten Etage des Hauses. In der Umgebung war es ganz still, denn sie hatten die Bevölkerung aus dieser Straße evakuiert. Wir sind dann vom Dach in eine Wohnung geklettert. Als ich im Spiegel sah, daß ich ganz schwarz von Ruß war, wusch ich mich schnell und zog Zivilkleidung an. Die Kleidung fand ich in einem Schrank. Die Uniform ließ ich in der Wohnung zurück. Ich sah auch Alfons Flisykowski. Zusammen mit Gorski bin ich als erster aus dem Haus raus, dann gingen wir zur Rittergasse, danach zum Fischmarkt, anschließend zum Hauptbahnhof. Da Danzig von den Deutschen besetzt war, liefen wir zu Fuß bis zum Wald von Oliva und von dort nach Karthaus...»

Mit Unterstützung eines Gemeindevorstehers erhielten beide falsche Papiere unter den Namen Johann Janke und Karl Breit. Wiederholt wechselten sie Arbeitsplatz und Wohnung und entgingen so der Gestapo. Der Briefträger Augustyn Mlynski, bekleidet mit Lederjacke und Schirmmütze, wurde von einer Streife der «SS-Heimwehr» kontrolliert und nicht erkannt. Ein volksdeutscher Gutsbesitzer nahm ihn bis 1945 als Landarbeiter auf, obwohl er vermutlich seine Identität kannte. Der Kraftfahrer Franciszek

Mielewczyk geriet am 1. 9. in eine Razzia der Gestapo. Man verdächtigte ihn, zu den Verteidigern der Post zu gehören, und hielt ihn tagelang fest. Wegen Überfüllung der Gefängnisse wurde er mit der Auflage entlassen, sich dreimal wöchentlich bei der Polizei zu melden. Später wurde er zur Zwangsarbeit in einem Steinbruch verpflichtet. Alle vier überlebenden Postverteidiger sind zwischen 1976 und 1988 verstorben.

Malgorzata Pipka, die als einzige Frau unter den Postverteidigern im Gebäude war und den Angriff überlebte, wurde in verschiedenen Gefängnissen und Lagern Danzigs inhaftiert und 1943 entlassen. Wie und wann sie die Nachricht erhalten hat, daß ihr Mann Jan Pipka, der Hausmeister der Post, und ihre Pflegetochter einige Tage nach dem 1. 9. 1939 ihren Brandverletzungen erlegen waren, wissen wir nicht. Nach 1945 wurde Frau Pipka mit dem höchsten polnischen Orden für Zivilpersonen und mit der Medaille «Verdienste um Gdansk» geehrt. Sie ist 1963 im Alter von 77 Jahren gestorben.

Einem weiteren Postverteidiger gelang zunächst die Flucht vor der Verfolgung durch die Nationalsozialisten. Es war der damals 44jährige Leon Fuz. Die genauen Umstände seiner Flucht liegen im dunkeln. Höchstwahrscheinlich gehörte Fuz zu der Gruppe Flisykowski. Anderen Hinweisen zufolge soll er während der Kampfhandlungen durch das Paketlager geflohen sein oder sich nach der Kapitulation im Gelände verborgen gehalten haben. Während des Krieges und auch noch nach 1945 galt Fuz als verschollen. Das war in Polen kein ungewöhnliches Schicksal, unzählige Polen waren irgendwo verscharrt oder verbrannt worden, ihre Angehörigen blieben in Ungewißheit zurück.

Er wurde am 20. 2. 1895 in Radziwec/Polen geboren und als Obertechniker der Fernsprechabteilung des Postamtes am Heveliusplatz eingesetzt. Er wohnte mit seiner Frau Stanislawa und dem Sohn Jerzy Konstanty in der Osteestadt.

Über die Flucht des Leon Fuz kursierten in Polen viele Gerüchte und Spekulationen – lückenlos jedenfalls ist seine Geschichte heute nicht mehr rekonstruierbar. Auszuschließen ist sicherlich, daß er unmittelbar nach der Kapitulation inhaftiert wurde. Möglicherweise konnte er sich im Polizeipräsidium, unbemerkt von den Deutschen, zu den Postbeamten gesellen, die am Kampf um die Post unbeteiligt gewesen und in ihren Wohnungen festgenommen worden waren.

Das Häftlingsverzeichnis des Internierungslagers Neufahrwasser vermerkt unter dem 7. 9. 1939 seine Festnahme, wo er am 9. 9. eingeliefert wurde.

Als gesichert ist anzunehmen, daß auch Leon Fuz in der Zeit vom 7. bis 9. 9. in der Viktoria-Schule gefangengehalten wurde. Bei seiner Einlieferung dürften die Postverteidiger, deren Prozeß am Tag darauf stattfand, bereits in das Kriegsgefangenenlager Bischofsberg verlegt worden sein. Hans-Werner Giesecke äußerte sich dazu nach dem Krieg:

«An den Namen Fuz kann ich mich erinnern. Unter den Verteidigern der Danziger Post war ein militärischer Führer, den ich bereits in meiner Vernehmung vom 25. 11. 1960 erwähnt habe. Daneben gab es einen politischen und geistigen Kopf des Widerstandes, der den Namen Fuz hatte. Auf diese beiden Personen wurde ich schon bei den ersten Vernehmungen der Verteidiger der Post aufmerksam gemacht, und mein besonderes Interesse galt selbstverständlich der Feststellung dieser beiden Personen. Während sich der militärische Führer in Gefangenschaft befand, traf dies für Fuz nicht zu. Meine Nachforschungen nach ihm ergaben, daß er sich nach seiner Gefangennahme in der Viktoria-Schule befunden haben sollte. Ich habe mich daraufhin mit dem Leiter dieser Gestapohaftanstalt in Verbindung gesetzt, der mir eine ausweichende Antwort gab, deren Inhalt ich heute nicht mehr angeben kann. Es mag sein, daß er von dem Verbleib des Fuz nichts zu wissen vorgab, oder er erklärte, über ihn keine Auskunft geben zu können. Ich wandte mich deswegen an seinen Vorgesetzten, den Leiter der Danziger Gestapo – nach meiner Erinnerung war dies ein Oberregierungsrat, den ich um die Herausgabe des Fuz als Kriegsgefangenen an die Brigade ersuchte. Dieser Gestapoleiter erklärte mir jedoch, daß Fuz nicht in den Händen der Gestapo sei. Da ich aufgrund meiner Vernehmungen das Gegenteil festgestellt hatte, erklärte ich seine Angaben für unwahr. Das Gespräch führte schließlich zu einer sehr harten Kontroverse, in deren Verlauf ich mich dazu hinreißen ließ zu äußern, die Gestapo gebe nichts wieder heraus, was sich einmal in ihren Händen befände. Mir wurde daraufhin ein Ergreifen von Maßnahmen gegen mich angedroht. Ich habe über dieses Gespräch meinem damaligen Gerichtsherrn berichtet. Geschehen ist nichts. Von Fuz habe ich aber auch keine Spur mehr zu sehen bekommen. Im weiteren Verlauf des Krieges habe ich von einem Danziger gehört, den ich nicht mehr namentlich und persönlich rekonstruieren kann, daß Fuz in dem Konzentrationslager Danzig-Stutthof erschossen worden sei.»

Die Militärjustiz hatte also gegenüber der mächtigeren Gestapo den kürzeren gezogen. Der Gestapochef, mit dem Giesecke gesprochen hatte, war Oberregierungsrat Dr. Tröger, der berüchtigte Gesamtleiter des Einsatzkommandos 16. Tröger war an den Massenmorden beteiligt, «für seine Verdienste» im Rahmen der «Intelligenz-Aktion», besonders im Raum Bromberg, avancierte er am 7. 11. 1939 zum Inspekteur der Sicherheitspolizei und des SD im Reichsgau Danzig-Westpreußen. Sein Nachfolger als Danziger Gestapochef wurde Regierungsrat Dr. Hellmuth Tanzmann.

Das Lager Neufahrwasser war nach der Viktoria-Schule gewiß die nächste Station von Leon Fuz. Polnische Zeugen haben ihn als Häftling bei Aufräumungsarbeiten der Westerplatte gesehen, die vor dem Himmler-Besuch am 20. 9. stattfanden.

Leon Fuz wurde im Häftlingsverzeichnis unter der Häftlings-Nummer 5376 eingetragen. Vermutlich hat er versucht, bei anderen Häftlingsgruppen unterzutauchen, um seine Identifizierung als Postverteidiger zu verhindern. Ein Anruf von Giesecke bei Gestapochef Tröger löste offensichtlich Ermittlungen der Gestapo aus, so daß seine Enttarnung nur eine Frage der Zeit war.

Vorübergehend war Leon Fuz einem Kommando für Außenarbeiten zugeteilt worden, und zwar bei dem Landwirt Fast in Beiershorst bei Danzig. Das alles wissen wir von seinem damals 14jährigen Sohn Jerzy, der in die USA emigrierte. Leon Fuz hat seinem Sohn aus dem Lager einen Brief geschrieben, der in den Kriegswirren verlorenging. Der Brief erreichte die Familie in Plock, wo sie bei

Verwandten Unterkunft gefunden hatte. Stanislawa Fuz richtete über den Landrat in Plock ein Gesuch um Entlassung an die Gestapo Danzig.

Der Bruder von Stanislawa Fuz erkundigte sich unabhängig davon Ende Oktober 1939 bei der Wehrmachtskommandantur Danzig schriftlich nach seinem Schwager, die antwortete, sie habe das Schreiben nach Berlin an eine Stelle für Kriegsgefangene weitergeleitet.

In das Lager Neufahrwasser kamen auch Familienangehörige der Postverteidiger. Alfons Racki, Sohn des hingerichteten Aleksander Racki, der damals neun Jahr alt war, erinnert sich:

«Vier Tage vor dem Krieg setzte uns mein Vater (36) in den Zug nach Mirotken Kreis Stargard. Wir, das war meine Mutter mit sieben Kindern – ich der Älteste, die jüngste Schwester vier Monate alt. Wir fuhren zur Großmutter, dort erlebten wir den Kriegsbeginn. Im Oktober schickte uns die Geschäftsstelle des Feldkriegsgerichts, Aktenzeichen St.L. 41/39, die Nachricht, daß mein Vater zum Tode verurteilt und hingerichtet worden war. Wir fuhren alle nach Danzig. Unsere Wohnung war verplompt. Zwei Polizeiwachtmeister verweigerten uns den Zutritt, gaben aber meiner Mutter ein großes und ein kleines Kissen für meine kleine Schwester. Erst im Juli 1945 konnten wir in unsere Wohnung zurück.

Sie wiesen uns in das Lager Danzig-Neufahrwasser ein. Dort kamen wir in einen Pferdestall, schliefen mit mehreren Familien auf Stroh. Gute Menschen haben uns zwei Decken gegeben. Wir durften den Pferdestall nicht verlassen und wurden immer von zwei bis drei Polizisten bewacht. Hier waren wir vom 10. Oktober bis 17. November. Dann sperrten sie uns mit anderen Post-Familien für mehrere Monate in das alte Polnische Postamt 3 in Neufahrwasser ein. Da hatten wir ein kleines Zimmer unter dem Dach.»

Leon Fuz war also im Lager Neufahrwasser. Dort hatte, wie man aus einer späteren Aussage von Georg Ebrecht, dem stellvertretenden Leiter der SS Danzig, erfuhr, die Gestapo «Schwierigkeiten» mit der Registrierung der Häftlinge.

Die Häftlinge wurden mit Land-, Deich-, Steinschlagarbeiten

und dem Auf- und Ausbau der Lager beschäftigt. Später, nach der Räumung des Lagers Neufahrwasser, wurden die Häftlinge im Lager Stutthof untergebracht.

Der Buchhändler Marian P., der aus Polen in die USA emigrierte, war ebenfalls in Neufahrwasser inhaftiert. In einer Aussage beschrieb er 1968, daß die nicht vollständig durchgeführte Registrierung für die Häftlinge sehr bedeutsam war:

«Nach meiner Erinnerung hatte man es seitens der Deutschen im Lager Neufahrwasser lediglich auf die ehemaligen Beschäftigten im polnischen Postamt der Stadt Danzig abgesehen. Diese Leute, von denen ich auch zwei kennengelernt hatte, wurden sehr gesucht und fürchteten um ihr Leben. Wen die Deutschen von diesen Postbeschäftigten zu fassen bekamen, den sah man nie wieder.»

Der Kommandant von Stutthof, Pauly, ordnete an, daß aus Häftlingen des Lagers Neufahrwasser ein sogenanntes «Grabkommando» zusammenzustellen sei. Die Selektion übernahm der Lagerkommandant von Neufahrwasser, Christoffel. Vermutlich war Fuz inzwischen von der Gestapo als Postverteidiger identifiziert und für ihn eine «Sonderbehandlung» vorgesehen worden, das heißt, sein Todesurteil war gesprochen. Leon Fuz wurde selektiert und ab Mitte November 1939 von den anderen Gefangenen abgesondert.

Zwei Mithäftlinge berichteten später über ihren Kontakt mit Leon Fuz: Der Referatsleiter für Verwaltung und Technik im Postamt Heveliusstraße, Franciszek Bogacki, war dabei, als Fuz in den sogenannten Bunker kam. In einem Kellerraum wurden Häftlinge isoliert, die einer «Sonderbehandlung» unterzogen wurden. Etwa drei Wochen danach, am Abend vor seiner Hinrichtung, unterhielt sich Leon Fuz durch eine verschlossene Tür mit Jozef P. und bat ihn, seiner Familie die Mitteilung zukommen zu lassen, daß er hingerichtet würde.

Über das, was Leon Fuz und die anderen Mitglieder des «Grabkommandos» miterleben mußten, berichteten nach dem Krieg eine Reihe von Zeugen, alles ehemalige Lagerinsassen. Im November 1939 wurden 40 Polen «ausgesondert» und in einem Keller untergebracht. Diese Häftlinge mußten im Wald von Piaschnitz Gräber ausheben und Leichen beerdigen. Alle Mitglieder dieser Gruppe seien Mitte Dezember selbst ermordet worden. Irene F., deren Mann Alexander zu den Getöteten gehörte, wurde von der Gestapo benachrichtigt, ihr Mann sei erschossen worden.

Alois G. hat bekundet, daß Fuz eines Nachts mit einer Gruppe von anderen Häftlingen abtransportiert worden sei. Am nächsten Tage habe man nur die Kleidung der Häftlinge ins Lager zurückgebracht.

Leon Fuz wurde Mitte Dezember 1939 von Angehörigen des «SS-Wachsturmbanns Eimann» mit einem Genickschuß getötet.

Als Mitglied des «Grabkommandos» mußte er zuvor zusehen, wie 1400 psychisch Kranke in den Wäldern von Piaschnitz erschossen wurden. Verantwortlich dafür war die SS-Truppe, die zuvor nicht nur in die Kampfhandlungen um die Polnische Post involviert, sondern an weiteren Massenexekutionen und Zwangsdeportationen beteiligt war.

Bei jedem Schuß, der fiel, muß Leon Fuz bewußt gewesen sein, daß er nicht Zeuge eines Massenmordes sein konnte, ohne mit seinem Leben dafür zu bezahlen. Aus dem Geständnis von Kurt Eimann (20. 6. 1973):

«Das Grabkommando hat auf jeden Fall der SS-Obersturmbannführer Pauly, der inzwischen Leiter des KL Stutthof geworden war, gestellt. Ich kann nicht sagen, ob die polnischen Gefangenen täglich von Stutthof oder von Neufahrwasser gebracht worden sind.

Pauly hat mir gesagt, daß immer dieselben Leute gestellt würden. Er hat auch gesagt, daß es sich dabei um Todeskandidaten handelte, die sowieso erschossen würden und daß die Gefangenen gesondert untergebracht wären, damit der Kontakt mit anderen Häftlingen vermieden würde. Die Gefangenen (etwa 25 Mann) waren nach meiner Erinnerung alle im mittleren Alter. Ich habe früher gesagt, daß das Grabkommando nur aus etwa 12 Häftlingen bestand. Das habe ich schon in der Verhandlung berichtet. Das Kommando und die Bewachung hatten auf einem 3-Tonnen-Lastkraftwagen stehend reichlich Platz.

Ich vermute, daß die Gefangenen von Pauly im Einvernehmen

mit dem Höheren SS- und Polizeiführer Hildebrandt bestimmt worden sind.»

Über das, was Leon Fuz in den Wäldern bei Piaschnitz miterlebt hat, berichtete Eimann 1962 vor der Staatsanwaltschaft Hannover.

«SS-Oberführer Ebrecht unterrichtete mich im Oktober 1939 zunächst davon, daß in nächster Zeit eine große Anzahl von Geisteskranken aus pommerschen Heilanstalten im Bahntransport nach Gotenhafen gebracht würden. Es handelte sich dabei – wie er ausdrücklich erklärte – um unheilbare Kranke, die auf Befehl der obersten Führung (oder ähnliche Bezeichnung) in den Wäldern bei Danzig durch Erschießen getötet werden sollten. Ich erhielt den Befehl..., die Erschießungen selbst ausführen zu lassen. Aus dem Lager Stutthof erhielt ich ein Kommando von etwa 12 Gefangenen, die die Gruben für die Leichen an der Erschießungsstelle aushoben. Diese Stelle hatte ich vorher mit Angehörigen meines Stabes in den Wäldern etwa 10–15 km südlich der Stadt Danzig erkundet... Die Stelle lag mitten im Wald und konnte nicht eingesehen werden. Hier hoben die Gefangenen die Gruben aus... Der Transport brachte etwa 120 Geisteskranke. Ich hatte das Gelände durch zwei oder drei Züge meines Sturmbannes absperren lassen... Der Lastwagen fuhr dann bis etwa 50 m an die Erschießungsstelle heran. Ich begleitete den Transport. Dort ließ ich die Kranken einzeln aussteigen. Jeweils zwei SS-Männer führten den Geisteskranken bis an den Rand der Grube, ein dritter SS-Mann folgte mit einer Pistole 08. Am Grubenrand schoß der dritte SS-Mann den Kranken mit der Pistole in das Genick, so daß er in die Grube fiel. Dieser Vorgang wiederholte sich einzeln hintereinander bei sämtlichen Kranken des Transportes. Das SS-Kommando von drei Mann wechselte ständig. Sobald der Schuß gefallen war, setzte sich das nächste Kommando zu der Grube in Marsch... Geschossen wurde innerhalb der einzelnen Kommandos abwechselnd... Die Kranken hatten keine Einsicht auf die Erschießungsstelle, da diese durch eine Waldkulisse verdeckt war. Natürlich konnte man die Schüsse hören. Die Kranken befanden sich aber sämtlich in einem Zustand, der sie die Bedeutung des ganzen Vorgangs nicht erkennen ließ.

Das Erschießen dauerte mehrere Stunden. Danach wurden die

Gruben durch das Gefangenenkommando zugeschüttet. Insgesamt sind mehrere Transporte von Geisteskranken... erfolgt. Die mir vorgehaltene Zahl von 1400 scheint mir etwas hochgegriffen. Es mag sich aber um etwa 1000 gehandelt haben. Ich bin bei sämtlichen Erschießungen zugegen gewesen und habe meinen Leuten die entsprechenden Anordnungen gegeben. Ebrecht hat sich eine Erschießung einmal angesehen.

Der ganze Vorgang dauerte etwa vier bis sechs Wochen. Es kann im Oktober/November 1939 gewesen sein.»

Am 6. 7. 1962 macht Kurt Eimann vor der Staatsanwaltschaft Hannover weitere Aussagen:

«Ich habe damals für diese besondere Aufgabe von meinen Sturmführern... verlangt, daß besonders weltanschaulich geeignete Leute ausgesucht werden... Ich habe auch dafür gesorgt, daß die Männer dieses Kommandos abgelenkt wurden, so haben wir sie ins Theater und Kino geführt und Abende mit ihnen veranstaltet...

Ich habe niemals etwas Schriftliches über die Tötungsaktion erhalten...

Ich sehe das heute auch als Verbrechen an. Damals hatte ich eine andere Auffassung. Wir sind geradezu auf diese Dinge dressiert worden.»

Das Verfahren gegen Eimann und Ebrecht zog sich über Jahre hin. In der sogenannten gerichtlichen Voruntersuchung fand am 9. 12. 1964 eine weitere Vernehmung durch einen Richter des Landgerichts Hannover statt. Eimann korrigierte seine vorangegangenen Aussagen und war sich nunmehr sicher, daß die Zahl seiner Opfer 1200 überschritt:

«Was die Gesamtzahl der Erschießungen anbelangt, so sind es auf jeden Fall mehr als 1200 Kranke gewesen. Ich erinnere mich nämlich, daß nach einem Transport, es war nicht der letzte, mir Krüger gemeldet hat, jetzt seien es 1200.

Mit Ebrecht habe ich die Art der Erschießung besprochen. Ich habe vorgeschlagen, jeden einzelnen durch Genickschuß zu erschießen, damit war er einverstanden...

Es ist richtig, daß ich den ersten Geisteskranken selbst erschossen habe. Das habe ich getan, damit keine wilden Schießereien in Gang kamen und auch keine Quälereien.

Während der Erschießungen war das Grabkommando ein Stück weiter weggeführt worden.»

Erst im Jahre 1967 fand die Hauptverhandlung vor dem Schwurgericht in Hannover statt. Eimann hielt sein Geständnis aufrecht und sagte am 28. 11. 1967 u. a. aus:

«Ich konnte mich dem Befehl nicht entziehen. Mir war bekannt, daß SS-Führer, die nicht gehorchten, mit dem KZ rechnen mußten. Ich empfand es als eine schmutzige Angelegenheit... Die Sache hat mich seelisch belastet.

Bei Gauleiter Forster war ich einmal zu seinem Geburtstag eingeladen. Wir haben dort etwas getrunken. Vor der Aktion besuchten wir einmal eine Krankenheilanstalt. Wir wurden dann auf unwertes Leben in der Natur hingewiesen...»

Daß Leon Fuz und seine Leidensgenossen sterben mußten, war zwischen Hildebrandt, Ebrecht, Pauly und Eimann beschlossen und abgesprochen. Eimann dazu 1967 vor dem Schwurgericht:

«Mir taten die Männer leid, und ich wollte es so schmerzlos wie möglich machen. Auch sprach ich mit einem SS-Arzt darüber. Den SS-Männern wollte ich eine Flasche Schnaps geben, und die Häftlinge sollten auch eine Flasche Schnaps bekommen, welche aber ein Betäubungsmittel enthielt. Unterwegs tranken die Häftlinge, und auch die SS-Leute tranken. Dann waren die Häftlinge betäubt oder nicht im Besitz ihrer geistigen Kräfte. Die Exekution wurde dann genau so durchgeführt wie bei den Geisteskranken. Es sollen Häftlinge gewesen sein, die bereits zum Tode verurteilt waren, so hatten mir Ebrecht und Pauly gesagt. Ich hatte keine Bedenken gegen die Aktion. Nach Beendigung der Geisteskrankenaktion wurde die Erschießung der Häftlinge durchgeführt. Ich meine etwa zwei oder drei Tage danach. Das Julfest der SS war am 21. Dezember. Bis höchsten 10. Dezember war alles erledigt. Ich ließ die Häftlinge sich alle in einer Reihe aufstellen vor der Grube... und alle auf einen Schlag erschießen. Die Vollzugsmeldung ging an Ebrecht. Der Gedanke mit dem Schnaps stammte von mir.»

Zusammen mit Leon Fuz wurden als Angehörige des Grabkommandos auch zwei polnische Priester, Ludwik Guzinski und Teodor Turzynski, ermordet. Im Jahre 1940, der genaue Zeitpunkt steht nicht fest, suchten zwei Gestapobeamte Frau Stanislawa Fuz in Plock auf und teilten ihr im Beisein von Helena P. und Irena T. mit, daß ihr Mann am 13. 12. 1939 erschossen worden sei. Sie bezogen sich auf das Schreiben, welches Stanislawa Fuz an die Gestapo gerichtet hatte. Weitere Auskünfte wollten sie nicht geben.

9. KAPITEL

DIE FAMILIEN DER OPFER

In Polen ist die Erinnerung an die Verteidigung der Polnischen Post lebendig. Daß die Danziger Ereignisse in Deutschland nun nahezu vollständig vergessen sind, registrieren die Töchter und Söhne der Hingerichteten besonders aufmerksam. Ihnen ist es ein Anliegen, daß dieses Schweigen gebrochen wird. Gewiß auch aus diesem Grund haben sich einige von ihnen bereit gefunden, für dieses Buch ihre Familiengeschichten aufzuschreiben.

Stellvertretend für viele erzählen Stefania Koziarowska, Arkadiusz Binnebesel, Ferdynand Michon und Irena Wasik über ihr Leben.

Zunächst berichtet Stefania Koziarowska, geborene Cygalski, über die Erlebnisse ihrer Familie. Sie ist Jahrgang 1931, arbeitet als Fremdsprachenkorrespondentin bei einer Versicherung und lebt in Zoppot. Ihre Erzählung ist nicht aus dem Polnischen übersetzt, Stefania Koziarowska spricht, wie alle Angehörigen, die in diesem Kapitel zu Wort kommen, fließend deutsch:

«Immer noch war August. Meine Mutter und wir beiden Kinder fuhren nach Thorn, dort wohnte meine Tante. Es wurden Fahrkarten für den D-Zug nach Warschau gekauft. Wenn es Krieg gibt, sollten Frauen und Kinder dorthin fahren, ganz gewiß kommen die Deutschen nicht so weit. Die Fahrkarten hatten drei Tage Gültigkeit. Ich war ein sehr empfindliches Kind, die letzten Tage konnte ich schlecht schlafen, doch endlich schlief ich fest und ruhig ein. Meine Mutter beschloß, mich nicht zu wecken, wir könnten doch mit dem nächsten Zug fahren. ‹Laß das Kind sich ausschlafen!›

Um 5 Uhr morgens heulten die ersten Sirenen, es gab Fliegeralarm. Später haben wir erfahren, daß der D-Zug, den wir nicht benutzt haben, bei Kutno angegriffen und von Bomben zerstört wurde. Es gab Tote und Verwundete.

Nun fuhren keine normalen Züge mehr, alle waren für das polnische Militär bestimmt. Überall herrschte großes Chaos.

Endlich, am 3. September 1939, kam ein Zug mit offenen Güterwagen. Irgendwie kamen wir hinein, in den dritten Wagen von vorne. Wir sind die Strecke von Thorn nach Wloclawek (53 km) drei Tage und Nächte gefahren. Der Zug stand mehr, als daß er sich bewegte, entweder wegen fehlender Erlaubnis zur Durchfahrt oder wegen Fliegeralarm – dann liefen alle raus ins Freie und warteten, bis die Flugzeuge weitergeflogen waren.

Nach drei Tagen blieb der Zug in Wloclawek endgültig stehen, und jedermann konnte machen, was er wollte. Meine Mutter und ihre Schwester wollten auf jeden Fall weiter vorwärts, also fuhren wir meistens mit Pferdewagen in großen Flüchtlingsgruppen von Zivilisten und Soldaten langsam in Richtung Warschau. Oft mußten wir uns in Feldern oder im Wald verbergen, da die Flieger öfter und öfter angriffen. Jetzt wurden wir schon das Ziel für Stukas und ihre Bomben. Tote, Verwundete, Pferde, Kühe, Wagen, Autos ohne Benzin, lange Schlangen von Menschenmassen, die alle irgendwohin wollten – das war ein Bild, das ich nie vergesse.

So kamen wir an einen Ort Wlochy, 12 km vor Warschau. Es war später Nachmittag. Wir hatten uns einer Militäreinheit angeschlossen. Zwei junge Frauen mit Kindern aus Danzig und Thorn (meine Mutter war 27 und meine Tante 25) wurden gerne mitgenommen und sehr nett behandelt. Allerdings war vor unseren Wagen ein alter Gaul angespannt, der immer langsamer wurde und zurückblieb. Da kamen plötzlich viele Flieger und ein richtiger Bombenangriff auf die Chaussee. Es war ein Glück, daß wir hinten waren, denn vorne wurde alles zerschmettert. Auf der Straße war die Hölle, wir sind seitlich in die Felder geflohen. Inzwischen war es schon dunkel, aber überall um uns herum knallte und sauste es, und es war taghell von Leuchtraketen. Ich klammerte mich an meine Tante, mein Bruder sich an meine Mutter. Endlich kamen wir an einen Park mit einer breiten Hecke. Dort haben wir eine Höhle gefunden und in ihr übernachtet. Es war wohl 3 km von der Straße entfernt. Es wurde still. Am frühen Morgen kam noch ein Flugzeug und schoß mit dem Maschinengewehr den Park kreuz und quer. Dann flog es weg; es hat uns nicht gesehen und niemanden getroffen.

Unser Hab und Gut blieb auf der Chaussee, es hatte keinen Zweck, die Koffer zu suchen. Von dort war nur Jammern und Geschrei zu hören. Leute, die von dort kamen, waren ganz verwirrt.

Der September 39 war sehr warm. Tote Menschen, tote Tiere, zahlreiche Fliegen und Gestank. Meine Mutter befürchtete das Ausbrechen der Pest. Beide Frauen hatten ihre Winterpelze gerettet, die Handtaschen mit Geld und eine letzte Tafel Schokolade. Die war unser Frühstück.

Auf jeden Fall ging es nicht weiter. Wir mußen Unterkunft suchen und haben sie unweit auf einem Landgut gefunden. Dort haben wir die Kämpfe um Warschau und in der Umgebung der Stadt miterlebt. Die Leute konnten es nicht fassen, daß deutsche Soldaten im Zentrum Polens waren. Als die ersten Vorposten auf Motorrädern an dem Gutshaus vorbeifuhren, waren alle sicher, daß es Engländer waren, Polen hatte doch eine Vereinbarung mit England und Frankreich. Nur meine Mutter und ihre Schwester wußten schnell Bescheid.

Ehrlich gesagt, handelte es sich bei den deutschen Soldaten der Frontlinie um normale Männer, die der Krieg auch aus ihren Familien und Häusern gerissen hatte. Da die beiden Frauen gut deutsch sprachen, haben sie den Gutsbesitzern sehr geholfen. Die Soldaten haben kein Vieh requiriert. Es gab keine Vergewaltigungen. Die Offiziere haben sich sehr kultiviert benommen. Ein Offizier sagte zu meiner Mutter: ‹Warschau ist gefallen, mein herzliches Beileid, die Stadt sieht schrecklich aus... Wenn unser Berlin so aussehen würde...› Dann verließ er die Stube.

Mit der nächsten Welle kamen SS und andere Truppen, eine ganz andere Sorte von Menschen. Dank der deutschen Sprache haben die beiden Frauen dennoch der Wirtin vieles gerettet, und uns geschah nichts. Wir warteten nur noch, daß die zerstörten Gleise repariert waren, um so schnell wie möglich zurück nach Thorn zu fahren. Meine Mutter ahnte schon, daß sie in Danzig nichts mehr zu suchen hatte. Und das stimmte auch, denn alle polnischen Familien, besonders die von Postbeamten, wurden verfolgt. Die Wohnung und Möbel waren beschlagnahmt.

Mitte Oktober fuhren die ersten Züge nach Norden, und wir kamen endlich nach Thorn. Die Stadt war nicht beschädigt, nur die Brücke über die Weichsel, wir mußten mit Booten übersetzen. Die Wohnungstür war mit Plomben und Stempeln der deutschen Behörden versehen. Hungrig, todmüde saßen wir auf der Treppe. Meine Mutter riß die Plomben ab, drinnen war alles unberührt. Morgens gingen die Frauen zu den Behörden sich anzumelden. Wieder half die deutsche Sprache, und wir erhielten die Erlaubnis, dort weiter zu wohnen. Der Rest des polnischen Geldes schmolz unbarmherzig.

Zwischenzeitlich hatten meine Großeltern schon die Nachricht erhalten, daß mein Vater wegen Freischärlerei am 5. Oktober erschossen worden war. Sie wollten jedoch meiner Mutter diese Mitteilung nicht sofort zukommen lassen. Zuerst hieß es, er sei in Gefangenschaft, dann, daß niemand richtig weiß, was mit den Postbeamten geschehen sei, zuletzt die furchtbare Wahrheit. Wenn man auch über die Grausamkeit der Nazis viel wußte, war es ein Schock und einfach unglaublich.

Im Dezember gaben wir die Wohnung in Thorn auf, und die beiden Frauen fuhren mit den Kindern zu meinen Großeltern nach Karthaus. Als der Krieg ausbrach, war die Schwester meiner Mutter schon in anderen Umständen, es näherte sich die Zeit der Entbindung. Die einzige Zuflucht waren die Großeltern.

Es kamen die ersten Weihnachtstage ohne meinen Vater... Viel wäre über meine tapferen, arbeitssamen und opferbereiten Großeltern zu sagen. Trotz seiner Magengeschwüre arbeitete Großvater schwer, um uns alle – neun Familienmitglieder – durchzubringen. Er fuhr aufs Land und reparierte bei den Bauern Landmaschinen. Ein paar Mal erhielt er die Aufforderung, zum Magistrat zu kommen. In seiner Personalakte stand, daß er eine deutsche Mutter hatte. Man bot ihm an, die II. Volksliste zu unterschreiben, Volksdeutscher zu werden, sein Name würde von Kruczynski in Kruse geändert, auch dürfe er wieder seine Werkstatt öffnen, und wir alle hätten Lebensmittelkarten erhalten. Doch mein Großvater verschmähte, sich den Nazi-Verbrechern anzuschließen. Im August 1944 hat ihn die Krankheit besiegt.

Zwei Jahre lang wurde ich nicht zur Schule geschickt. Meine Mutter wartete, daß der Krieg zu Ende geht. Wie? Das wußte niemand. Man erwartete ein Wunder von einem Festtag der hl. Maria zum anderen. Inzwischen war es 1941. Mein älterer Onkel Leo arbeitete als Fahrer eines Krankenwagens, dem jüngeren, Alfons, drohte die Einberufung zum deutschen Militär. Nach dem Angriff auf Rußland wurde nach Kanonenfutter gesucht, Westpreußen als deutsches Gebiet betrachtet. Er hat die entsprechende Erklärung nicht unterschrieben. Zwei Unbekannte holten ihn ab, er wurde im Wasserturm von Karthaus eingesperrt. Zuerst wußte niemand, wo er ist. Nach einigen Tagen haben wir es erfahren, meine Großmutter brachte ihm Unterwäsche und etwas zu essen. Die gebrauchte Wäsche, die sie zurückerhielt, hatte viele Blutspuren. Er wurde geschlagen. Es hieß: ‹Entweder die Front oder Konzentrationslager Stutthof!›

Er wählte und kam nach Hause, drei Tage später erhielt er seine Einberufung. Er war 21 Jahre alt, zum Abschied sagte er: ‹Entweder komme ich in einer anderen Uniform zurück, oder ich komme nie wieder.› Er fiel an der Ostfront im Mai 1943 in einer Uniform, die er haßte.

Ab 1941 kam ich in Karthaus erst in die 4. Klasse der Volksschule, dann in die 1. Klasse der Hauptschule und schließlich in die 1. Klasse der Oberschule. Hier hatte ich viel meiner damaligen Lehrerin, Fräulein Ilse Thomson, zu verdanken. Sie war Flüchtling aus Estland, eine gute Pädagogin und kein Nazi. In unserer Klasse waren deutsche und polnische Kinder, viele waren Halbwaisen, ihre Väter ermordet oder in KZ-Lagern. Niemals hat sie zwischen uns Kindern einen Unterschied gemacht.

Ich war unterernährt und bekam eine Lymphdrüsentuberkulose. Es war eine schwere Krankheit, und es gab kein Penicillin oder andere Antibiotika. Die Krankheit war eine Folge von Erkältung, Mangel an Nahrung und Vitaminen. Ich mußte über zwei Jahre leiden.

Seit Januar 1945 fuhren über Karthaus Kolonnen von deutschen Flüchtlingen aus Ostpreußen und aus Polen in Richtung Westen. Die Front rückte immer näher. Der Winter war streng. Die Flüchtlinge waren in einem erbärmlichen Zustand, aber damals hatten wir kein großes Mitleid. Wir haben uns gefreut, nicht wegen des Elends, aber daß das Ende des Krieges näher und näher kam.

Die Schule wurde geschlossen. Unsere Lehrer flüchteten auch. Bis dahin kannten wir nur die deutschen Feinde, die Nationalsozialisten, die Hitlerbanden. Mit Russen hatten wir noch nichts zu tun. Wir warteten auf unsere Befreiung.

Doch als die russischen Soldaten in die Stadt kamen, da haben sie sich wie Horden benommen. Sie sagten, es sei deutsches Gebiet, hier wohnten nur Deutsche. Hier dürfe man alles: vergewaltigen, stehlen, requirieren, vernichten. In unserer Wohnung hatte sich das Militärkommando einquartiert. Wir durften alle nur ein Zimmer bewohnen. Allmählich konnten wir ihnen klarmachen, daß wir Polen sind. Unsere Sprachen klingen ähnlich, wir konnten uns verständigen. In der Stadt trugen sich unglaubliche Dinge zu. Uns geschah nichts Böses.

Es fing ein neues Leben mit großer Hoffnung an. Meine Mutter war 33 Jahre alt, noch jung und schon so erfahren. Sie war eine sehr hübsche Frau, schick und lebenslustig. Mit 18 Jahren hatte sie geheiratet, einen polnischen Postbeamten in Danzig, der einen ganz guten Verdienst hatte...

Nun mußte sie sich der harten Gegenwart stellen. Danzig war in Trümmern. Was Bomben und Artilleriefeuer nicht schafften, das haben die Russen ergänzt. Danzig wurde niedergebrannt. Unsere Wohnung auch.

1946 wurde meine Mutter bei der Post in Danzig angestellt. Ich blieb noch bei meiner Oma bis zu meinem Abitur 1949. 1950 habe ich mein Studium an der Ökonomischen Hochschule in Zoppot begonnen und 1954 beendet.

Meine Mutter hat nicht mehr geheiratet. Ich habe sie manchmal lustig gesehen, aber wohl niemals glücklich. Sie starb 1979.»

Von der Geschichte der Familie Binnebesel haben wir schon einiges gehört. Der 1930 geborene Akadiusz ist heute stellvertretender Museumsdirektor der Marienburg, lebt in Malbork und erzählt nun ausführlich, wie es ihnen ergangen ist:

«Meine Mutter und ich waren noch vor dem Kriegsbeginn von Danzig nach Lubawa geflohen. Dort hatte sie eine Anstellung auf dem Bürgermeisteramt erhalten. Ich kam in Zlotowo, einem Dorf in der Nähe, bei dem Priester Johann Chabowski unter. Ihm verdanke ich meine Ausbildung. Ich habe für ihn bis zum Kriegsende viele Arbeiten erledigt, vom Kutscher bis zum Übersetzer. Was die Mutter auf dem Bürgermeisteramt erfuhr, hat sie an Polen weitergegeben, zum Beispiel wer auf den Fahndungslisten der Gestapo stand. Oft konnten die Gesuchten rechtzeitig untertauchen.

Mein Vater war seit 1921 bei der Post angestellt. Als er an den schrecklichen Verbrennungen, die ihm die Nazimörder beigebracht hatten, starb, war er 46 Jahre alt. Ein oder zwei Wochen nach seinem Tod erhielten wir durch Frau Gireau, unsere Danziger Nachbarin, die schreckliche Mitteilung. Sie schrieb auch, daß die Hitleristen unsere Wohnung durchsucht und geplündert hatten.

Eine weitere Nachricht vom Tod des Vaters ging uns durch Pfarrer Dr. Bruno Binnebesel zu, einem Cousin meines Vaters. Der hat als Pfarrer oft und deutlich seine Meinung gesagt, auch von der Kanzel herunter die Nazis kritisiert. Die Tochter einer Danziger Beamtenfamilie, die er als Pfarrer unterstützte, hatte ihn bei der Gestapo denunziert. Er wurde am 3. 11. 1943 verhaftet und am 9. 11. 1944 vom Volksgerichtshof in Berlin wegen Abhörens feindlicher Sender zum Tode verurteilt. Das Mädchen trat vor Gericht als Zeuge gegen ihn auf und heiratete wenige Tage später einen SS-Mann. Am 13. 11. 1944 hat man Bruno Binnebesel hingerichtet.

Ich habe zwei ältere Brüder, ein Wunder, daß sie mit dem Leben davongekommen sind. Franz wurde 1939 in den Schichau-Werken in Danzig zur Zwangsarbeit verpflichtet. Er ohrfeigte eine deutsche Frau, weil sie ihm in die Suppe spuckte, daraufhin lieferte man ihn in das KZ Stutthof ein. Nach einem Jahr wurde er mit 25 Stockhieben aus Stutthof entlassen. Zunächst nahm ihn mein Onkel auf, dann hat man ihn in die ‹Organisation Todt› gezwungen. Er wurde in Norwegen eingesetzt und kam schließlich bei Schneidemühl in russische Gefangenschaft. Die Russen verschleppten ihn nach Sibirien. Er floh und wurde in Minsk erneut festgenommen und erst 1947 entlassen. Heute lebt er als ehemaliger Bauingenieur in Thorn im Ruhestand. Mein Bruder Reimund ließ sich auf Widerruf eindeutschen und mußte zur deutschen Wehrmacht. Er sollte in Frankreich kämpfen, desertierte 1943 und schloß sich der Résistance an. Nach der Invasion kämpfte er an der Seite der Briten. Er lebte dann als Kaufmann in England und heute im Ruhestand in Glasgow.

Im Januar 1945 rückten die Russen in Lubawa ein. Die Deutschen waren schon alle abgehauen. Die erste Welle der Russen verhielt sich anständig, sie fragten immer nur. ‹Wie weit ist es nach Berlin?› Mit der zweiten Welle kamen Mongolen. Sie nahmen uns die Schlitten und Pferde ab, verlangten Schnaps, plünderten, stahlen und vergewaltigten.

Nach dem Krieg machte ich eine Lehrerfortbildung in Lubawa, wurde Schulleiter in Starograd und 1959 in Malbork. Seit 1960 bin ich Vize-Museumsdirektor der Marienburg. Ich bin ein Kaschube und stolz auf unser mehr als hundert Jahre altes Bildungssystem in Danzig und seinem Umland.»

Ferdynand Michon wurde 1916 geboren, war Professor für Arbeitsökonomie und lebt heute als Emeritus in Krakau. Der Sohn des ehemaligen Direktors der Polnischen Post von Danzig erzählt:

«Mein Vater war der designierte Direktor der Polnischen Post in Danzig und wurde am 1. September 1939 bei der Kapitulation der Postverteidiger ermordet, als er als erster das Postgebäude am Heveliusplatz mit einem weißen Tuch verließ.

1907 war er in den damaligen galizischen Postdienst eingetreten, wurde 1909 zum österreichischen Militärdienst in Bosnien und Herzegowina einberufen und dem Militärpostdienst zugeteilt, wo er bis Ende des Ersten Weltkrieges diesen Dienst ausübte. Ab September 1918 bis Juli 1919 war er als Assistent am Postamt Nr. 1 in Sarajevo in Jugoslawien tätig, im August 1919 kehrte er nach Polen zurück und wurde sofort in den Dienst der Postinspektion Krakau eingestellt. Im Fernstudium bestand er sein Abitur. Anschließend studierte er neben seiner Arbeit an der Post bis 1923 Jura und erreichte 1925 die Promotion.

Als sich besonders für das Völkerrecht interessierender Jurist und Postbeamter, wurde mein Vater 1931 nach Danzig versetzt. Er wohnte in Gdynia, von wo er jeden Tag zur Arbeit nach Danzig fuhr. Da ich in meiner Kindheit an Tuberkulose der Wirbelsäule schwer erkrankt war und sich das feucht-kalte Klima der Ostseeküste auf mich ungünstig auswirkte, entschieden meine Eltern, daß ich mit meiner Mutter in Krakau leben soll. Mein Vater besuchte uns an den Feiertagen, und wir verbrachten gemeinsam die Urlaube in Krakau oder im Süden von Polen.

Ich schloß 1936 die Mittelschule in Krakau ab. Bei Kriegsausbruch war ich Student der dortigen Handelsakademie. Während der gesamten Okkupationszeit hielt ich mich in Krakau auf, wo ich auch 1944 Aniela Radwanska heiratete, die wie ich an der Handelsakademie studiert hatte.

Da die Nazis alle polnischen Universitäten und Hochschulen im sogenannten Generalgouvernement schlossen, mußten wir unser Studium aufgeben. Meine Mutter und ich wurden aus unserer Wohnung im westlichen Stadtteil ausgewiesen. Wir erhielten eine andere Wohnung, aus der eine Juden-Familie vertrieben worden war, in einem schlechteren Stadtteil.

Vom deutschen Arbeitsamt wurde mir Arbeit zugewiesen. Als Buchhalter der Fa. J. Gross, Groß- und Einzelhandel für Glas und Porzellan unter der deutschen Treuhandverwaltung, übernommen 1942 von der Hamburger Fa. Alexander Petersen & Co. GmbH, verdiente ich den Unterhalt für meine Mutter und mich.

Nach dem Einmarsch der sowjetischen Wehrmacht arbeitete ich weiter als Buchhalter und setzte auch mein Studium bis 1948 fort, das ich mit dem Diplom des Magisters für Ökonomie abschloß.

1952 verstarb meine Mutter Dragica Karolina im Alter von 59 Jahren.

Ich promovierte 1961 und widmete die Periode 1962 bis 1986 meiner wissenschaftlichen Arbeit. 1968 habilitierte ich mich; den wissenschaftlichen Titel des außerordentlichen Professors erwarb ich 1974, den des ordentlichen Professors 1980.

Mehr möchte ich zur Vergangenheit meiner Familie nicht sagen. Ich bin jetzt 78 Jahre alt und seit einigen Jahren schwer herzkrank. Unter diesen Umständen kann ich nicht und will ich nicht an die Tage der von mir erlebten Kriegszeit zurückdenken. Ich hoffe, daß man das verstehen wird.»

Irena Wasik war mit einem der Verteidiger der Post verheiratet. Geboren wurde die Chemotechnikerin 1903, seit 1964 ist sie pensioniert und wohnt in Krakau. Heute leben nur noch fünf Ehefrauen der Postverteidiger, Frau Wasik berichtet:

«Mein Mann Jozef Wasik wurde im Jahre 1894 geboren. 1939 war er Vorsteher des Postamtes 1 in Krakau, als er vom Minister für Post und Telegraphie nach Danzig versetzt wurde, um dort die gleiche Funktion auszuüben. Er war Reserveoffizier und wußte von Anfang an, daß er Zusatzaufgaben erfüllen sollte. So wurde er einer der Hauptorganisatoren der Verteidigung. Daneben wurde er zum Vize-Vorsitzenden des ‹Polenverbandes› gewählt.

In der Endphase des Kampfes um die Polnische Post ist er durch Flammenwerfer tödlich verbrannt worden. Er wurde auf dem Friedhof Zaspa bei Danzig-Langfuhr begraben und sein Tod in Gdansk standesamtlich unter Nr. 2702/39 eingetragen.

Nach dem Beschluß des Staatsrates von 1948 wurden die Verteidiger der Post als eine Einheit des polnischen Militärs anerkannt.

Das Leben meines Mannes war vom Kampf für Polen bestimmt. 1914 trat er in die I. Brigade der Polnischen Legion ein, wurde 1916 verwundet, im Lazarett gesundgepflegt, um 1920 am polnisch-bolschewistischen Krieg teilzunehmen und zum Oberleutnant befördert zu werden. 1921 war er bei dem Aufstand in Oberschlesien dabei. Er wurde mehrfach ausgezeichnet.

Von Danzig bin ich damals im September mit meinen beiden Kindern – Tochter Aleksandra und Sohn Zbigniew – nach Bialystok zu Verwandten geflohen. Als die Sowjets diesen Teil Polens besetzten, fürchtete ich, nach Sibirien verschleppt zu werden, und floh in das damalige Generalgouvernement nach Krakau. Hier wohnten wir bei meinem Vater. Ich mußte hart arbeiten, um uns zu ernähren, zuerst bei einem Vormundschaftsrat, dann im Institut für Flecktyphus.

Die Kinder besuchten die Schulen, welche die deutschen Besatzer zuließen, nämlich die Tochter eine Schule für Schneiderei, der Sohn die Handelsschule. Außerdem nahmen beide am Unterricht einer geheimen polnischen Schule teil. Um Repressionen zu entgehen, haben dann beide ebenfalls am Institut für Flecktyphus zu arbeiten begonnen. Beide kämpften auch im Untergrund gegen die Nazis, der Sohn in den ‹Grauen Reihen›, die Tochter in der ‹Landarmee – Armia Krajowa›.

Als wir von den Nazis befreit wurden, waren wir glücklich, die Zeit überlebt zu haben und in Krakau beisammen geblieben zu sein. Die ersten Jahre nach dem Krieg arbeitete ich weiter in dem Institut, das nun Seren und Impfstoffe herstellte. 1964 ging ich in Rente. Aleksandra besuchte nach ihrem Abitur eine Schule für medizinische Laborantinnen und arbeitete zunächst im Institut bei mir, später im Fachbereich für Biophysik an der Jagiellon-Universität in Krakau. Mein Sohn ist Kinderarzt in einem Krankenhaus in Krakau.»

Das Leben der Familie R. ist anders als das vieler Postfamilien verlaufen: Familie R. lebt nicht mehr in Polen, sondern in Deutschland. Die Familienmitglieder möchten nicht, daß ihr Name genannt wird, und beziehen keine Stellung zu den Vorgängen während des Krieges und danach. Allein ihnen ist es gelungen, von der bundesdeutschen Justiz eine materielle Wiedergutmachung zu erhalten. Ihren Anstrengungen ist es zu verdanken, daß 1960 wegen der Vorgänge um die Danziger Post ein erstes staatsanwaltschaftliches Ermittlungsverfahren in der Bundesrepublik in Gang kam:

«In der Geschäftsstelle erscheint der Kazimir Aloysius Johannes R., geboren 1927 in Danzig, und erstattet Anzeige gegen Unbekannt wegen Mordes bzw. Totschlages. Der Sachverhalt ist folgender:

Bis 1937 wohnte ich mit meinen Geschwistern bei meinen Eltern in Danzig. Mein Vater Kazimir R. war dort Postschaffner. Am letzten Tag vor Kriegsausbruch, am 31. 8. 1939, ging mein Vater wie gewöhnlich zum Nachtdienst, von dem er nicht zurückkehrte. Am 7. Oktober 1937 erhielt meine Mutter ein Schreiben des Gerichts der ‹Gruppe Eberhardt› vom 6. Oktober des Inhalts, daß mein Vater wegen Freischärlerei zum Tode verurteilt und hingerichtet worden sei. Ich überreiche das Schreiben und bitte um Rückgabe nach Abschluß des Verfahrens. Ich erstatte die Anzeige im Hinblick auf die drohende Verjährung.»

Die Staatsanwaltschaft Hamburg ermittelte damals Dr. Bode als Vorsitzenden des Gerichts der «Gruppe Eberhardt». Da Bode seinen Wohnsitz in Bremen hatte, gab die Staatsanwaltschaft Hamburg das Verfahren am 28.7.1960 an die Staatsanwaltschaft Bremen ab, die es etwa einen Monat später einstellte, «weil das Kriegsgericht nach den damals bestehenden Bestimmungen, die insoweit vom Völkerrecht anerkannt waren, keine andere Entscheidung treffen konnte».

Ein inzwischen eingeschalteter Hamburger Rechtsanwalt, Dr. Werner Schladitz, konnte auch eine zweite Einstellung nicht verhindern, doch konzentrierte er mittlerweile seine Bemühungen weniger auf eine Strafverfolgung, als vielmehr darauf, für die Witwe eines Postverteidigers eine Rente nach dem Bundesversorgungsgesetz durchzusetzen.

Hedwig R., Ehefrau des hingerichteten Postverteidigers, lebte bis 1957 in Danzig und war nach ihrer Übersiedelung in die Bundesrepublik zunächst in die Nähe von Stuttgart gezogen. Das Landesversorgungsamt Stuttgart und auch das Landessozialgericht Stuttgart lehnten 1958 einen Anspruch auf eine Hinterbliebenenrente ab.

Der engagierte Hamburger Rechtsanwalt erreichte jedoch etwas Einmaliges – die formalrechtliche Aufhebung des Todesurteils gegen Kazimir R. Dabei bezog sich der Anwalt auf eine Bestimmung aus dem Jahre 1947 über die Gewährung von Straffreiheit (niedergeschrieben im Verordnungsblatt für die Britische Zone). Nur in diesem einzigen Fall wurde das Unrechtsurteil formal revidiert.

Dem Hamburger Anwalt gelang es überdies, 1962, mitten im Kalten Krieg, eine Bescheinigung des Ministeriums für Post- und Fernmeldewesen der Volksrepublik Polen beizubringen. Das Papier bestätigte, daß Kazimir R. als Angestellter der Polnischen Post verpflichtet war, sich aktiv an der Verteidigung zu beteiligen und ihm deshalb der Kombattantenstatus zustand.

Zwar weigerte sich das Versorgungsamt Stuttgart erneut (inzwischen waren zwei weitere Jahre vergangen), doch sprach die 13. Kammer des Sozialgerichts Stuttgart der Witwe 1966 die Rente zu. Damit war der Fall noch immer nicht erledigt, weil das Landesversorgungsamt Baden-Württemberg Berufung einlegte. Die Behörden spielten wie so oft auf Zeit. Aber Hedwig R. tat ihnen nicht den Gefallen zu sterben, und der Hamburger Anwalt ließ nicht lokker. Schließlich erklärte sich das Stuttgarter Landesversorgungsamt gegenüber dem Landessozialgericht mit einer vergleichsweisen Erledigung des Rechtsstreites einverstanden. Die sparsamen Schwaben mußten die Rente 14 Jahre lang zahlen.

Dies ist der einzige Fall, in dem Angehörige von Danzigs Postbeamten deutsche Entschädigungs- oder Wiedergutmachungszahlungen erhielten.

Die noch lebenden Familienangehörigen wohnen in Norddeutschland und wollten sich nicht über ihr Schicksal und ihren Lebensweg äußern. Die Familienmitglieder begründeten ihr Schweigen so: «Die Helden sind tot, und man sollte sie ruhen lassen. Es gibt in dieser Sache nichts mehr zu sagen. Unsere Mutter war Deutsche, und wir sind Deutsche. Wenn die in Polen drüber reden, ist das etwas anderes. Sie essen polnisches Brot.»

1. September 1939. Der Zweite Weltkrieg beginnt mit den Schüssen auf das polnische Munitionsdepot Westerplatte im Danziger Hafen. Ein deutscher «Propaganda-Einsatzstab» filmt.

Auch die Fotos, die wir auf den Seiten 2 bis 13 (oben) des Bildteils mit den Originallegenden zeigen, wurden von den Nationalsozialisten als Propaganda-Material genutzt.
Das Bild auf Seite 13 unten zeigt den Flughafen Danzig-Langfuhr, nachdem die Rote Armee die Stadt eingenommen hatte.

Am 28. 4. 1939 sagte der Führer der Welt: „Danzig ist eine deutsche Stadt und sie will zu Deutschland"! Voller Zuversicht hören die Danziger diese Worte

Foto-Sönnke
M 103

1. Sept. 1939 Uhr 4.45 Schulschiff „Schleswig-Holstein" eröffnet das Feuer auf die von den Polen zur Festung ausgebaute Westerplatte im Danziger Hafen

Foto-Sönnke
M 108

Am Morgen des 1. Sept. 1939 marschiert die Danziger Landespolizei in das Korridorgebiet ein

Foto-Sönnke
M 111

Am Morgen des 1. Sept. 1939 verkündet Gauleiter Albert Forster Danzigs Heimkehr ins Reich

Foto-Sönnke
M 105

Generalmajor Eberhardt der Kommandeur der Danziger Kampfeinheiten Foto-Sön M 127.

Poln. Briefkästen verschwinden aus Danzigs Straßen Foto-Sönnke M 113

. Sept. 1939 in Danzigs Altstadt feuert ein Geschütz der Landespolizei auf die stark befestigte poln. Post

Foto-Sönnke M 114

Im Nahkampf wird der letzte Widerstand der poln. Post gebrochen

Foto-Sönnke M 117

Ein Panzerwagen der SS-Heimwehr vor der zerschossenen poln. Post

Foto-Sönnke M 116

Ein Panzerwagen der SS-Heimwehr geht gegen die poln. Post vor

Foto-Sönnke
M 115

Polnische Post in Danzig nach der Beschießung

In Neufahrwasser gefaßte poln. Franktireure

Foto-Sönnke
M 110

Unter dem Jubel Zehntausender zieht der Führer am 19. Sept. 1939 in das befreite Danzig ein.
Foto-Sönnke
M 135

Die Danziger Regimenter kehren nach dem poln. Feldzug in ihre Heimatstadt zurück
Foto-Sönnke
M 145

Der Führer in Begleitung Gauleiter
Forsters vor dem Krantor
Foto-Sönnke
M 138

O deutsches Danzig
nun erwachst auch Du!

Die Täter:
Dr. Kurt Bode, der ehemalige
NS-Generalstaatsanwalt,
1941

Dr. Hans-Werner Giesecke,
der ehemalige Kriegsrichter,
nach 1945

Alfons Flisykowski

Konrad Guderski

Jan Michon

Josef Wasik

Die Männer, die die Verteidigung der Danziger Post führten

II. TEIL

ZWEI DEUTSCHE JUSTIZKARRIEREN

10. KAPITEL

IN DER ELITE DES «DRITTEN REICHS»

Als sich die Wege der beiden Juristen im Prozeß gegen die Postbeamten kreuzten, hatte der 12 Jahre ältere Kurt Bode als stellvertretender Chef-Präsident des OLG Danzig fast den Höhepunkt seiner beruflichen Laufbahn erreicht, während Hans-Werner Giesecke im Heeresjustizdienst noch ziemlich am Anfang seiner Karriere stand.

Die Lebensläufe und die berufliche Entwicklung der beiden Juristen in den NS-Jahren sollen in der Folge rekonstruiert werden. Vieles bleibt offen, trotz intensiver Recherchen klaffen zwischen den Fakten, die noch in den Archiven auszumachen waren, Lükken. So klar die äußeren Geschehnisse vor uns liegen, wird das Warum, die Frage der persönlichen Motivation, nicht zu beantworten sein.

Beide Juristen haben die Pervertierung des Rechts im Nationalsozialismus zum totalitären Unrecht mitgetragen, Bode in der allgemeinen Justiz, Giesecke in der Militärjustiz. Sie agierten so, wie es der Staatsrechtler Carl Schmitt beschrieb: «In einem Gemeinwesen, das den Staat als Mittel der nationalsozialistischen Weltanschauung ansieht, ist das Gesetz Plan und Wille des Führers... Der deutsche Rechtswahrer ist heute der Mitarbeiter des Führers. Nationalsozialistisches Recht und Plan und Wille des Führers können nur von Nationalsozialisten erkannt und gewahrt werden. Der Führer ist nicht Staatsorgan, sondern oberster Gerichtsherr der Nation und höchster Gesetzgeber...»

Kurz nach dem Ende des Ersten Weltkriegs, 1919, verfaßte Kurt Bode folgenden Lebenslauf:

«Am 6. 2. 95 bin ich, Kurt Ehlert Bode, evangelischen Bekenntnisses, als Sohn des verstorbenen Chefredakteurs Dr. jur. Georg Bode in Posen geboren.

Von Ostern 1901 bis Ostern 1909 habe ich das Auguste-Viktoria-Gymnasium in Posen, von Ostern 1909 an das Kgl. Gymnasium in Danzig besucht. Ostern 1913 habe ich das Abiturientenexamen unter Befreiung von der mündlichen Prüfung bestanden und mich darauf dem Studium der Rechte, während des Sommersemesters 1913 in Königsberg, während des Wintersemesters 1913/14 in München und während des Sommersemesters 1914 in Königsberg gewidmet.

Während dieser Zeit habe ich mich vorwiegend mit römischem Recht beschäftigt und die vorgeschriebenen Vorlesungen über bürgerliches Recht, Strafrecht und Rechtsgeschichte gehört sowie an Übungen... teilgenommen.

Infolge des Kriegsausbruchs habe ich mein Studium unterbrochen und war bis zum 1. 5. 15 bei der Krankentransportabteilung in der VIII. Armee in Ostpreußen und Polen tätig.

Während des Sommersemester 1915 habe ich mich studienhalber in Königsberg aufgehalten.

Vom 21. 10. 1915 an habe ich meiner Dienstpflicht genügt.

Durch A.K.O vom 18. 11. 1917 wurde ich zum Leutnant d. Res. befördert und bin am 29. 12. 1918 infolge Demobilmachung aus dem Heeresdienst entlassen.

Da die Universität Königsberg für das Zwischensemester 1919 geschlossen wurde und mir meine Vermögensverhältnisse eine weitere Unterbrechung des Studiums nicht zuließen, habe ich dieses an der Universität Greifswald während des Zwischensemesters und des Sommersemesters 1919 fortgesetzt.

Um die infolge der langen Unterbrechung entstandenen Lücken auszugleichen, habe ich in dieser Zeit die Vorlesungen über bürgerliches Recht nochmals gehört und ebenfalls die Vorlesungen über Zivilprozeß... nochmals belegt.

Außerdem habe ich während dieser beiden Semester die vorgeschriebenen Vorlesungen über öffentliches Recht und Finanzwissenschaft gehört sowie an einer Übung im bürgerlichen Recht, Repetitorium über Strafrecht und Strafprozeß sowie einem Konservatorium über Handelsrecht teilgenommen.

Ostern 1917 habe ich das Eiserne Kreuz II. Kl. erhalten.»

Kurt Bode hat also seit 1909 in Danzig gelebt. Aus einem Eintrag in seinem Abiturzeugnis ergibt sich, daß sein Vater bereits vor 1913 verstorben war. Abitur- und Universitätszeugnisse bescheinigen Kurt Bode durchgängig lobenswerten Fleiß, größte Regelmäßigkeit und daß er «zu Tadel nicht Veranlassung gegeben hat». Der preußische Gerichtsassessor beherrscht die Rhetorik des Untertanenstaats, 1920 formuliert er: «Euer Hochwohlgeboren bitte ich gehorsamst, mir vom 2. August ab Urlaub bewilligen zu wollen...»

Er gehörte der Generation an, die zwei Weltkriege zu verkraften hatte. Im Ersten Weltkrieg wurde er, wie im Lebenslauf erwähnt, mit dem Eisernen Kreuz II. Klasse und dem «Ehrenkreuz für Frontkämpfer» ausgezeichnet.

Der akademische Werdegang von Kurt Bode verlief nach dem Ersten Weltkrieg reibungslos. 1919 bestand er die 1. juristische Staatsprüfung mit gut und promovierte 1920 an der Universität Greifswald interessanterweise über ein Danziger Thema – Die Verfassung und Verwaltung der Stadt Danzig 1454–1793 – zum Doktor der Rechte. 1922 bestand er das 2. Staatsexamen ebenfalls mit gut. Wenige Tage danach wurde er Gerichtsassessor und bereits sieben Monate später Landgerichtsrat in Danzig. Die Ablegung der 2. Staatsprüfung erfolgte nach damaligen Vorschriften in abgekürzter Form, unter anderem, «weil er mindestens sechs Monate auf dem Kriegsschauplatz der Kriegsgefahr ausgesetzt gewesen war». Am 18. 5. 1923 heiratete er die vier Jahre ältere Charlotte v. R., die aus einer Kaufmannsfamilie stammte.

Neben seiner Tätigkeit als Richter war Dr. Bode von 1926 bis 1929 Referent in der Justizabteilung des Danziger Senats und Urkundsbeamter des Senats. In den folgenden drei Jahren wirkte er als Leiter der Referendarausbildung und von 1931 bis 1938 als Präsidialrat beim Oberlandesgericht. 1930 veröffentlichte er einen Kommentar zu den Danziger Arbeitsgesetzen.

Am 1. 5. 1933 trat Bode in die NSDAP ein und erhielt die Mitgliedsnummer 2840968. Am 5. 7. 1933 wurde er Mitglied im Nationalsozialistischen Rechtswahrerbund (NSRB) und übernahm die Leitung des Gausozialamts im NSRB. Er gehörte auch weiteren NS-Verbänden an – dem Reichskolonialbund (RKB), dem Reichsluftschutzbund (RLB) und der NSV (Nationalsozialistischen Volkswohlfahrt).

Damit unterschied er sich im Hinblick auf Mitgliedschaften und Ämter nicht von einem durchschnittlich angepaßten Nationalsozialisten. Er verneinte übrigens, schon vor 1933 politischen Parteien, Verbänden, Freimaurerlogen oder konfessionellen Beamtenvereinen angehört zu haben.

Daß er sich in NS-Organisationen integrierte, zahlte sich aus. Während die neuen Machthaber mißliebige Personen aus ihren Ämtern entfernten, wurde Bode im Jahr 1934 gleich zweimal befördert: zum Landgerichtsdirektor und dann zum Oberlandesgerichtsrat in Danzig.

Sein Personalbogen weist aus, daß der Nachweis «deutschblütiger Abstammung» vom Ehepaar Bode urkundlich geführt wurde. Und daß die Vermögensverhältnisse als geordnet galten.

Am 1. 4. 1938 wurde Bode Vizepräsident des Oberlandesgerichts (OLG) als Vertreter des Präsidenten Dr. Wohler, gleichzeitig war er Vorsitzender eines Senats an diesem Gericht.

In der Zeit vom 31. 7. 1939 bis 1. 3. 1940 leistete Bode als Leutnant der Reserve im 244. Infanterieregiment der «Gruppe Eberhardt», ab 15. 10. 1939 umbenannt zur 60. Infanteriedivision, Wehrdienst. Bode nahm in der Zeit vom 1. bis 19. 9. 1939 an den Kämpfen vor Danzig, um Gdingen und um Oxhöft teil. Bevor seine Einheit in Frankreich zum Einsatz kam, wurde Bode auf Antrag von seinem Vorgesetzten, Dr. Wohler, vom Wehrdienst befreit und am 1. 4. 1940 zum Oberleutnant der Reserve befördert.

Bode wurde am 13. 3. 1940, wie es damals hieß, auf den «Führer» verpflichtet: «Ich werde dem Führer des Deutschen Reiches und Volkes, Adolf Hitler, treu und gehorsam sein, die Gesetze beachten und meine Amtspflichten gewissenhaft erfüllen, so wahr mir Gott helfe.» Bode hatte im Laufe seiner bisherigen Karriere schon mehrere Eide geschworen. Die erste Vereidigung im Staatsdienst geschah am 3. 11. 1919, die nächste erfolgte «in Treue auf die Reichsverfassung» am 6. 1. 1923 und «auf die nationalsozialistische Führung der Freien Stadt Danzig» am 10. 5. 1939.

Seit 1. 4. 1940 fungierte Bode nebenbei als kommissarischer Rechtsberater bei der Gauleitung Danzig-Westpreußen und ab 1941 als Leiter der Kreisgruppe Danzig-Innenstadt im NSRB. Die Aufgabe des OLG-Vizepräsidenten und Senatsvorsitzenden übte er von 1937 bis Anfang 1942 aus. Am 1. 2. 1942 erfolgte seine Ernennung zum Generalstaatsanwalt.

Der Personalbogen gibt auch über seine Orden und Auszeichnungen, die ihm in den ersten Jahren des Zweiten Weltkriegs verliehen wurden, Aufschluß: Rote-Kreuz-Medaille, Danziger Treudienstehrenzeichen, Kriegsverdienstkreuz II. Klasse mit Schwertern, Kreuz von Danzig II. Klasse, Kreuz von Danzig I. Klasse.

Seine private Leidenschaft galt dem Segelsport, er war Mitglied eines Jachtklubs und unternahm mehrere Segeltörns nach Dänemark und Schweden. Er wohnte, wie Gauleiter Forster, in Danzig-Oliva, Winterbergstraße 11, in einem ererbten Einfamilienhaus.

«Dr. Bode ist die beste Kraft der Danziger Justiz.» Wie ein roter Faden zog sich über Jahre diese Formulierung durch die Einschätzung seiner beruflichen Qualitäten. Der Satz stammt aus einer 1937 von seinem Vorgesetzten Wohler verfaßten Beurteilung:

«Oberlandesgerichtsrat Dr. Bode, durch mehrjährige Referententätigkeit in der Justizabteilung des Senats der Freien Stadt Danzig in Justizverwaltungssachen gründlich geschult, versieht die Tätigkeit des Präsidialrats beim Oberlandesgericht. Er ist außerdem auf einer Reihe wesentlicher Gebiete an der höchstrichterlichen Rechtsprechung der Freien Stadt beteiligt. Er ist Mitglied des 1. Zivilsenats (Beschlußsenat) und des beim Obergericht bestehenden Senats für Verwaltungsangelegenheiten (Oberverwaltungsgericht), dessen Vorsitz er in Vertretung des erkrankten Senatspräsidenten seit Monaten führt; er gehört dem richterlichen Disziplinarhof sowie dem Disziplinarhof für nichtrichterliche Beamte an, diesem als stellvertretender Vorsitzender; er führt den stellvertretenden Vorsitz im

Oberseeamt. Von nicht minderer Bedeutung als seine Tätigkeit in Verwaltung und Rechtsprechung ist die von ihm auf dem Gebiete der Justiz fortlaufend geleistete und zu leistende gesetzgeberische Arbeit. Nebenamtlich ist Dr. Bode noch als stellvertretender Staatskommissar für die Danziger Hypothekenbank tätig. Er ist Mitglied des Ehrengerichtshofs der Rechtsanwaltskammer und Vorsitzender des Berufsgerichtshofs der Apothekerkammer.

Dr. Bode ist die beste Kraft der Danziger Justiz.

Er vereinigt in seltener Weise die Vorzüge eines wissenschaftlich und praktisch gründlichst durchgebildeten Richters mit der Kunst des kenntnisreichen Verwaltungsbeamten sowie mit der Fähigkeit, gesetzgeberische Aufgaben zu lösen. Er besitzt eine ungewöhnliche Arbeitskraft und ist in seiner hingebenden Arbeitsfreudigkeit nicht zu übertreffen. Taktvolle Zuverlässigkeit und sein aufrechter lauterer Charakter sichern ihm ebensosehr die Wertschätzung seiner älteren und jüngeren Berufsgenossen wie das Vertrauen des Vorgesetzten. Dr. Bode ist seit 1. Mai 1933 Mitglied der NSDAP. Im NSRB leitet er das Gausozialamt. An dem Ausbau des nationalsozialistischen Staates hat er als Verwaltungsbeamter, Richter und Gesetzesverfasser hervorragend mitgearbeitet.

Dr. Bode wurde bereits von meinem Amtsvorgänger zur vorzugsweisen Berücksichtigung für eine Beförderung zum Ministerialrat, Landgerichtspräsidenten, Senatspräsidenten oder Reichsgerichtsrat rückhaltlos empfohlen. Ich gehe mit meinem Amtsvorgeher darin einig, daß er sich auch jeder noch höheren Stellung und Verantwortung voll gewachsen zeigen würde.

Die Gesundheit Dr. Bodes unterliegt keinen Bedenken.

Seine dienstliche und außerdienstliche Führung ist einwandfrei.»

Diese und alle anderen Beurteilungen sind mit Superlativen gespickt. Selbst wenn man Abstriche macht, kommt man nicht umhin, Bode für einen außergewöhnlich erfolgreichen und angesehenen Vertreter seines Standes zu halten. Der Mann arbeitete viel, verließ sich nicht auf eine Parteikarriere. Vorbehaltlos hat er sich in den Dienst des Nationalsozialismus gestellt. Er wirkte unter anderem an der Danziger Gleichschaltungs-Gesetzgebung mit, wodurch – wie andernorts – das «gesunde Volksempfinden» in das Strafgesetzbuch eingeführt wurde, und saß etwa im Ehrengerichtshof der Rechtsanwaltskammer, der indirekt an der Entfernung jüdischer Rechtsanwälte aus dem Justizdienst beteiligt war.

Auch noch als Mann in seiner Position ließ er ein vergessenes Nebenamt akribisch in seiner Personalakte nachtragen. Am 15. 1. 1945 (!) schrieb er an den Reichsminister der Justiz in Berlin: «Zu meinen Dienstakten zeige ich an, daß mir am 25. November 1944 das Deutsche Schutzwallehrenzeichen verliehen worden ist.»

Dieses Detail ist aufschlußreich, legt es doch offen, wie weitgehend der Jurist den bürokratischen Perfektionismus verinnerlicht hat. Bode hat, soweit bekannt, niemals ein hohes Parteiamt, zum Beispiel in der Gauleitung Forsters, angestrebt. Er war «lediglich» einer der willfährigen und funktionierenden Beamten Hitlers, von denen es viele gab und ohne die das Regime nicht lebensfähig gewesen wäre.

Kurt Bode hat Karriere gemacht. Über sein Wirken am Danziger Oberlandesgericht wissen wir allerdings nur Punktuelles, da die Akten in den Monaten vor der deutschen Kapitulation weitgehend vernichtet wurden. Beim Aufbau der Justizbehörden im neuen Reichsgau Danzig-Westpreußen war er jedenfalls aktiv beteiligt. Es ist nicht mehr festzustellen, wie viele Todesurteile als Vorsitzender des OLG-Strafsenats auf sein Konto gehen. Die Akten aus den Jahren 1940/41, denen wir das entnehmen könnten, wurden bei einem Fliegerangriff auf das Potsdamer Archiv zerstört.

Offensichtlich ist das dienstliche Verhältnis zwischen dem Danziger OLG-Präsidenten Dr. Walter Wohler, einem überzeugten Nationalsozialisten, und seinem Vize Bode ausgezeichnet gewesen. In wichtigen Angelegenheiten traten sie zusammen auf oder unterzeichneten Schriftstücke gemeinsam. Es muß unterstellt werden, daß die vierteljährlichen Lageberichte an das Reichsjustizministerium zwischen beiden abgestimmt waren und daß es auch Bodes Auffassung entsprach, wenn formuliert wurde, «mit den Dienststellen des Höheren SS- und Polizeiführers habe immer das beste Einvernehmen bestanden» und daß «SS-Gruppenführer Hildebrandt den Belangen der Justiz mit Verständnis gegenüberstehe».

Ebenso äußerten sich die beiden Juristen mehrfach positiv über das Verhältnis zu Gauleiter Forster und den Dienststellen der Partei. Forster und Hildebrandt traten bei Fortbildungsveranstaltungen der Gau-Justiz als Referenten auf. Wohler ließ sich schriflich darüber aus, daß Polen und Deutsche durch die Gerichte unterschiedlich behandelt werden müßten und daß «schnelle Arbeit und scharfe Urteile» erforderlich seien.

Am 6. 11. 1940 verfaßte Dr. Bode in Vertretung seines Vorgesetzten Wohler den obligatorischen Bericht über die allgemeine Lage im OLG-Bezirk Danzig in den Monaten August und September 1940. Dort plädierte er dafür, die Zahl der dreizehn kommissarisch zugelassenen Rechtsanwälte im ehemals polnischen Gebiet nicht zu erhöhen, «um den polnischen Bevölkerungsteil nicht in größerem Maße als z. Z. politisch erwünscht an die deutschen Gerichte heranzuführen». Die polnischen Hilfskräfte an den Gerichten bezeichnete er als «unerwünschte Fremdkörper, die als notwendiges Übel ständiger Überwachung bedürfen».

Bode fuhr in diesem Bericht an das Reichsjustizministerium fort:

«Der kameradschaftliche Zusammenhalt innerhalb der (deutschen, d. A.) Behörden ist überall gut..., dieser Geist freudiger Einsatzbereitschaft und kameradschaftlicher Zusammenarbeit (muß) erhalten werden.

Für bedauerlich halte ich es, daß die Beamten der Justizverwaltung im ehemals polnischen Teil des Bezirks die grauen Beamtenuniformen verlieren sollen. Sie hat zweifellos der Hebung des äußeren Ansehens und damit der Autorität der Gerichte in den Augen der polnischen Bevölkerung gedient, die gewöhnt ist, auf Äußerlichkeiten zu sehen. Bei dem niedrigen kulturellen und moralischen Niveau des Großteils der polnischen Bevölkerung... halte ich es für unbedingt geboten, die Stellung der deutschen Beamten auf jede Weise auch durch derartige Äußerlichkeiten zu unterstreichen.»

Der Jurist Bode äußerte sich auch zu allgemeinen politischen Themen im besetzten Polen, die für die Nationalsozialisten ideologisch von Bedeutung waren, so zur sogenannten «Volkstumsfrage»:

«... daß schon im Laufe der allernächsten Jahre erhebliche Teile der Zwischenschicht ‹eingedeutscht› werden könnten, halte ich für zu optimistisch. Der vielfach zur Schau getragenen ‹Loyalität› dieser Kreise dürfte nur wenig Vertrauen zu schenken sein; sie hängen zum erheblichen Teil lediglich den Mantel nach dem Winde.»

Es wäre nicht zutreffend, Bode wie seinen Chef Wohler und den amtierenden Generalstaatsanwalt Graßmann als fanatischen Anhänger des Nationalsozialismus zu bezeichnen. Ungeachtet dieser feinen Differenz in den ideologischen Einstellungen kamen die drei führenden Repräsentanten des Danziger Justizapparats aber nicht nur in den täglichen Abläufen reibungslos miteinander aus. Bezeichnenderweise stimmten sie auch darin überein, welche Vorkommnisse aus den von ihnen 1940 verfaßten Lagebeurteilungen ausgespart blieben. In den Zuständigkeitsbereich des OLG fielen zum Beispiel die Morde der Sondergerichte. Allein in Bromberg wurden bis Mitte Januar 1940 114 Todesurteile vollstreckt. Für nicht berichtenswert hielten sie auch die hemmungslosen Massenmorde der Gestapo-Einsatzgruppen und der SS, die im Frühjahr 1940 die sogenannte «Intelligenzaktion» beendeten, nachdem sie 60000 bis 80000 Menschen umgebracht hatten. Bode formulierte für diesen Zeitraum: «Irgendwelche besonderen Vorkommnisse sind insoweit nicht zu vermelden.» Schließlich wurden 1940 der OLG-Präsident und der Generalstaatsanwalt dem Reichsstatthalter und Gauleiter Forster unmittelbar unterstellt. Damit war die zuvor offiziell noch bestehende Gewaltenteilung endgültig aufgehoben. Forster erteilte an den Gerichten vorbei, wie selbst das Reichsjustizministerium bei einer Inspektion bemängelte, Exekutionsbefehle.

Am 1. 9. 1940 erinnerte der *Danziger Vorposten* in großer Aufmachung an die «Befreiung von Danzig-Westpreußen». Der Schutzpolizeihauptmann Tornbaum schrieb einen Artikel, in dessen Mittelpunkt die «Erstürmung» der Polnischen Post stand. Tornbaum ließ nicht den leisesten Zweifel daran, daß dies ein Einsatz der Polizei und nicht des Militärs gewesen war. Kurt Bode wird diesen Text gelesen haben.

Am Jahrestag des Post-Urteils war Dr. Hans-Werner Giesecke nicht mehr in Danzig. Aus einer von ihm persönlich vorgenommenen Eintragung in einem Formular, das sich in seiner Personalakte befindet, geht hervor, daß er bis Juli 1940 am «Frankreichfeldzug» teilnahm und bis Januar 1941 im «Heimatkriegsgebiet» verwendet wurde. Das Handwerk eines Kriegsrichters war für ihn Alltag geworden.

Giesecke verstand sich als Jurist und Soldat. Mit dem NS-Staat hatte er sich auch als Nichtparteimitglied gut arrangiert, als Gegner der Weimarer Republik hatte er mit den Nationalsozialisten keine grundsätzlichen Probleme, auch wenn er selber 1933 in die Deutschnationale Volkspartei eingetreten war. Das von den Nationalsozialisten drakonisch verschärfte Militärrecht wandte er extensiv an. Er gehört wie der ehemalige Marinerichter Filbinger zu der Generation von Juristen, die für mindestens 30000, höchstwahrscheinlich bis zu 50000 Todesurteile verantwortlich sind. So beschrieb Giesecke selbst 1949 seinen Lebenslauf:

«Am 3. 6. 1907 wurde ich, Hans-Werner Giesecke, als Sohn des Landwirtes Richard Giesecke und seiner Ehefrau Margarete geb. Brandt, in Hemsendorf Krs. Schweinitz geboren.

Nach Beendigung der Vorschule besuchte ich das humanistische Gymnasium und legte am Domgymnasium Naumburg im Jahre 1925 die Reifeprüfung ab. Ich studierte anschließend an den Universitäten München und Jena Rechtswissenschaft. Am 1. 7. 1929 bestand ich vor dem Oberlandesgericht Jena die erste juristische Staatsprüfung mit ‹vollbefriedigend›. 1930 promovierte ich in Jena zum Dr. jur. Nach meiner Referendarausbildung im Bezirk des Oberlandesgerichts Naumburg, bei Anwälten in Danzig und am Kammergericht Berlin, legte ich am 3. 8. 1933 die große Staatsprüfung mit ‹gut› ab.

Von 1933 bis 1935 war ich im Preußischen- späteren Reichsjustizdienst als Hilfsrichter bei den Amtsgerichten Herzberg, Erfurt, Naumburg und Aken beschäftigt. Am 15. 9. 1935 erfolgte meine Übernahme in den Heeresjustizdienst, dem ich bis zum 15. 4. 1945, zuletzt als Oberfeldrichter, angehörte. Ich wurde dabei am 15. 1. 1936 zum Kriegsrichter, am 1. 10. 1938 zum Kriegsgerichtsrat ernannt und am 1. 1. 1943 zum Oberkriegsgerichtsrat befördert. Bis zum Kriegsausbruch gehörte ich dem Gericht der 14. Division in Leipzig, ab 1. 9. 1939 folgenden Gerichten an: Gericht der 60. Inf. Div. (mot.) bis 15. 11. 1942, Gericht der Afrikadivision z. b. V. bis 15. 4. 1943, Gericht der Sturmdivision Rhodos bis 15. 1. 1944, Gericht des LXVIII. A. K. bis 15. 1. 1945 und Gericht des AOK 15 bis Kriegsende.

Nach dem Zusammenbruch trat ich in die Metallwarenfabrik meines Schwiegervaters... als kaufmännischer Leiter ein... Da damals bereits seit August 1948 Verfolgungsmaßnahmen durch die russische Besatzungsmacht gegen mich liefen, verließ ich als politischer Flüchtling die Ostzone...

Mitglied der NSDAP bin ich nie gewesen, der SA habe ich vorübergehend infolge Übernahme meines Reitervereins angehört; ich bin ‹vom Gesetz nicht betroffen› erklärt worden.»

Gieseckes Großvater war Rittergutsbesitzer; sein Vater erbte als jüngerer Bruder ein Nebengut, das er wohl schlecht bewirtschaftete und verlor. Später arbeitete der Vater als Pächter oder Verwalter eines Gutshofes. Noch vor seinem Abitur, 1923, wurde Hans-Werner Giesecke Mitglied des «Jungdeutschen Ordens». Dieser 1920 gegründete nationalistische Kampfbund vertrat sozialromantische Ziele und wandte sich gegen den sogenannten «Parteiismus».

Nach seinem mit guten Zensuren 1925 absolvierten Abitur bestand er das Referendarexamen 1929 mit ausreichend/vollbefriedigend. Den ersten Teil der Note pflegte Giesecke bei der Angabe seiner Lebensdaten zu unterschlagen.

Am 27. 8. 1929 ließ er sich bis zum Jahresende beurlauben, um eine Promotionsarbeit zu verfassen. Das Thema seiner Dissertation an der Universität Leipzig (1930) lautete: «Zwangseingemeindungen und rechtliche Gebühren in Preußen und Thüringen.» Am 10. 4. 1931 beantragte er einen Unterhaltszuschuß, da ihn sein 69jähriger Vater finanziell nicht mehr unterstützen könnte. Weil Gieseckes Leistungen nicht überdurchschnittlich waren, wurde nur eine einmalige Zahlung von 150 RM in zwei Raten bewilligt.

Giesecke mußte sich während seines Studiums ohne viel Geld durchschlagen. Seinen Personalakten ist zu entnehmen, daß er mehrfach beantragte, an Ausbildungsstationen abgeordnet zu werden, die in der Nähe des Elternhauses oder eines Wohnortes von Verwandten lagen, um seine Lebenshaltungskosten zu minimieren. Diesen Bitten wurde auch stattgegeben.

In der Zeit vom 17. 7. 1931 bis 12. 2. 1932 absolvierte Giesecke die vorgeschriebene Ausbildungsstation bei einem Rechtsanwalt, in diesem Fall auf eigenen Wunsch in Danzig. Dort lernten sich Bode und Giesecke kennen, denn Dr. Bode leitete zu dieser Zeit bei der Danziger Justiz die Referendarausbildung. Auch die Entscheidung für Danzig hatte finanzielle Gründe. Denn Giesecke wußte von einem Kommilitonen, daß der Danziger Rechtsanwalt und Notar Dr. Erich W. ein Zubrot zahlte, wenn der Auszubildende zeitweise seine Vertretung übernahm, womit sich der Danziger OLG-Präsident Bode einverstanden erklärt hatte.

Dr. Giesecke war Mitglied der Deutschnationalen Volkspartei von Mai 1933 bis zu ihrer Auflösung. Diese Partei war ein Sammelbecken völkischer, nationaler und konservativer Kräfte. Sie trat für die monarchistische Idee und die Erhaltung der Privatwirtschaft ein, ihre Anhänger waren Republikfeinde, mit antisemitischen Parolen bekämpfte sie Liberalismus und Sozialismus. Ab 1928 praktizierte sie eine extrem antirepublikanische Politik. 1931 machten die Deutschnationalen in der «Harzburger Front» gemeinsame Sache mit der NSDAP und waren 1933 in der Regierung Hitler mit zwei Ministern vertreten. Es war die Partei der Großagrarier und der Schwerindustrie, ihre Anhänger rekrutierten sich vor allem aus Bauern, Beamten, Offizieren, Ärzten, Anwälten, Professoren.

Das große Staatsexamen bestand er 1933 mit gut. Er wurde vom Staatssekretär im Preußischen Innenministerium, Dr. Roland Freisler, dem späteren Volksgerichtspräsidenten, geprüft. Freisler war von Giesecke sehr angetan und schrieb am 8. 8. 1933 an den OLG-Präsidenten von Naumburg. «Giesecke hat die Große Juristische Staatsprüfung mit ‹gut› bestanden. Ich selbst habe ihn geprüft, so daß ich mir über ihn ein persönliches Bild machen kann. Giesecke möchte gerne im Staatsdienst bleiben, er wäre auch eine wertvolle Kraft, und es wäre wünschenswert, daß er dem Staat erhalten bliebe. Zu dem Zweck ist es notwendig, daß er bald etwas Geld verdient, also entgeltliche Auftragsbeschäftigung erhält.»

Seit dieser mächtigen Fürsprache erhielt Giesecke regelmäßig Hilfsrichterstellen zugeteilt, bis er 1935 ständig in den Heeresjustizdienst übernommen worden ist. Freisler war nicht der erste Ausbilder, dem Giesecke positiv auffiel. Der Oberstaatsanwalt von Erfurt beurteilte ihn 1931: «Lobende Hervorhebung verdienen das große Interesse und Verständnis, das der Referendar den sozialen und sonstigen Gegenwartsfragen entgegenbringt.» In der Assessorenzeit urteilte auch der Landgerichtspräsident von Magdeburg 1935: «Giesecke besitzt gute Rechtskenntnisse und Anlagen. Seine Gesamtleistungen... erscheinen mir voll befriedigend zu sein. Eine gewisse aus starkem Selbstbewußtsein fließende Überheblichkeit ist auch hier in einem Fall hervorgetreten. Ich bin überzeugt, daß er sich jederzeit voll für das Ideengut des Dritten Reiches einsetzen wird.» In manchem Lob von Gieseckes Vorgesetzten war auch ein Tadel an seiner Persönlichkeit versteckt. So formulierte etwa der gerade zitierte Magdeburger Jurist etwas später: «Energische Persönlichkeit voller Tatkraft und Selbstbewußtsein. Dieses letztere in Verbindung mit einer gewissen betonten Schneidigkeit und Kürze in der Form haben gelegentlich leichte Reibungen zur Folge gehabt.»

Auch der Landgerichtspräsident von Erfurt bescheinigte Giesecke eine energische Persönlichkeit mit starkem Selbstbewußtsein, was bei ihm leicht zu einer gewissen Überheblichkeit führe (9. 5. 1935).

Nach dem Krieg, 1949, behauptete Giesecke wie viele andere, der Weltanschauung des Nationalsozialismus weit entfernt gewesen zu sein. Er stellte seinen Fall gegenüber den hessischen Justizbehörden sogar so dar, als sei er 1934 «politisch abqualifiziert» worden und habe keine entgeltlichen Richteraufträge mehr erhalten, das heißt finanzielle Nachteile erlitten.

Gieseckes Behauptung stimmt nur teilweise.

Freisler hatte ihm im November 1933 nicht nur die Hilfsrichterfunktion, sondern auch einen Nebenjob im von der NSDAP eingerichteten «Gemeinschaftslager Spieler» zur Ausbildung von Juristen in Jüterbog verschafft. Giesecke sollte Referendare unterweisen. Drei Tage vor Beendigung dieser Aufgabe ließ sich Giesecke krank schreiben. In einem Vermerk am 1. 2. 1939 wurde festgehalten:

«Giesecke war mit der Erteilung weltanschaulichen Unterrichts beauftragt und sprach insbesondere über das neue nationalsozialistische Recht. Nach meiner Auffassung war er dieser Aufgabe in weltanschaulicher Hinsicht nicht gewachsen. Diese Auffassung entspricht auch der Meinung mir bekannter Referendare. Wie Giesecke mir persönlich sagte, hatte er zum Schluß keine Lust mehr zum Lagerdienst.»

Aufgrund dieses Vermerks findet sich in einem Schreiben des Preußischen Justizministeriums vom 13. 2. 1934 der Satz: «Vom Geist des Nationalsozialismus scheint G. noch nicht recht durchdrungen zu sein.»

Man sollte wissen, daß der Verfasser des Vermerks der Kreisschulungsleiter und Gauredner war und seit 1929 Mitglied der NSDAP – ein besonderer Eiferer also für die nationalsozialistische Sache. Konsequenzen hatte diese Geschichte aber entgegen Gieseckes Behauptung nicht, er wurde weiterhin für Hilfsrichterdienste bezahlt.

Gieseckes Überzeugung wurde in den Folgejahren nicht mehr amtlich in Zweifel gezogen. Bei den Beförderungsverfahren in den Jahren 1937 und 1939 wurde ausdrücklich bejaht, daß der Vorgeschlagene die Gewähr dafür biete, «jederzeit rückhaltlos» für den nationalsozialistischen Staat einzutreten. Diese Einschätzung zieht sich als roter Faden auch durch die weitere Laufbahn: «Bezüglich der politischen Zuverlässigkeit Dr. Gieseckes bestehen keine Bedenken.»

1934/35 war er offensichtlich auf der Suche nach einer festen beruflichen Anstellung. Dr. Giesecke übernahm bei drei Rechtsanwälten und Notaren in Danzig Urlaubsvertretungen, bewarb sich um die Aufnahme in den Heeresjustizdienst und als Amtsgerichtsrat in Aken, zog diese Bewerbung aber zurück, als die Übernahme in den Heeresjustizdienst feststand.

Die Bewerbung für den Heeresjustizdienst geschah auf Anraten von Kriegsgerichtsrat Dr. Erich Lattmann, mit dem er über die Kriegszeit hinaus verbunden blieb und von dem in diesem Buch noch mehrfach die Rede sein wird.

Grundausbildung und Reserveübungen absolvierte Giesecke bei der Flakersatzabteilung Döberitz, wechselte 1938 auf eigenen Wunsch von der Luftwaffe zum Heer. Bis 1939 gehörte er zum Gericht der 14. Division in Leipzig. Nebenbei erwarb er die Militärführerscheine I, II, und III, auch im Krieg suchte er nach Zusatzaufgaben.

Dr. Giesecke hat nach dem Krieg besonders betont, kein Parteimitglied gewesen zu sein. Das stimmt zwar, ist aber nicht präzise genug beschrieben. Er wurde nämlich seit dem 15. 12. 1937 als Parteianwälter unter Nr. 65 528 geführt, eine Bedingung für die Beförderung zum Leutnant der Reserve. Ferner war er Mitglied des Nationalsozialistischen Rechtswahrerbundes (NSRB), der Nationalsozialistischen Volkswohlfahrt (NSV) und fungierte als Rottenführer und politischer Ausbildungsleiter des Nationalsozialistischen Kraftfahrer-Korps (NSKK) in Berlin-Wilmersdorf (Mai 1939).

Zu seiner Mitgliedschaft in der SA in der Zeit von 1934 bis 1935 erklärte Giesecke später, daß er einem zivilen Reiterverein angehörte, den man der Reiter-SA unterstellt hätte. Er habe sich daraufhin von der SA beurlauben lassen und sei kein aktives Mitglied geworden. Die Spruchkammer Frankfurt/M. hat diese Auslegung 1949 akzeptiert. Ob sich Giesecke bezüglich der SA wirklich so passiv verhalten hat, ist allerdings zu beweifeln. Vielmehr dürfte sie in den ersten Jahren nach 1933 sein «Standbein» im Nationalsozialismus gewesen sein, um nicht berufliche Nachteile zu erleiden. Im Personal- und Befähigungsnachweis des OLG Naumburg vom 21. 3. 1935 heißt es: «Sohn eines Landwirts in Bad Sulza. Dr. Giesecke ist Mitglied der SA. Bedenken wegen seiner politischen Einstellung bestehen nicht.» Auch das Amtsgericht Aken und der Landgerichtspräsident Magdeburg verweisen auf die Mitgliedschaft in der SA. Wie von ihm verlangt, führte Giesecke den vorgeschriebenen Nachweis «deutschblütiger Abstammung» bis einschließlich der Großeltern durch Vorlage von Urkunden (1937).

Mit einer gewissen Überheblichkeit und einem knappen Umgangston hatte er zeitlebens ein Problem. Als wichtigste Eigenschaften seiner Persönlichkeit werden in militärischen Beurteilungen immer wieder erwähnt: große, schlanke Erscheinung, gute Umgangsformen, Selbstbewußtsein, eine Neigung zur Überheblichkeit, überdurchschnittliche Leistungen als Jurist und «gute soldatische Eigenschaften». Über das Privatleben während der Kriegsjahre ist so gut wie nichts bekannt – erst Mitte 1944 heiratete er Hildegard W.

Eine eher marginale Anekdote, die sich aus seinen Personalakten rekonstruieren läßt, gibt Auskunft über ein Persönlichkeitsprofil, das im nationalsozialistischen Justizapparat als schwierig galt: Am 6. 6. 1939 bat Giesecke um seine Versetzung, weil eine von ihm erlassene Dienststrafverfügung über 20 RM aufgehoben und in einen Verweis umgewandelt wurde. Hintergrund der von Giesecke verhängten Strafe war, daß er dem Heeresjustizwachtmeister K. das Rauchen im Gang während einer Sitzungspause verbot, was dieser als «Schikane» bezeichnete. Giesecke sah in der Abmilderung eine Untergrabung seiner Autorität. Diese Angelegenheit wurde vom Oberstkriegsgerichtsrat des Dienstaufsichtsbezirks 3 so beurteilt:

«Kriegsgerichtsrat Dr. Giesecke... geht an sich von dem richtigen Gedanken aus, daß auch im Dienstbetrieb des Gerichts militärische Grundsätze zu wahren sind. Dabei überspitzt er jedoch die zu stellenden Anforderungen; er neigt dazu, einen Ton anzuschlagen, der als überheblich und ‹von oben herabkommend› empfunden werden muß und deshalb... zwangsläufig Widerspruch herausfordert...

Wenn Kriegsgerichtsrat Dr. Giesecke zum Ausdruck gebracht hat, es könne ihm nicht zugemutet werden, daß er ein derartiges Verbot begründe, so geht er an den Tatsachen vorbei...

Ich habe... feststellen müssen, daß er bisher auch nicht immer den Urkundsbeamten gegenüber den richtigen Ton zu finden gewußt hat, der erforderlich ist, um ein notwendiges Vertrauensverhältnis herzustellen.

Auch die Beziehungen des Kriegsgerichtsrats Dr. Giesecke zu den anderen Richtern des Gerichts sind nicht immer ungetrübt geblieben. Vorkommende Verstimmungen sind auch hier nicht zuletzt auf dessen überhebliche Art in seiner Einstellung zu seinen engeren Mitarbeitern zu suchen. So hat mich kürzlich Kriegsgerichtsrat Dr. M. um Befürwortung seiner Versetzung an eine andere Dienststelle gebeten, weil er glaubte, auf die Dauer mit Kriegsgerichtsrat Dr. Giesecke nicht zusammenarbeiten zu können.»

Das Oberkommando des Heeres lehnte die Versetzung ab. Gieseckes Argumentation, daß seine Autorität erschüttert worden sei, wurde nicht akzeptiert, vielmehr wurde der Jurist dazu angehalten, sich in Zukunft zu bemühen, den richtigen Ton im Verkehr mit seinen Untergebenen zu finden (13. 6. 1939).

Aber Hitlers Krieg stand vor der Tür, Giesecke wurde am 12. 7. 1939 doch versetzt – wie wir wissen an jenes Tarninstitut, das als «Gericht der Landespolizei Danzig» firmierte.

Nun arbeiteten Giesecke und Bode zusammen. Ihre beruflichen Wege kreuzten sich, trennten sich wieder und führten nach dem Krieg in zahlreichen Aktenbänden von bundesdeutschen Staatsanwaltschaften erneut zusammen.

11. KAPITEL

DER GENERALSTAATSANWALT

Durch das Danziger Posturteil empfahlen sich Kurt Bode und Hans-Werner Giesecke geradezu für die weitere Karriere im NS-Justizapparat. So widmen sich die nächsten Kapitel dieses Buches den Jahren bis 1945.

Am 1. 2. 1942 machte Bode beruflich einen großen Sprung nach vorne, er wurde zum Generalstaatsanwalt des Reichsgaus Danzig-Westpreußen ernannt. Sein Vorgänger in diesem Amt war Generalstaatsanwalt Grassmann, der verstorben war. Bodes Personalakte sah glänzend aus, und gewiß spielte das Posturteil bei dieser hochrangigen Personalentscheidung eine Rolle. Bode gehörte zu den 35 Generalstaatsanwälten und war so neben den OLG-Präsidenten, den Mitgliedern des Volksgerichtshofes und den Beamten der höheren Ministerialbürokratie des Reichsjustizministeriums zu den hundert führenden Juristen des Reichs mit unmittelbarem Vorsprancherecht beim Minister avanciert. Die OLG-Präsidenten und Generalstaatsanwälte stammten überwiegend aus Akademikerfamilien der Mittelschicht. Aus dieser auffälligen sozialen Homogenität entwickelte sich der sprichwörtliche Korpsgeist unter den führenden Juristen.

Im Gegensatz zu anderen Berufskollegen bekleidete Bode kein hohes Parteiamt, doch stand er bei Parteigenossen wie Forster und Wohler in hoher Gunst, die einen Mann ihres Vertrauens aus Danzig an die Spitze bringen wollten. Seit 1933 war er wie alle Generalstaatsanwälte Parteimitglied, allerdings weder ein «alter Kämpfer» noch SS-Führer oder Mitglied der SA, wie manche seiner Standeskollegen. Selbstverständlich war er Mitglied und Funktionär des Nationalsozialistischen Rechtswahrerbundes (NSRB).

Ein halbes Jahr nach Bodes Amtsantritt fand ein Machtwechsel im Reichsjustizministerium statt. Nachfolger des verstorbenen Franz Gürtner als Reichsjustizminister wurde der bisherige Präsident des Volksgerichtshofes Otto Thierack, der sogleich zahlreiche Richter und Staatsanwälte entließ und die Spitze des Ministeriums austauschte. Elf OLG-Präsidenten und vier Generalstaatsanwälte mußten ihren Hut nehmen. Bode war davon nicht betroffen. In einem Schreiben (20. 10. 1942) benennt Thierack die Kriterien, an denen sich diese Personalpolitik orientierte: «nichtarische Abstammung», «Mischehe», «mangelnde Zusammenarbeit mit der Partei», «fehlende NSDAP-Mitgliedschaft» und «juden- oder polenfreundliches Verhalten» waren Gründe für die Entfernung aus dem Amt. Dr. Bode entsprach in keiner Weise diesen Kriterien. Thierack erhielt den Auftrag, nach Hitlers Weisungen eine nationalsozialistische Rechtspflege aufzubauen mit der ausdrücklichen Befugnis, vom bestehenden Recht abweichen zu können. Sein Nachfolger als Volksgerichtshofpräsident wurde Roland Freisler.

Bekanntlich hatte Hitler keine hohe Meinung von Juristen, sie waren ihm eher suspekt und lästig. Seine Ansichten, die zunächst nur intern bekannt waren, überraschte nach seiner Reichstagsrede vom 26. 4. 1942 selbst die «gleichgeschaltete», systemkonforme Justiz:

«Ebenso erwarte ich, daß die deutsche Justiz versteht, daß nicht die Nation ihretwegen, sondern sie der Nation wegen da ist, das heißt, daß nicht die Welt zugrundegehen darf, in der auch Deutschland eingeschlossen ist, damit ein formales Recht lebt, sondern daß Deutschland leben muß, ganz gleich wie immer auch formale Auffassungen der Justiz dem widersprechen mögen...

Ich werde von jetzt ab in diesen Fällen eingreifen und Richter, die ersichtlich das Gebot der Stunde nicht erkennen, ihres Amtes entheben.»

Daraufhin artikulierten zahlreiche OLG-Präsidenten und Generalstaatsanwälte in ihren Lageberichten Proteste und Beschwerden. Von Wohler und Bode ist derartiges nicht überliefert.

Wie der opportunistisch eingestellte Dr. Bode in sein Amt kam, läßt sich zuverlässig nachvollziehen. Staatssekretär Schlegelberger, der mit der Führung der Geschäfte des Justizministers beauftragt war, schrieb am 25. 10. 1941 an Forster in Danzig: «Entsprechend einer Anregung des Herrn OLGPräs. Wohler beabsichtige ich, dem Führer die Ernennung des VizePräs. Dr. Bode zum GStA. vorzuschlagen... Auf Grund seiner genauen Kenntnisse der Verhältnisse im Reichsgau, seiner hervorragenden Leistungen im richterlichen und Verwaltungsdienst und nach seiner politisch einwandfreien Haltung erscheint mir Dr. Bode für die in Aussicht genommene neue Verwendung besonders geeignet.

Ihnen, Herr Reichsstatthalter, wäre ich zu Dank verbunden, wenn Sie mir baldigst mitteilen würden, ob mein Vorhaben Ihre Zustimmung findet. Heil Hitler! Ihr sehr ergebener...»

Forster gab am 30. 10. 1941 «selbstverständlich» seine Zustimmung. Am 4. 11. 1941 fragte ein Ministerialdirigent aus dem Justizministerium bei Bode an, «ob die Übertragung der Stelle seinen Wünschen entsprechen würde».

Bode schrieb postwendend zurück: «Ich bestätige mit verbindlichstem Dank den Empfang Ihres gefl. Schreibens... und erlaube mir, Ihnen mitzuteilen, daß die Übertragung der Stelle des Generalstaatsanwalts in Danzig meinen Wünschen entsprechen würde. Heil Hitler! Ihr sehr ergebener...»

In die Besetzung einer so hochkarätigen Position waren zahlreiche Entscheidungsinstanzen involviert – die Reichsminister des Inneren und der Finanzen, der Leiter der Parteikanzlei und der Reichsminister und Chef der Reichskanzlei.

Der *Danziger Vorposten* berichtete am 4. 2. 1942 ausführlich über die Amtseinführung Bodes:

«Gestern mittag wurde im festlich geschmückten Schwurgerichtssaal des Gerichtsgebäudes Neugarten der neue Generalstaatsanwalt Dr. Bode feierlich durch den mit der Wahrnehmung der Geschäfte des Reichsjustizministers beauftragten Staatssekretär Dr. Schlegelberger eingeführt. Zum Nachfolger Dr. Bodes als Vizepräsident des Oberlandesgerichts... ist Dr. Beurmann ernannt worden.

Streichquartett des Musikkorps der Schutzpolizei... Schlegelberger: ‹Wirken Sie zum Segen von Volk und Reich, dann wird Ihnen der Dank des Führers gewiß sein!›

Generalstaatsanwalt Dr. Bode... bekannte sich zu Danzig als Mahnmal des deutschen Ostens, behandelte vom Standpunkt des Rechtswahrers das einstige und jetzige Verhältnis zwischen Deutschen und Polen... und betonte als seine besondere Aufgabe, daß Verstöße gegen das deutsche Ansehen, auch durch unwürdige Haltung einzelner im Reichsgau, strengste Ahndung finden sollen... Führerehrung... Nationalhymne...»

Die Aufgaben, Kompetenzen und die Verantwortung der nationalsozialistischen Generalstaatsanwälte wurden in einem Geschäftsverteilungsplan geregelt. Die entsprechenden Akten für die Jahre 1942–1945 sind offensichtlich in Danzig vernichtet worden. Erhalten geblieben ist das Schriftstück für das Jahr 1938, das im Prinzip auch in den Folgejahren Gültigkeit hatte:

«Der Generalstaatsanwalt leitet und beaufsichtigt die gesamte Tätigkeit der ihm unterstellten Beamten. Er hat auf die genaue Befolgung der gesetzlichen und dienstlichen Vorschriften und auf eine schleunige und gleichmäßige Erledigung der Geschäfte bei der Staatsanwaltschaft hinzuwirken. Insbesondere hat er solche Strafsachen, die wegen der Persönlichkeit oder der Stellung eines Beteiligten, wegen der Art oder des Umfangs der Beschuldigung oder aus sonstigen Gründen weitere (insbesondere politische) Kreise beschäftigen oder für die Staatsführung von Wichtigkeit sind, seine besondere Aufmerksamkeit zuzuwenden und Vorsorge dafür zu treffen, daß wesentliche Vorgänge in diesen Sachen nicht ohne seine Weisung oder Genehmigung geschehen.»

Daß Bode von seinem Weisungsrecht energisch Gebrauch gemacht hat, um die reibungslose Durchsetzung der nationalsozialistischen «Rechtsauffassung» zu gewährleisten, um Anträge auf Todesstrafe zu befehlen, um milde Anwendung des Rechts zu verhindern, um Gnadengesuche abzulehnen ist in den Akten nachvollziehbar. Häufig hat er selbst die Anklageschriften unterzeichnet und an das Berliner Ministerium berichtet, es werde in der Hauptverhandlung die Todesstrafe beantragt, oder Anklageschriften ihm unterstellter Staatsanwälte, die die Todesstrafe forderten, mit zustimmendem Kommentar nach Berlin weitergeleitet.

Trotz der lückenhaften Archivunterlagen über die Tätigkeit der Sondergerichte und der regulären Gerichte im OLG-Bezirk Danzig für die Zeit von 1939 bis 1945 sind 341 erstinstanzliche Todesurteile belegt. Die Lücken lassen sich mit einer gewissen Wahrscheinlichkeit durch Hochrechnung aufgrund von komplett erfaßten Jahrgängen schließen. Danach fallen in die dreijährige Amtszeit des Generalstaatsanwalts Bode etwa 350 erstinstanzliche Todesurteile, die alle über seinen Schreibtisch gingen.

Die Vollstreckungen von Todesurteilen mußten an das Reichsjustizministerium gemeldet werden – auf diesen vom Generalstaatsanwalt in Danzig zusammengestellten Listen finden sich in der Zeit von 1942 bis Oktober 1944 insgesamt 277 vollstreckte Todesurteile –, am Tod von mindestens 122 Verurteilten war Bode nachweislich beteiligt.

Im Museum des KZ Stutthof ist das Ergebnis einer der ersten Amtshandlungen von Bode als Dokument zu besichtigen. Der Vorgang war charakteristisch für die tägliche Routine des Generalstaatsanwalt. Das Oberlandesgericht Danzig verurteilte den Danziger Rechtsbeistand Leon Strasburger zum Tode, weil er bis April 1941 Nachrichten der BBC London abgehört und, wie es hieß, vervielfältigt und in polnischer Sprache unter seinen polnischen Bekannten verbreitet haben soll. Gleichzeitig warf man Strasburger vor, «religiöse Weissagungen und Zukunftsdeutungen hochverräterischen Inhalts in polnischer Sprache versandt zu haben». Zur Abschreckung der Bevölkerung ließ Bode Plakate drucken und im Reichsgau aufhängen:

«Bekanntmachung!

Der am 17. 3. 1942 vom Oberlandesgericht in Danzig wegen Vorbereitung zum Hochverrat und Rundfunkverbrechen zum Tode und zum dauernden Verlust der bürgerlichen Ehrenrechte verurteilte

Leo Strasburger

aus Danzig ist heute hingerichtet worden. Der Verurteilte hat feindliche Rundfunksendungen abgehört und verbreitet und sich gegen das Deutsche Reich hochverräterisch betätigt.

Danzig, den 4. Juni 1942.

Der Generalstaatsanwalt.»

Dieses Plakat hängt heute in Stutthof.

Zu Bodes Aufgabenbereich als Generalstaatsanwalt gehörte auch die Fachaufsicht über andere Juristen. Dieser kam er gewissenhaft nach, korrigierte Rechtsanwendungen und belehrte andere Staatsanwälte, indem er etwa eine Entlassung aus der Untersuchungshaft verhinderte, obwohl die zu erwartende Strafe gering war.

Bereits kurz nach der «Machtübernahme» im Jahr 1933 wurden Sondergerichte geschaffen, besondere Strafgerichte, gedacht zur Ausschaltung der politischen Gegner des Naziregimes, für die das gültige Prozeßrecht keine Anwendung fand. Vor den Sondergerichten waren keine Rechtsmittel zugelassen. 1938 wurde die Zuständigkeit der Sondergerichte von politischen Straftaten auf Taten ausgedehnt, die nach Lesart des NS-Staates unpolitisch, aber kriminell waren. Das galt auch im neuen Reichsgau Danzig-Westpreußen. Bode hatte Einfluß darauf, in welchen Fällen vor einem Sondergericht Anklage erhoben wird und welcher seiner Staatsanwälte sie vertrat.

Die Sondergerichte bewährten sich in Danzig unter der Regie von OLG-Präsident Dr. Wohler und Generalstaatsanwalt Dr. Bode wie andernorts als Teil der NS-Mordmaschinerie. Die noch vorhandenen Gerichtsakten deuten trotz ihrer Lückenhaftigkeit für den OLG-Bezirk Danzig den Umfang des verbrecherischen Justizterros an: Von 1472 Angeklagten, darunter 344 Frauen, wurden 341 Personen zum Tode verurteilt. Das war fast jeder vierte. Daß die Sondergerichte kaum lebenslänglich oder hohe Freiheitsstrafen verhängten, ist bekannt – der Danziger OLG-Präsident formulierte 1941 als nicht nur lokal gültige, sondern für das Reich repräsentative Handlungsmaxime: «Schnelle Arbeit der Gerichte und scharfe Urteile sind erforderlich.»

Ein konkretes, in Danzig verhandeltes Beispiel: Angehörige des polnischen Volkstums wurden wegen Schwarzschlachtens angeklagt und deshalb zum Tode verurteilt. Wohler: «Wer im Volkstumskampf des Ostens groß geworden ist, weiß, daß der Pole anders zu behandeln ist als der Deutsche» (1941).

1942 war der Aufbau des nationalsozialistischen Justizapparates im Gau Danzig-Westpreußen abgeschlossen. Wohler und Bode auf Gerichtsseite und von Grassmann auf seiten der Staatsanwaltschaft hatten «im guten Einvernehmen mit der Gauleitung» zusammengearbeitet. Es waren fünf Landgerichtsbezirke eingerichtet worden: Danzig, Bromberg, Graudenz, Thorn und Konitz. Das am 10. 9. 1939 in Bromberg von Freisler errichtete Sondergericht behielt eine generelle Zuständigkeit für die sogenannten «Polengreuelsachen». Freisler wollte kurzerhand das Gnadenverfahren für Polen gänzlich abschaffen, was Hitler ablehnte. Am 24. 11. 1939 wurde das Sondergericht Danzig errichtet, dessen Zuständigkeit am 15. 3. 1940 örtlich erweitert worden war, bis auch bei den Landgerichten Graudenz, Thorn und Konitz Sondergerichte installiert wurden.

Doch die Danziger Blut-Justiz war keineswegs auf die Sondergerichte beschränkt, sondern spielte sich auch im regulären Strafsenat des Oberlandesgerichts ab. Immer wieder fällt in dem Zusammenhang der Name von Bodes Nachfolger, Arno Beurmann, der als «Blutrichter» in Danzigs Geschichte einging.

Überdies wurden im Gau jeweils sechs Standgerichte von Ordnungspolizei und Gestapo eingerichtet, deren Zuständigkeit sich angeblich nur auf Waffen- und Munitionsbesitz begrenzte. Die Tätigkeit der Standgerichte wurde am 6. 6. 1940 auf Weisung des Reichsführers-SS eingestellt. Ferner wurde in Danzig das SS- und Polizeigericht IV etabliert, als dessen «Gerichtsherr» der SS-Gruppenführer Hildebrandt fungierte. Damit wurden die Verfahren gegen SS-Angehörige der Justiz entzogen.

Bode war, wie sein Vorgänger Grassmann, sehr genau und detailliert über die Vorgänge im Gau Danzig informiert. Seine Position funktionierte als Schnittstelle von lokaler Partei, Gestapo, SS und dem Reichsjustizministerium in Berlin. Man traf sich monatlich zu einer Besprechung aller Behördenleiter Danzigs. Auch waren der OLG-Präsident und der Generalstaatsanwalt in den «großen Verteiler» des Reichsstatthalters einbezogen, den Forster laufend über wichtige Anordnungen verschiedener Ämter aus Berlin informierte.

Der Schreibtischtäter Bode hat 1942 48mal mit der Abschlußfloskel «damit die Gerechtigkeit ihren Lauf nimmt» im Gnadenverfahren dem Reichsjustizministerium empfohlen, eine Begnadigung zu verweigern. Aus den (lückenhaften) Akten für dieses Jahr ergibt sich, daß die Sondergerichte des Danziger OLG-Bezirks 59 Menschen zum Tode verurteilt haben, von denen 40 hingerichtet worden sind. Tatsächlich lag die Zahl noch erheblich höher, denn die Vollstreckungsliste des Generalstaatsanwalts weist 154 Hinrichtungen aus. Dabei ging es um «Tatbestände» wie den Diebstahl einer Pelzjacke aus dem Winterhilfswerk, um Tauschhandel mit Tabakwaren, um den Diebstahl von Feldpostpäckchen in sieben Fällen, um den Entzug der Wehrpflicht durch Abhacken von vier Fingern oder das Verschieben von zwei Sack Mehl (150 kg). In all diesen Fällen wurde die Todesstrafe vollstreckt.

Nur in drei Fällen sprach sich der Generalstaatsanwalt für eine Begnadigung aus, in einem Fall legte er eine Nichtigkeitsklage ein. Selten war er sich bei Gnadenentscheidungen nicht einig mit dem Sondergericht und seinen Oberstaatsanwälten. Dagegen ließ sogar das Reichsjustizministerium in neun Fällen «Milde walten», die Bode versagt hatte. Bei Anklagen vor den Sondergerichten bestand gegenüber dem Ministerium eine Berichtspflicht. So leitete Bode oft Anklageschriften weiter, in denen von ihm die Anträge auf Todesstrafe in der Hauptverhandlung befürwortet wurden. Im Einzelfall konnte das geradezu absurd anmutende Züge annehmen, wenn etwa die Todesstrafe wegen Wehrdienstverweigerung beantragt und verhängt wurde, das Reichsgericht dieses Urteil aufhob und endgültig auf eine sechswöchige Haftstrafe erkannt wurde.

Nach dem berüchtigten «Heimtückegesetz» reichte für eine Bestrafung die Vermutung aus, daß eine «defätistische» Äußerung im privaten Kreis in die Öffentlichkeit getragen werden könnte. So sorgte Dr. Bode durch seine schriftliche Empfehlung der Strafverfolgung im Fall der Herta R. dafür, daß sie für die Bemerkung, der «Führer» lasse sich mit kleinen Kindern ein, zu fünf Jahren Gefängnis verurteilt wurde. Drei Jahre Gefängnis kassierte etwa Alois K. für die Äußerung: «Es wird gar nicht mehr lange dauern, dann werdet ihr Pellkartoffeln und Kleie fressen und wir die Wurst!»

Zu Bodes Aufgaben gehörte die Mitwirkung im Gnadenverfahren. Seinem verstorbenen Vorgänger, Generalstaatsanwalt Grassmann, widerstrebten Begnadigungen prinzipiell. Nach seiner Meinung sollte der Urteilsspruch beim Sondergericht endgültig sein. Im Reichsjustizministerium gab es gewiß keine grundsätzlichen Einwände gegen solche markigen Parolen, doch zeigt sich hier wie so oft, daß die NS-Juristen aus eigenem Antrieb perfekter noch funktionierten, als es aus Berlin ohnehin vorgeschrieben wurde. Auch in Danzig sprach man so drastische Urteile, daß in Berlin Abmilderungen erfolgten. Dieser vorauseilende Gehorsam war auch Dr. Bode eigen.

Bei Todesurteilen war der Reichsjustizminister vom «Führer» zur Begnadigung ermächtigt. Davon unberührt blieb die Gewohnheit Hitlers, als «oberster Gerichtsherr» willkürlich in Verfahren einzugreifen.

Ab 28. 5. 1942 wurde das Gnadenrecht für Polen und Juden auf Reichsstatthalter Forster übertragen. In der Mehrzahl der Todesurteile von Sondergerichten waren im Gau Danzig-Westpreußen Polen betroffen. Der Generalstaatsanwalt war Teil der Behörde des Reichsstatthalters. Es bedarf keiner großen Phantasie, sich den praktischen Ablauf vorzustellen, daß nämlich Bodes Votum das des Reichsstatthalters präjudizierte. Forster mischte sich nur selten in die Belange der Justiz ein, was Wohler und Bode auch mit Befriedigung konstatierten. Bode noch im Jahre 1953. Die Macht zur Begnadigung durfte also de facto bei Bode gelegen haben und wurde in Einzelfällen von Forster an Bode ausdrücklich delegiert. Das bedeutete, daß Bode Herr über Leben und Tod war. Er bildete in Personalunion sowohl die erste Instanz, die Strafverfolgung durch Anklageerhebung anzuordnen, als auch die letzte, den Verurteilten durch Verweigerung einer Begnadigung dem Henker zu überantworten.

Die eigentliche Macht im Gau Danzig-Westpreußen lag in den Händen von SS und Gestapo. Oft unterstrichen die Juristen Bode und Wohler ihre Zuständigkeit, vermochten sich aber gegen diese Kräfte nicht durchzusetzen.

Formell versuchte sich die Justiz – unterhalb des Ministeriums – gegenüber NSDAP, SS und Gestapo abzugrenzen und ihre Selbständigkeit zu unterstreichen. So wurde oft im Schriftverkehr nicht mit «Heil Hitler» gezeichnet. In zwei Fällen wich Bode von dieser Gepflogenheit ab und unterzeichnete mit «Heil Hitler! Ihr sehr ergebener...» Einmal tat er das, als er Generalstaatsanwalt werden wollte, und ein zweites Mal im Zusammenhang mit einem wichtigen Prozeß vor dem Sondergericht Bromberg. Hauptangeklagter war der Hauptmann und Journalist Jan Drzewiecki und andere Polen, die auf dem «Blutmarsch» von Thorn nach Warschau ab dem 3. 9. 1939 zahlreiche Volksdeutsche ermordet hatten.

Dem Prozeß maßen die NS-Gewaltigen Bedeutung zu, denn bereits die Anklageschrift wurde an Propagandaminister Goebbels geschickt, der einen Artikel im *Völkischen Beobachter* veranlaßte. Es bestand kein Zweifel, daß der 44jährige Jan Drzewiecki zum Tode verurteilt werden würde. Der Oberstaatsanwalt von Bromberg schlug am 2. 4. 1942 vor, daß die Todesstrafe nicht durch Enthaupten am damaligen Sitz des Henkers in Posen vollzogen werde, sondern durch Erhängen in Bromberg «mit Rücksicht auf die besondere Schwere der Tat und auf das auch jetzt noch zu Tage getretene große Sühnebedürfnis der deutschen Bevölkerung».

Am 29. 4. 1942 beschwerte sich Staatssekretär Freisler im Ministerium, daß er von der Angelegenheit seit Oktober 1940 nichts gehört habe. Das Urteil sei 18 Tage verspätet eingegangen, und es habe nochmals 14 Tage gedauert, bis es auf seinem Schreibtisch gekommen wäre. Als schuldig für diese «Schlamperei» wurde die Adjutantur befunden.

Sicher nicht ohne Abstimmung mit dem Bromberger Oberstaatsanwalt, vielleicht lanciert von SS-General Hildebrandt, meldete sich am 1. 5. 1942 der stellvertretende Chef der Sicherheitspolizei und des SD, SS-Gruppenführer und Generalleutnant der Polizei Müller, brieflich beim Reichsjustizministerium. «Da Drzewiecki als Führer der Begleitmannschaft des Zuges der internierten Volksdeutschen für die Handlungen der Begleitmannschaft ausschlaggebend war, halte ich den Vollzug der Todesstrafe an ihm durch das Fallbeil oder durch Erschießen für zu milde. Den Polen muß gezeigt werden, daß derartige Verbrechen auch selbst noch nach Jahren ihre Vergeltung finden. Ich halte es deshalb für erforderlich, daß die Todesstrafe auf dem Marktplatz in Thorn öffentlich durch den Strang vollzogen wird.»

Im Ministerium war man von diesem Vorschlag nicht gerade begeistert. Der als Justizminister amtierende Staatssekretär Dr. Schlegelberger schrieb an den Reichsminister und Chef der Reichskanzlei, Dr. Lammers: «Dem Vorschlag... vermag ich nicht beizutreten. Der Bevölkerung einer deutschen Stadt wie Thorn möchte ich ein derartiges öffentliches Erhängen nicht zumuten. Überdies wird der erstrebte Abschreckungszweck auf Polen auch nicht erreicht werden.

Weiterhin halte ich mich nach den bestehenden gesetzlichen Bestimmungen auch nicht für berechtigt, die Vollstreckung eines Todesurteils durch öffentliches Erhängen anzuordnen.»

(Daß diese Vollstreckungsart «kein würdiges Schauspiel» sei, wurde von Freisler, der den Entwurf des Schreibens abzeichnete, handschriftlich gestrichen.) Am 11. 6. 1942 antwortete Lammers: «Ich habe die Frage, auf welche Weise der Pole... vom Leben zum Tode befördert werden soll, beim Führer zum Vortrag gebracht. Der Führer hat entschieden, daß die Todesstrafe an Drzewiecki unter Abweichung von etwa entgegenstehenden Rechtsvorschriften öffentlich durch Erhängen vollstreckt wird. Ich darf Sie bitten, das Erforderliche zu veranlassen und dem Führer zu meinen Händen über das Veranlaßte zu berichten.»

Auf diese Weise wurde der Vorgang zur obersten Chefsache, erhielt eine gewisse Brisanz, die Bode möglicherweise nicht erkannte. Denn er berichtete routinegemäß erst eine Woche nach der Vollstreckung des Urteils nach Berlin. Im Ministerium lief wiederum etwas schief, denn Freisler schrieb an Bode am 6. 8. 1942:

«Sehr geehrter Herr Generalstaatsanwalt! Lieber Parteigenosse Bode! Von der Vollstreckung des Todesurteils gegen den Polen Jan Drzewiecki, die am 1. Juli 1942 erfolgt ist, habe ich erst Ende Juli 1942 durch Ihren fernmündlichen Bericht Kenntnis erhalten. Bei der Bedeutung dieser Strafsache bin ich erstaunt, hierüber nicht schon am Tage der Hinrichtung Meldung bekommen zu haben. Für eine Äußerung über die Gründe der Verzögerung wäre ich dankbar. In Vertretung, Heil Hitler! Ihr sehr ergebener...»

Bode gab zu, geglaubt zu haben, daß die für andere Fälle vorgeschriebene Form der Berichterstattung genügen werde. Er schilderte, umständlich und unsouverän, nochmals den Ablauf der Geschehnisse und mußte einräumen, daß seine erste Meldung lückenhaft gewesen war. Deshalb ließ das Ministerium am 17. 7. sich telefonisch informieren und erfuhr, die Hinrichtung habe auf dem Hof der Gestapo-Außenstelle Thorn, morgens um 7.20 Uhr, durch Erhängen stattgefunden. Für die Öffentlichkeit der Hinrichtung habe man den Vorschriften gemäß gesorgt, indem 30 Geiseln aus Thorn und 20 Schutzhäftlinge der Gestapo der Hinrichtung beiwohnen mußten. Ebendiesen Brief unterzeichnete Bode ein zweites Mal in seiner Karriere mit «Heil Hitler! Ihr sehr ergebener...»

Diesmal schickte Dr. Schlegelberger seinen Vertreter Freisler vor, an die Reichskanzlei zu berichten. Schlegelberger zeichnete den Briefentwurf an Lammers ab und strich das Hinrichtungsdatum durch sowie den Passus: «Ich bitte, dem Führer die Vollstreckung des Urteils zu melden.»

Zwischen den Zeilen ist erkennbar, wie aufgeregt der amtierende Justizminister und sein Staatssekretär reagierten und die Kritik des «Führers» fürchteten, weil ihre Vollzugsmeldung vier Wochen zu spät kam.

Das Triumvirat Bode–Wohler–Forster funktionierte gut. Mehrfach unterstrichen Bode und Wohler in ihren Lageberichten das Einvernehmen mit dem Gauleiter und die reibungslose Zusammenarbeit mit den Dienststellen der Partei. Forster war gern gesehener Gastredner auf Tagungen der Gau-Justiz, wo er «warme Worte der Anerkennung» (Bode) für die heimische Nazi-Jurisprudenz fand. In einem Schreiben vom 19. 1. 1942 an die Reichskanzlei unterstich Forster die «enge Fühlungnahme» zwischen ihm, dem OLG-Präsidenten und dem Generalstaatsanwalt.

Walter Wohler war ein Mann der NSDAP, trug mit Vorliebe seine Parteiuniform und nahm die Stellung des Gauführers im Rechtswahrerbund ein. Er gehörte dem Verein «Lebensborn» an, führte den Dienstgrad eines SS-Obersturmbannführers und trat hin und wieder in SS-Uniform auf. Bei Bode ist eine besondere Affinität zur Partei nicht erkennbar, er war der Technokrat im beruflichen Zusammenwirken mit dem OLG-Präsidenten, vermutlich haben sich beide auch privat gut verstanden.

Interessanterweise haben weder Bode noch Wohler versucht, nach dem Krieg Verantwortung auf den Reichsstatthalter Forster abzuwälzen. Vielmehr schrieb Bode 1953 in seinem Bericht *Strafrechtspflege und Strafvollzug in Danzig-Westpreußen 1939–1945*, daß ihm Forster gegenüber dem Berliner Ministerium öfter Hilfestellung geleistet und daß Forster die Richtung der Rechtsprechung des Volksgerichtshofs unter Freisler abgelehnt hätte. «Nachdem die Ausübung des Gnadenrechts in Polen-Strafsachen auf Forster übertragen war, habe ich ihn im allgemeinen einem Gnadenerweis zugänglicher gefunden als das RJM.» Damit erweckte Bode den falschen Eindruck, als sei er selbst ein Befürworter der Begnadigung gewesen. Die Fakten sprechen dagegen.

Es gibt Anzeichen dafür, daß der Einfluß der NSDAP auf die Justiz in der Danziger Richterschaft etwas differenzierter beurteilt wurde. Am Sondergericht in Konitz etwa war Adolf F. als Beisitzer tätig, der in seiner Zeugenvernehmung 1964 hervorhob, daß die Kreisleiter der NSDAP Einfluß auf juristische Personalpolitik nehmen und richterliche Entscheidungen beanstanden konnten. So geht aus Personalakten hervor, wie Wohler bei Personalentscheidungen tatsächlich die Zustimmung Forsters und auch vom obersten SS-Führer Hildebrandt einholte.

Forster setzte andere Schwerpunkte als die Justiz. Er hatte den Ehrgeiz, als erster Gauleiter seinem «Führer» den Reichsgau Danzig-Westpreußen nicht nur «judenfrei», sondern auch «polenfrei» melden zu können. Nach Forsters Plänen sollte das funktionieren, indem man über den Weg einer «volkspolitischen Überprüfung» nach Kriterien der nationalsozialistischen Rassenideologie bestimmte Bevölkerungsteile eindeutschte bzw. auf Widerruf die deutsche Staatsangehörigkeit verlieh. Die als «deutschen oder artverwandten Bluts» Klassifizierten wurden in der «Deutschen Volksliste» erfaßt.

Die Staatsangehörigkeit auf Widerruf wurde in Danzig-Westpreußen bis Anfang 1943 zwischen 600000 und 1,3 Millionen Menschen verliehen, die unpräzise Zahlenangabe wird in einem Bericht Himmlers, als Reichskommissar für die Fertigung deutschen Volkstums, an Hitler genannt. 365000 Polen wurden in das Generalgouvernement «ausgesiedelt».

Die als großzügig geltende Eindeutschungspraxis des Gauleiters Forster widersprach den engeren Richtlinien Himmlers. Die persönliche Feindschaft zwischen Reichskommissar und Gauleiter war bekannt, kolportiert wurde als Ausspruch Forsters: «Wenn ich so aussehen würde wie Himmler, würde ich von Rasse überhaupt nicht reden.» Himmlers Vasall in Danzig, der Höhere SS- und Polizeiführer Hildebrandt, legte eine «Akte Forster» an, doch die schützende Hand Hitlers gewährleistete, daß selbst der gefürchtete und mächtige Reichsführer-SS gegen Forster nichts ausrichten konnte.

Bode wirkte dienstbeflissen mit, die Volkstumspolitik umzusetzen, und vermerkte im Lagebericht vom 30. 5. 1942:

«Zur Vermeidung der Aufnahme unerwünschter Elemente in die Deutsche Volksliste haben der Oberlandesgerichtspräsident und ich im Einvernehmen mit dem Inspekteur der Sicherheitspolizei und des SD angeordnet, daß die Gerichte und Strafverfolgungsbehörden den Zweigstellen von gerichtlich schon anhängigen Strafverfahren, von neuen Anklagen und von künftig ergehenden Urteilen gegen frühere polnische Staatsangehörige, die nicht bereits in die Deutsche Volksliste eingetragen worden sind, Kenntnis geben.»

Obwohl sich Bode gegenüber Forster im allgemeinen äußerst loyal verhielt, klingt in diesem Zusammenhang Kritik an:

«Zu bemerken ist, daß der Hundertsatz der Eindeutschungen teilweise recht hoch ist. Dabei mögen Fehlgriffe nicht zu vermeiden sein. Hierauf deutet z. B. das Verhalten von Angehörigen einer SA-Wachmannschaft aus dem Kreis Berent, die auf dem Weg zum Dienst in Marschordnung polnische Lieder gesungen haben. Der Oberstaatsanwalt in Danzig hat deswegen ein Ermittlungsverfahren wegen Heimtückevergehens eingeleitet, worüber ich am 16. 5. 1942 fernmündlich berichtet habe.»

Daß dieser Vorfall Bode ein Telefonat mit dem RJM in Berlin wert war, unterstreicht, welches politische Gewicht diesen Fragen beigemessen worden ist.

Nur etwa 30 km entfernt von Danzig lag das KZ Stutthof. Bode hat in seiner amtlichen Stellung von den Verbrechen der Gestapo und der SS erfahren, doch darüber lag ein Tabu, das auch der Generalstaatsanwalt nicht brach. Als Vertrauter Himmlers hatte SS-General Richard Hildebrandt die oberste Verantwortung für den Aufbau des Lagers wie auch für die umfänglichen Vernichtungsaktionen gegen die «polnische Intelligenz». In Westpreußen blieben nur wenige verschont. Erstaunlicherweise aber taucht in Bodes Lagebericht vom 30. 5. 1942 ein Vorfall aus dem KZ Stutthof auf. Dort war ein junger Mann am 15. 12. 1941 von der Gestapo Elbing eingeliefert und besinnungslos geschlagen worden. Die ihm aufgezwungene Arbeit bestand darin, Pferdewagen zu ziehen, er brach physisch zusammen, man brachte ihn in eine Krankenstube, allerdings ohne ihn dort zu behandeln. Er starb an einer Lungenvereiterung am 20. 2. 1942.

Bode berichtete, daß er die Vorgänge zuständigkeitshalber an das SS- und Polizeigericht IV in Danzig («Gerichtsherr» Hildebrandt) weitergeleitet habe, ohne über den Ausgang des Verfahrens informiert zu werden.

Dieser Vorgang ist ungewöhnlich, da so etwas im Regelfall totgeschwiegen wurde. Allerdings war der Vater des Ermordeten, der die Anzeige erstattet hatte, ein «alter Kämpfer» mit der NSDAP-Mitgliedsnummer 7400 und hohen Parteiauszeichnungen. Auch das Opfer war Träger des goldenen Ehrenzeichens der «Hitlerjugend».

Das erklärt, warum die Staatsanwaltschaft Danzig überhaupt eine Anzeige entgegengenommen hat. Bode mußte davon ausgehen, daß der Vorfall in Berlin Aufsehen erregen würde. Zudem wußte Bode um das gespannte Verhältnis zwischen Schlegelberger und Freisler im Reichsjustizministerium und Himmler beziehungsweise dem Reichssicherheitshauptamt. Bode ging also kein Risiko ein. In demselben Lagebericht erwähnte Bode die Erschießung von 20 Polen durch die Polizei im Kreis Leipe. Es handelte sich um eine sogenannte

«Vergeltungsaktion», deren Erwähnung beweist, daß Bode von solchen Verbrechen erfuhr.

Nüchternes Kalkül bestimmte Bodes Berichterstattung – er schrieb das, was man in Berlin lesen wollte. An keiner anderen Stelle hat Bode die Greuel im KZ Stutthof erwähnt, gewiß auch, weil nach dem Revirement im Ministerium (20. 8. 1942) und dem damit verbundenen Arrangement des neuen Justizministers Thierack und Himmler eine ähnliche Strategie ins Leere geführt hätte.

1943 ging Bode dazu über, selbst Anklagen zu unterzeichnen, die Gründe dafür sind nicht klar. Unter Thierack wehte im Justizministerium ein anderer Wind. Milderungen der von den Generalstaatsanwälten empfohlenen Strafen kamen nicht mehr vor. Stellungnahmen wie: «Er ist ein Volksschädling übelster Sorte, vor dem die Allgemeinheit endgültig geschützt werden muß» wurden in Berlin zur Regel.

Die Arbeit von Bode sah 1943 nicht viel anders als im Vorjahr aus, der Generalstaatsanwalt verfuhr aber, der Thierack-Linie folgend, in Gnadensachen noch härter. Seine Stellungnahmen wiesen gewöhnlich etwa folgenden Wortlaut auf:

«Mit Rücksicht auf die niedrige Gesinnung der Verurteilten, die schweren Folgen der Tat und die Notwendigkeit der Abschreckung gleichgesinnter Kreise halte auch ich die Vollstreckung der erkannten Todesstrafe für geboten. Ich schlage daher vor, der Gerechtigkeit freien Lauf zu lassen.»

In Bodes Vollstreckungsliste für das Jahr 1943 sind 70 Hinrichtungen aufgeführt. In nur einem Fall verfügte er, anders als vom Oberstaatsanwalt beantragt, nicht auf Todesstrafe zu plädieren:

«Die Angeschuldigte ist zwar erheblich vorbestraft und hat auch jetzt wieder zwei Diebstähle begangen. Bei dem Diebstahl zum Nachteil K. dürfte aber zu berücksichtigen sein, daß sie längere Zeit bei ihm als Wirtschafterin tätig und zur Zeit der Tat schwanger war. Im Hinblick darauf und auf den nicht erheblichen Umfang der beiden Diebstähle... habe ich den Oberstaatsanwalt in Graudenz gebeten, von dem Antrag auf Todesstrafe Abstand zu nehmen und eine erhebliche Freiheitsstrafe zu beantragen.»

Tatsächlich verhängte daraufhin das Sondergericht Graudenz «nur» sechs Jahre verschärftes Straflager. Die Frau hatte drei Fettkarten, eine Fleischkarte, zwei Kuchenkarten, einmal 2,10 RM und ein andermal 20 RM gestohlen.

Hier zeigte sich die Macht des Generalstaatsanwalts Bode. Er griff nicht oft so ein, gewiß auch, weil ein solcher Generalstaatsanwalt seinen Ruf riskiert hätte und früher oder später vermutlich abgelöst worden wäre. Bode traf zwischen der Rettung von Menschenleben und seiner drohenden Versetzung in den Ruhestand eine klare Güterabwägung.

Nach dem Krieg machte Bode die Umstände und verschiedene Einzelpersonen verantwortlich – eine eigene Schuld wies er von sich. In einer apologetischen Stellungnahme aus dem Jahr 1953 schrieb er:

«Daß – namentlich anfänglich – auch Fehlbesetzungen nicht ausbleiben konnten, liegt auf der Hand. Sie haben sich ... gelegentlich bei dem einen oder anderen Sondergericht ausgewirkt. Um nicht mißverstanden zu werden: Als ich 1949 aus Rußland zurückkam, bin ich gelegentlich der Neigung beamteter und nichtbeamteter Kritiker begegnet, jeden Richter und Staatsanwalt, der am Sondergericht mitgewirkt hatte, in Bausch und Bogen zu verdammen. Man hat damit einer großen Zahl von Richtern und Staatsanwälten, die ohne ihr Zutun den Sondergerichten zugeteilt worden waren und dort gewissenhaft ihr Pflicht getan haben, einen gänzlich unverdienten Makel angehängt. Man hat ihnen kurzerhand auch die Verantwortung zugeschoben, die nicht sie, sondern den Gesetzgeber trifft, an dessen Bestimmungen sie gebunden waren. Ich glaube der großen Mehrzahl der Sondergerichtsvorsitzenden für unseren Bezirk das Zeugnis schuldig zu sein, daß sie die Beweisaufnahme gerade im Hinblick auf die fehlende Rechtsmittelmöglichkeit besonders eingehend und sorgfältig gehandhabt haben ... Ich muß bekennen, daß mir leider auch Sondergerichtsurteile bekanntgeworden sind, bei denen Kriegspsychose, Überlastung oder Nervosität des Vorsitzenden sich auf die Güte der Beweisaufnahme und damit auf den Schuldspruch ausgewirkt hatten ...

Was das Strafmaß anbelangt, mußten die Urteile der Sondergerichte unter Berücksichtigung der Kriegsverhältnisse und der besonderen Gegebenheiten im Reichsgau häufig scharf sein. Der umfangreichen Beraubung kriegswichtiger Gütertransporte... wären wir ohne Verhängen exemplarischer Strafen niemals Herr geworden... Vereinzelt sind allerdings auch Strafaussprüche erfolgt, die auch unter Berücksichtigung der zeitlichen und örtlichen Gegebenheiten über den gebotenen Rahmen hinausgingen.

Entsprechendes gilt von der Vertretung der Anklage vor den Sondergerichten. Neben einer großen Mehrzahl von Staatsanwälten, die sich ihrer Aufgabe vorbildlich und sachlich unterzogen, hat es auch hier nicht völlig an einzelnen Beamten gefehlt, bei denen die Neigung zu unangebrachter Schärfe in ihrem Antrage oder der Form ihrer Begründung beanstandet werden mußte.»

Bode machte auch die «überspannte Gesetzgebung» der Nazis dafür verantwortlich, daß eine «ordnungsgemäße Strafrechtspflege» mehr und mehr erschwert worden wäre. Doch gerade er hatte in der Funktion als Generalstaatsanwalt für eine rigorose und einheitliche Anwendung der berüchtigten Gesetze des allgemeinen Strafrechts Sorge zu tragen. Zu diesen Bestimmungen zählten: die «Volksschädlings»- und die «Gewaltverbrecher»-Verordnung, das «Heimtückegesetz», die «Kriegswirtschaftsverordnung» und die extensive Auslegung von Landes- und Hochverrat (§§ 80 ff. StGB). Bode war eine prominente Figur in einer Justizmaschinerie, die jeden harmlosen Witz, der den «Endsieg» in Frage stellte, als Wehrkraftzersetzung auslegen und mit der Todesstrafe belegen konnte. Auch in Danzig galt die «Polenstrafrechts-Verordnung» vom 4. 12. 1941, die Generalklauseln enthielt, um jede Verhaltensweise als «deutschfeindlich», somit als «todeswürdiges Verbrechen» deklarieren zu können.

Als 1944 das Ende der Nazi-Ära schon besiegelt und die Rote Armee auf dem Vormarsch war, die Front Danzig immer näher rückte, setzte Bode sein blutiges Handwerk ungerührt weiter fort. Wer die Dinge beim Namen nannte, etwa im Bekanntenkreis oder am Arbeitsplatz, wurde mit sechs Jahren Zuchthaus wegen Wehrkraftzersetzung, wer Äußerungen tat, die als «hämisch» oder «höhnisch» klassifiziert wurden, mit dem Tode bestraft. Bode behauptete 1953, in dieser Zeit «schwerer seelischer Belastung» ausgesetzt gewesen zu sein. In der Praxis jedenfalls war er dazu übergegangen, in Fällen von «Wehrkraftzersetzung» die Anklage vor dem Strafsenat des Oberlandesgerichts unter Vorsitz von Dr. Beurmann selbst zu unterzeichnen und die Strafanträge vorzugeben. Die Todesstrafe wurde für Äußerungen verhängt wie: «Nanu, die Deutschen sollen doch vorgehen, und sie gehen immer weiter zurück!» oder «Im Osten kann das nicht so weitergehen, da muß eine neue Regierung her!»

Anklagen und Urteile wurden durch das Reichsjustizministerium und den Oberreichsanwalt kontrolliert, der nicht nur vor dem Volksgerichtshof anklagte, sondern auch Fälle vor Ort «erledigen» ließ. Bode führte 1953 aus, diese Fälle hätten auf einer «Fülle von Denunziationen» beruht, und Polizeibeamte hätten sich als «agent provocateurs» an Angeklagte herangemacht. Bode behauptete, jeweils auf Weisung des Oberreichsanwalts gehandelt zu haben:

«Der Oberreichsanwalt beim Volksgerichtshof konnte Wehrkraftzersetzungssachen an die Staatsanwaltschaft beim Oberlandesgericht abgeben. Diese Abgabe erfolgte ausnahmslos erst nach Abschluß der Ermittlungen, mit Weisung zur Erhebung der Anklage vor dem Strafsenat des Oberlandesgerichts ... Die Staatsanwaltschaft wurde also vor die anklagefertigen Fälle mit einer für sie zunächst bindenden Marschroute gestellt.»

Diese Aussage entspricht nicht der Wahrheit, denn die (lückenhaften) Akten weisen zweifelsfrei aus, daß Bode in der Hälfte der Fälle von sich aus diese Verfahren an sich zog, zuerst Anklage erhob und dann erst den Oberreichsanwalt bat, ihn für zuständig zu erklären. Hier zeigt sich der vorauseilende Gehorsam, den Bode ohne Not an den Tag legte.

In zwei Fällen allerdings verhängten Bode und Beurmann überraschend «milde» Strafen von einem Jahr bzw. sechs Monaten für Sachverhalte, die unter den Regeln der Willkürjustiz auch Todesurteile hätten bedeuten können. Das Ministerium rügte: «Gegen die Angemessenheit der Strafe habe ich Bedenken, das Urteil ist offenbar unrichtig» und empfahl dem Oberreichsanwalt: «Außerordentlicher Einspruch ist daher geboten.»

Diese Fälle blieben, wie eine Reihe anderer aus der zweiten Jahreshälfte 1944, offen. Als Reichsjustizminister Thierack am 15. 2. 1945 etwa bei einer solchen Akte eine Wiedervorlagefrist von drei Monaten verfügte, konnte er ahnen, doch nicht wissen, daß zum Wiedervorlagezeitpunkt das «Dritte Reich» nicht mehr existieren würde.

Auch die Sondergerichte unterstützte Dr. Bode als Generalstaatsanwalt dabei, ihr Mörderhandwerk fortzusetzen – noch in diesen letzten Monaten des «tausendjährigen Reiches» fielen Todesurteile und Hinrichtungen für den Diebstahl von vier Schweinen und einer größeren Menge Kleinvieh oder für den Diebstahl von 25 Pfund Fisch, sechs Hühnern, dreizehn Kaninchen und Haushaltsgegenständen.

Diese Bilanz basiert auf nur 24 noch zur Verfügung stehenden Akten. Es fielen 28 Todesurteile und 25 Hinrichtungen – in den Vollstreckungslisten des Generalstaatsanwalts sind 53 Hinrichtungen registriert. In sieben Fällen wurden Todesstrafen in der Anklageschrift beantragt, ohne daß es bis zum Kriegsende noch zu einer Hauptverhandlung kam.

Auch nach 1944 befürworteten weder Bode noch das Reichsjustizministerium, noch der Reichsstatthalter die Gewährung von Gnade. Thierack: «Wo nur das Gesetz regiert, muß die Gnade oft die Gerechtigkeit herstellen. Wo die Gerechtigkeit regiert, tritt der Umfang der Gnade von selbst zurück.»

Bode griff weiter auch fachaufsichtlich ein und veranlaßte etwa in einem Fall, in dem den Angeklagten «bandenmäßiger Viehdiebstahl» vorgeworfen wurde, daß die Zahl der Todesurteile von sieben auf acht erhöht wurde.

Bode fungierte nicht nur als Generalstaatsanwalt, sondern in seiner Doppelfunktion in Vertretung von Forster auch als letzte Gnadeninstanz: «Ich habe in Vertretung des Reichsstatthalters in Danzig-Westpreußen durch Entschließung vom 3. 8. 1944 von meinem Begnadigungsrecht keinen Gebrauch gemacht. Die Verurteilten sind am 4. August 1944 hingerichtet worden. Dr. Bode.»

Mit Erfolg wehrte sich das Triumvirat Forster–Wohler–Bode gegen die Absichten der SS, die juristischen Kompetenzen gegenüber Polen, Juden, Russen und Zigeunern gänzlich zu übernehmen und sie der Polizei «zur Behandlung» zu überlassen. Das geschah nicht im Interesse der Humanität, sondern zur Sicherung des eigenen Aufgabenfeldes. Im Bund mit dem Gauleiter des Warthelands, Greiser, mobilisierten Forster und die beiden Danziger Juristen den Reichsjustiz- und den Reichsinnenminister, um die Expansionsgelüste des machthungrigen Reichsführers-SS abzuwehren.

Bei Beschwerden über die Polizei wandte sich Bode «hier und da», wie er formulierte, an den Inspekteur der Sicherheitspolizei und des SD, Helmut Willich (Jahrgang 1895), seit April 1941 im Danziger Amt. Bode notierte einmal im Lagebericht, daß es der Wahrheitsfindung im hohen Maße abträglich sei, wenn die Polizei Beschuldigte bei Vernehmungen mißhandele, er habe sich deshalb mit Willich in Verbindung gesetzt. Für Bode wäre es allerdings auch möglich gewesen, statt dessen ein Strafverfahren wegen Körperverletzung im Amt einzuleiten, das nach § 340 des damaligen Strafgesetzbuches ein Offizialdelikt darstellte.

Die Gestapo des Reichsgaus wurde seit dem 15. 8. 1941 von Dr. Günter Venediger (Jahrgang 1908) repräsentiert. Auch er war zu Dienstbesprechungen mit den Oberstaatsanwälten «zur Vertiefung der vertrauensvollen Zusammenarbeit zwischen Staatspolizei und Staatsanwaltschaft» geladen. Venediger, so berichtete Bode 1944, «gab in einem außerordentlich sorgfältig vorbereiteten Referat einen eingehenden Überblick über die Haltung der polnischen und der eingedeutschten Bevölkerung, über die polnische Widerstandsbewegung und über die polizeilichen Maßnahmen zum Schutz der öffentlichen Sicherheit, insbesondere zur Bekämpfung des Bandenunwesens».

Auf das Konto Venedigers gingen Hinrichtungen («auf der Flucht erschossen»), «Sonderbehandlungen», das heißt Liquidierungen, und zahllose Schutzhaftbefehle, die er beim Reichssicherheitshauptamt beantragte oder, wenn es um Polen ging, selbst erließ. Schutzhaftbefehle bedeuteten die Einweisung in das KZ Stutthof.

Nach dem Krieg versuchte Bode, aus dem Machtgerangel zwischen den verschiedenen NS-Instanzen Kapital für seine Verteidigung zu schlagen. 1953 führte er einen Fall an, in dem er gegen die Interessen der Gestapo und entgegen einer seit September 1942 geltenden Bestimmung gehandelt habe. Bode brüstete sich damit, verhindert zu haben, daß Polen, die zu Strafen von mehr als sechs Monaten verurteilt waren, aus dem Strafvollzug entlassen und der Polizei überstellt wurden:

«Für Danzig/Westpreußen wurde ihre Durchführung (der Anordnung, d. A.) auf meinen Vorschlag vom Reichsstatthalter in seiner Eigenschaft als Reichsverteidigungskommissar mit der Begründung untersagt, daß sie zu einer dauernden Abziehung von Arbeitskräften aus dem Reichsgau führen würde.»

Bode erwähnt nicht, daß diese Menschen fast ausnahmslos als Sklavenarbeiter zu Tode geschunden oder bei «Bewährung» als Soldaten an der Front verheizt worden waren.

Neben der dienstlichen gab es eine gesellschaftliche Ebene, auf der die NS-Elite des Gaus untereinander verkehrte. Die Justiz hatte einen «Richterstammtisch», die Ehefrauen trafen sich im «Damenkränzchen». Ressortübergreifend saß man oft zusammen, trank aus Frankreich organisiertem Champagner – stets unter den wachsamen Blicken des Sicherheitsdienstes (SD). Man schickte sich Wünsche zum neuen Jahr und zum Geburtstag. Man gab Einladungen und wurde eingeladen, die Veranstaltungen zu hohen Parteifeiertagen, wie des «Führers» Geburtstag, bedeuteten Präsenzpflicht. Bode machte das alles mit. In seiner Stellung hatte er sich dem nicht entziehen können, auch wenn er gewollt hätte.

Der Widerstand der Juristen gegen SS und Gestapo entzündete sich immer dann, wenn eigene Interessen berührt wurden. Es ging ihnen nicht um die Opfer. Die Schuld Bodes besteht darin, in seiner Stellung als Generalstaatsanwalt den Verbrechen von SS und Gestapo nicht entgegengesteuert zu haben. Der Jurist Bode wahrte, wie wir sahen, den Schein von Distanz. Hildebrandt, Katzmann, Willich und Venediger waren Bodes «Weggenossen», zwangsläufig wurde er zu ihren Tatgenossen. Zusammen mit Wohler sind sie die Hauptverantwortlichen für die NS-Verbrechen im Reichsgau Danzig-Westpreußen. Allein auf den Vollstreckungslisten, für die Bode persönlich verantwortlich ist, stehen 277 Opfer. Selbst wenn Bode seine Existenz nicht durch offenen Widerstand aufs Spiel setzen mochte, hätte es gerade in seiner Stellung viele verdeckte Freiräume für gegenläufige Initiativen und Entscheidungen gegeben. Doch Bode war ein Mann des Systems, wie er 1953 eingestand:

«Alles in allem stellen die Jahre 1942–1945 bei der Staatsanwaltschaft für mich den Ausklang einer Zeit dar, in die man einmal mit hochgespannten Hoffnungen und Erwartungen, auch auf dem Gebiet der Rechtspflege, hineingegangen war.»

Die Karriere Dr. Bodes hat sich in den Jahren der NS-Herrschaft ganz nach seinen Wünschen entwickelt. Er vermied alles, was seinem Aufstieg hätte hinderlich sein können, und steuerte sein Fortkommen zielgerecht. Und alles spricht dafür, daß er persönlich aus seinem Amt als Danziger Generalstaatsanwalt große Befriedigung schöpfte. Das läßt sich auch für den weiteren Werdegang seines Kollegen Giesecke feststellen, der sich in den Jahren zwischen dem Danziger Post-Urteil und 1945 voller Hingabe seinem Amt als Kriegsrichter widmete.

Um Bodes Funktion beurteilen zu können, ist es unerläßlich, sich mit der Stellung des Generalstaatsanwalts in der NS-Hierarchie des Reichsgaus zu beschäftigen, denn er kooperierte amtlich mit allen entscheidenden Stellen auch außerhalb des Justizbereichs.

Allen voran sind SS und Gestapo zu nennen. Offiziell betonte Bode in seinen Lageberichten die reibungslose Zusammenarbeit. Der für den Oberabschnitt Weichsel zuständige Höhere SS- und Polizeiführer Hildebrandt (Jahrgang 1897) war Ansprechpartner Bodes als «Gerichtsherr» der SS- und Polizeigerichtsbarkeit. Er wurde 1943 zum Chef des Rasse- und Siedlungshauptamtes in Berlin ernannt. Sein Nachfolger wurde Fritz Katzmann (Jahrgang 1906).

Doch bestanden zwischen der Danziger Justiz und den Sicherheitsstellen erhebliche Spannungen. Starke Gegensätze zwischen dem Reichsstatthalter Forster und der Polizei wurden von Wohler im Lagebericht vom 10. 7. 1942 angesprochen, die auch Forsters Konflikt mit Himmler begründet haben dürften. SS und Gestapo waren von Himmler direkt autorisiert (oder schoben dies vor) und operierten auch in Danzig an der Justiz vorbei und gegen sie. Für die Auseinandersetzungen zwischen den Ämtern und Instanzen ist folgender Fall bezeichnend: Bei einer Vergeltungsaktion Ende Mai 1942 erhängte die Danziger Gestapo fünf Polen, die vorher durch das Bromberger Sondergericht freigesprochen worden waren. Wohler dazu in seinem Lagebericht:

«Der Leiter der Staatspolizeileitstelle Bromberg erklärte auf Befragen ausdrücklich, daß die Erhängung der 5 Freigesprochenen nicht etwa eine Mißbilligung des Sondergerichtsurteils zum Ausdruck bringen solle, sondern weisungsgemäß aufgrund von Richtlinien des Reichssicherheitshauptamtes vorgenommen sei und in keinerlei Zusammenhang mit dem Urteil des Sondergerichts stehe.»

12. KAPITEL

DER OBERFELDRICHTER

Nach dem Abschluß des Verfahrens gegen die Verteidiger der Polnischen Post blieb Dr. Hans-Werner Giesecke bis 1945, wie gesagt, Gerichtsoffizier. Er wurde an verschiedenen Kriegsschauplätzen in Frankreich, auf dem Balkan, in Rußland, Afrika, Griechenland und zuletzt in Deutschland eingesetzt. Anders als Bode, strebte er nicht nur allein eine juristische Karriere an. Es ging ihm eher um soldatische Ehren, um die offizielle Anerkenntnis seiner «Tapferkeit» und um Orden. Offenkundig empfand sich der Kriegsrichter als «der richtige Mann am richtigen Ort».

Für die Militärs war Giesecke eine Idealbesetzung, als Richter berücksichtigte er ihre Belange optimal. So zollten ihm die militärischen «Vorgesetzten» Beifall:

«Äußerst gewissenhafte, von ihrer Aufgabe durchdrungene, soldatisch veranlagte Persönlichkeit. Gesund an Leib und Seele, gründliche Fachkenntnisse, die geschickt durchdacht und angewendet werden. Sein Wunsch, öfters als Res. Offz. in der Front eingesetzt zu werden, mußte wegen gehäuften Arbeitsanfalles zurückgestellt werden. Dennoch blieb er der Truppe in Denken und Fühlen nah. Seine Vorschläge sind klar, überlegt und begründet und werden taktvoll vorgetragen. Stets behält er das große Ziel vor Augen. Füllt seine Stelle sehr gut aus» (29. 10. 1942).

Den Generälen imponierte natürlich, daß dieser Jurist kein «Drückeberger» war, es ihn vielmehr an die Front zog. Da spielte es kaum eine Rolle, daß immer mal wieder ein Hang zur Überheblichkeit angemahnt wurde:

«Gute militärische Erscheinung von bestimmtem, selbstbewußtem Auftreten. Er rief bei mir allerdings den Eindruck einer gewissen Überheblichkeit hervor... Er arbeitet schnell und zielbewußt, seine Urteile waren gut begründet, entsprachen den Belangen der Truppe und zeigten, daß er selbst in der Truppe und im Kampf gestanden hat. Ich rege seine bevorzugte Beförderung zum Oberkriegsgerichtsrat an» (17. 12. 1942).

Giesecke erfüllte ohne Wenn und Aber die Erwartungen, die man in ihn bezüglich der Anwendung des drakonischen NS-Militärrechts setzte:

«Ich habe aber in der kurzen Zeit feststellen können, daß Dr. Giesecke ausgeprägtes Verständnis für die Belange der Truppe hat und daß er bei der Afrika-Brigade der richtige Mann am richtigen Platz ist. Die Entscheidungen, die mir vorlagen, waren getragen von dem unbedingten Willen, jede Gefahr für die Disziplin der Truppe im Keime zu ersticken» (31. 1. 1943).

Giesecke strebte nach gefährlichen Sondereinsätzen in vorderster Linie, ließ sich als Leutnant der Reserve zusätzlich zu seiner eigentlichen Aufgabe als Militärrichter einsetzen. Ein Familienangehöriger nahm ihn noch 1945 in Schutz, daß er sich als Soldat so engagierte, um gerechte Urteile fällen zu können.

In der Vorschlagsliste für die Verleihung des Eisernen Kreuzes II. Klasse vom 14. 12. 1941 findet sich ein Vermerk über Giesecke:

«Leutnant Giesecke (v. Div.Stab. zur Dienstleistung zur 8. Batterie kommandiert) hat sich mit großem Diensteifer und Geschick in kurzer Zeit in die Aufgaben des B.-Offiziers (Beobachtungsoffizier d. A.) eingearbeitet und sehr bald vollwertige Frontdienste geleistet. Seine Einsatzfreudigkeit in allen Lagen war vorbildlich. Beim Angriff auf Aksaiskaja am 20. 11. hat er im Inf.- und Granatwerferfeuer von der vorgeschobenen B.-Stelle aus schwere feindliche Waffen aufgeklärt und an deren Bekämpfung mitgewirkt. Am 28. 11. zeichnete er sich besonders bei der Abwehr starker feindl. Angriffe ostw. Krassny aus, wo er trotz schweren Feindfeuers aller Waffen seine Beobachtung unerschrocken durchführte, das Feuer der Batterie erfolgreich lenkte und so eine wertvolle Stütze des Battr.-Chefs darstellte.»

Die Mehrzahl der Kriegsteilnehmer hätte wahrscheinlich dankbar jeden Posten in der Etappe vorgezogen. Nicht so Giesecke, der sich im April 1943 von irgendeinem gottverlassenen Wüstenstützpunkt in Afrika mit seinem Mentor Dr. Lattmann beim Oberkommando des Heeres in Verbindung setzte, um seine Versetzung zu bewirken, «weil das Gericht ohne Arbeit ist». Alsbald wechselte er von seinem Posten bei der Afrika-Brigade 999 zur Sturmdivision Rhodos. Giesecke hatte wieder ganz einfach Glück. Wie er wenige Monate zuvor dem Kessel von Stalingrad entgangen war, in dem seine Einheit, die 60. Inf.Div. (mot.), vernichtet wurde, kam er wieder davon. Die Division, von der er sich kurz zuvor verabschiedet hatte, wurde im Mai 1943 in Tunis geschlagen.

Nur einmal, am 27. 5. 1942, wurde er durch einen Streifschuß am rechten Fuß in Rußland verwundet. Während der soldatische Jurist Todesurteil an Todesurteil reihte, sammelte der juristische Soldat Auszeichnung auf Auszeichnung: Kreuz von Danzig II. Klasse, Eisernes Kreuz II. Klasse, Kriegsverdienstkreuz 1. und 2 .Klasse mit Schwertern, Ostmedaille, Verwundeten-Abzeichen.

Giesecke war einer von «mehr als 3000 Militärjuristen. Sie sahen sich in ihrer abwechselnden Tätigkeit als Untersuchungsführer, Ankläger, Richter und Gutachter vor einer Aufgabe, bei deren Lösung sie jeden nur denkbaren Vorwurf der Schlappheit zum Schweigen bringen konnten. Man wird davon ausgehen können, daß es zeitweise – etwa 1943 – insgesamt wohl 1300 Gerichte der Wehrmacht gegeben hat. Die Gesamtziffer aller Todesurteile muß bei etwa 50000 liegen» (Messerschmidt/Wüllner).

Hans-Werner Giesecke stand an anderer Stelle im NS-Justizapparat als Dr. Bode, er galt nach der zeitgenössischen Terminologie als «Rechtswahrer in der Wehrmacht». Bode unterlag einer ständigen Fachaufsicht des Reichsjustizministeriums, Giesecke hingegen agierte relativ selbständig und war nur seinem «Gerichtsherrn», dem allgemeinen Kommandeur eines Befehlsbereichs, verantwortlich. Giesecke hielt große Stücke auf seine richterliche Unabhängigkeit und sprach nach dem Krieg im Kreise seiner Kollegen des Frankfurter Landgerichts davon, daß er in dieser Unabhängigkeit der Militärjustiz ein «heiliges Gut» gesehen und er sich Beeinflussungsversuchen energisch widersetzt hätte. Das ist durchaus glaubhaft und bedeutet, daß Giesecke nicht durch «Druck von oben» gezwungen wurde, für geringe Schuld rigorose Strafen zu verhängen. Von Familienmitgliedern wird Giesecke als Person geschildert, die «hart, aber gerecht» gewesen wäre.

Giesecke verlangte Pflichterfüllung im Sinne der nationalsozialistischen Wertvorstellungen. Anders als Bode mußte er seinen Opfern ins Auge sehen.

In den amtlichen Erläuterungen zur Verordnung über das militärische Strafverfahren im Kriege (KStVO) wird als Ziel der militärischen Strafrechtspflege benannt: «Sie dient im Kriege der Erhaltung und Stärkung des Wehrwillens und der Wehrkraft des Deutschen Volkes, denn sie hat die besondere Aufgabe, die Schlagfertigkeit und Sicherung der Wehrmacht durch eine rasche und strenge, aber gerechte Anwendung der Kriegsgesetze einen verschärften Rechtsschutz zu gewähren.»

Hitlers Juristen-Kritik galt auch den Militärrichtern. Im Laufe des Krieges steigerte sich die Ablehnung des «Führers» gegenüber der Militärgerichtsbarkeit, weil sie nicht scharf genug durchgreife. Das war neben dem Verlierersyndrom, die «Schuld» am Untergang des «Dritten Reichs» auf «Wehrkraftzersetzung» und «Defätismus» zu projizieren, auch ein Grund, warum immer häufiger wegen immer geringerer Verstöße die Todesstrafe verhängt wurde. Noch im März 1945 wurden Grundsätze zur «Förderung der Rechtspflege» vom Chef des Oberkommandos der Wehrmacht mit ausdrücklicher Zustimmung Hitlers befohlen, «gegen das schleichende Gift der Auflockerung... Ein lahmer Richter, der am Schreibtisch klebt, bis ihm ein Tatbericht zuflattert, ist fehl am Platz... Mangelnde Gedankenkonzentration und kleckerweis geführte Aufklärung sind häufige Ursache einer schädlichen Verschleppung von Verfahren.

Das Ziel unseres Kampfes ist der Sieg. Ihm allein dient auch alle Strafrechtspflege im Krieg. Sie muß schnell sein, sonst büßt sie an Wirkung ein. Hinzuziehung von Einheitsangehörigen als Zuschauer ist ein bewährtes Vorbeugemittel.»

Giesecke brauchte solche Ermahnungen nicht, hatte er doch,

wie seine Urteile beweisen, diese Art Grundsätze von Anfang an verinnerlicht. Auch er nutzte das mit der Kriegssonderstrafrechtsverordnung zur Verfügung stehende Instrumentarium gnadenlos aus, in dem auslegbare, unbestimmte Rechtsbegriffe wie «Manneszucht», «Sicherheit der Truppe» und «Abschreckung» zur Begründung von Todesstrafen fungierten. Er verhängte, wie andere Militärrichter auch, zahlreiche Todesurteile wegen Fahnenflucht, die vor den Augen der Kompanie vollstreckt wurden. Der Oberste Gerichtshof der britischen Zone beschäftigte sich in einem Urteil vom 7. 12. 1948 mit dieser Praxis:

«Um höchstmögliche Abschreckung zu erreichen, wird im ersten beliebigen Falle des Ausbrechens aus der befohlenen Ordnung auch bei nur geringer Schuld die höchste Strafe verhängt, obwohl dieses Mißverhältnis zwischen Schuld und Strafe geradezu unerträglich ist. Solche Strafpraxis bedeutet für ihre Opfer einen Angriff gegen Menschenwert und Menschenwürde.»

Auf die «Aufgaben des Rechtswahrers in der Wehrmacht» wurde Giesecke bereits im Mai 1939 durch einen Vortrag eingestimmt, den Dr. Lehmann, Generaloberstabsrichter im Oberkommando der Wehrmacht, hielt:

«... Als nun noch das Judentum in die Rechtswissenschaft, in die Anwaltschaft und gar in das Richtertum einbrach, war es vollends aus.

... Unsere Arbeit ist dann vom Erfolg gekrönt, wenn das Volk von der sicheren und ruhigen Gewißheit erfüllt ist: Dir wird kein Unrecht geschehen... Daß die Gerechtigkeit die Grundlage jeder Gemeinschaft ist – wer wüßte das besser als der Soldat. Eines verträgt die Truppe nicht: ungerechte Behandlung.

... Es ist notwendig, Verfehlungen strafverschärfend zu berücksichtigen, in denen sich der Einzelne schon gegen den Geist der Gemeinschaft vergangen hat.

Das Gesetz ist der Ausdruck des Willens der Staatsführung, es ist nach einer berühmten Formulierung die vornehmste Form des Führerbefehls... Der Grundsatz von der Teilung der Gewalten ist schließlich nicht deshalb beseitigt worden, damit er im Gerichtssaal wieder eingeführt werde.

Unter den Eigenschaften, die ich den Richtern wünsche, steht als letzte und vornehmste der Mut. Richten wir uns nach dem Manne, der Deutschland führt und aus dessen Herzen Feuerströme der Kraft und des Willens in das Land gehen.»

Das Gericht der 60. motorisierten Infanterie-Division wurde Gieseckes nächste Karrierestation nach dem Verfahren des Feldkriegsgerichts der «Gruppe Eberhardt» gegen die Postverteidiger. Die Infanterie-Division war aus der «Gruppe Eberhardt» hervorgegangen, die an den Kämpfen vor Danzig, um Gdingen und Oxhöft teilgenommen hatte und am 15. 10. 1939 zur Divisionsstärke aufgestockt wurde. Ihr Befehlshaber blieb weiterhin Generalmajor Eberhardt.

Richter Giesecke blieb bis zum November 1942 bei dieser Einheit und wurde mit der 60. Infanterie-Division auf eine Odyssee im Frankreich-, Balkan- und Rußlandfeldzug quer durch Europa geschickt. Gieseckes «Dienstlaufbahn» liest sich auf einem Formblatt so:

«12. 6 – 16. 6. 1940	Durchbruchsschlacht durch die Maginot-Linie
21. 6. – 23. 6. 1940	Vernichtungsschlacht an der Mosel und in den Vogesen
13. 4. – 18. 4. 1941	Verfolgungskämpfe auf Sarajevo
10. 7. – 16. 7. 1941	Schlacht bei Cudnow-Berditschew
24. 7. – 25. 8. 1941	Verfolgungskämpfe bis Dnjepropetrowsk
24. 8. – 25. 8. 1941	Einnahme der Stadt
9. 9. – 11. 10. 1941	Schlacht am Asowschen Meer
12. 1. – 3. 3. 1942	Abwehrkämpfe in der Mius-Stellung
4. 3. 1942	Abwehrkämpfe im Donezbecken»

Welche Distanzen zurückgelegt wurden, ist zufällig im Kriegstagebuch der Einheit vermerkt, weil man den Kilometerstand des Fahrzeugs des Divisionsarztes registrierte. Danach handelte es sich bis zum 23. 10. 1942 um insgesamt 32 587 km.

Am 25. 7. 1940 führte der Weg der Division über Danzig. Der *Danziger Vorposten* berichtete von der «Parade der siegreichen

Danziger Truppen des Frankreichfeldzugs auf dem Langen Markt vor ihrem Befehlshaber, Generalmajor Eberhardt». Es war für die meisten ein Abschied auf immer.

Ein Jahr später dankte General Eberhardt in einem Divisionsbefehl seiner Truppe für den siegreichen Angriff am 28. 9. 1941 auf den Brückenkopf Dnepropetrowsk «nach Wochen harten Kampfes, Mut, Ausdauer und seelischer Spannkraft. Bestes deutsches Soldatentum, würdig der Leistungen der Väter und Brüder im Weltkrieg... In dem stolzen Bewußtsein, daß der deutsche Soldat den Sowjetrussen in jeder Lage überlegen ist, vorwärts zu neuen Aufgaben und neuen Siegen! Heil dem Führer!»

Vielleicht übte dieses heroische Hochgefühl in der Männergesellschaft an der Front so große Anziehungskraft auf Giesecke aus. In der Zeit vom 17. 11 bis 2. 12. 1941 gab es in der Division 166 Tote, 659 Verwundete und 115 Vermißte. Als Justizbeamter zählte Dr. Giesecke zur Abteilung Adjutantur und führte nach dem «Handbuch für den Generalstabsdienst im Kriege» die Untergliederungsziffer III: «Er ist Berater seiner Kommandobehörde in allen Rechtsfragen. Er ist dem obersten Führer in dessen Eigenschaft als Gerichtsherr unmittelbar unterstellt und trägt ihm vor. Ein Einfluß auf die Vorlagen von III an den Gerichtsherrn steht dem Chef des GenSt nicht zu.»

Das Kriegstagebuch Nr. 3 der Division für die Zeit vom 1. 8. 1940 bis 15. 12. 1941 enthält Tätigkeitsberichte Dr. Gieseckes für die Monate Januar bis Dezember 1941 – es fehlt der Monat Mai. Die nachfolgende Übersicht über die Tätigkeit Gieseckes ist also keineswegs vollständig:

Im Februar 1941 waren bei Giesecke 52 Strafsachen anhängig; zwei Verfahren wegen Zersetzung der Wehrkraft (Äußerungen zersetzender Art gegenüber Volksdeutschen in Rumänien) gab er an das Reichskriegsgericht ab.

Im März berichtete er über Verschiebungen «reichseigener Gegenstände (Benzin, Öl und Kraftfahrreifen)». Beteiligt gewesen seien daran Angehörige anderer Truppenteile, die im Wege des Notgerichtsstandes abgeurteilt wurden. «Erhebliche Strafen bis zu 10 Jahren Zuchthaus mußten verhängt werden.»

Im April 1941 wurden zwei deutsche Fahnenflüchtige von serbischen Behörden übergeben: «Sie wurden zum Tode verurteilt. Das Urteil wurde vollstreckt.» Zwei Monate später wurde ein von Giesecke ausgesprochenes Todesurteil nicht bestätigt, weil ungeklärt erschien, ob der Verurteilte, der seinen Vorgesetzten angegriffen hatte, volltrunken war. Wegen «Feigheit» verurteilte Giesecke einen Soldaten im September 1941 zu zehn Jahren Zuchthaus.

In einem Fall gestand der Richter die im April 1941 begangene Rechtsbeugung sogar ein: «Während des Einsatzes wurden dem Gericht zwei Freischärler zugeführt und abgeurteilt. Der Truppenteil (S. R. 14) hatte von dem grundlegenden Erlaß über Behandlung von Freischärlern keine Kenntnis (hierfür war nicht das Feldkriegs-, sondern ein Standgericht zuständig, d. A.); nachdem die Beschuldigten einmal dem Gericht zugeführt waren, ordnete der Gerichtsherr die gerichtliche Aburteilung an. Dabei ergab sich, daß beide Beschuldigte im Sinne der deutschen Strafgesetze ‹jugendlich› waren und daß nach den deutschen Strafgesetzen die Todesstrafe nicht gegen sie erkannt werden konnte. Das Kriegsgericht hat sich über diese Bestimmung hinweggesetzt aus der Erwägung, daß jeder, der eine Waffe gegen Angehörige der Deutschen Wehrmacht führt, als strafmündig anzusehen ist.»

Dieses Dokument ist nicht mehr zu Lebzeiten Gieseckes aufgetaucht. Wäre dieser Text einer Strafverfolgungsbehörde bekanntgeworden, wären eine Mordanklage und eine Verurteilung unumgänglich gewesen. Erstaunlich ist, daß er als Jurist sein Schuldeingeständnis in einer Urkunde wie dem Kriegstagebuch verewigte – ob er das aus Dummheit, Unachtsamkeit oder im unerschütterlichen Glauben an das «tausendjährige Reich» getan hat, ist nicht zu entscheiden. Möglicherweise war sich Giesecke in der Nachkriegszeit bewußt, daß dort eine juristische Zeitbombe tickte.

Zahlreiche Historiker, aktive Bundeswehroffiziere und ehemalige Offiziere der Wehrmacht haben über Jahrzehnte die Gelegenheit gehabt, dieses Kriegstagebuch im Bundesmilitärarchiv Freiburg auszuwerten – sie unternahmen nichts.

Nur wenige Urteile Gieseckes sind im Wortlaut erhalten geblieben, darunter eines vom 2. 4. 1941. Verhandelt wurde unter Vorsitz Gieseckes gegen acht Soldaten, die im März 1941 in fünf Fällen bei ihrer Einheit zehn Autoreifen entwendet und für insgesamt 65 500 Lewa an bulgarische Zivilpersonen verkauft hatten:

«Feldurteil

Im Namen des Deutschen Volkes!

In der Strafsache gegen... wegen Wehrmittelbeschädigung und militärischen Diebstahls werden verurteilt:

der Angeklagte B. in 4 Fällen zum Tode und Verlust der Wehrwürdigkeit,

der Angeklagte D. in 4 Fällen zu lebenslänglichem Zuchthaus und Verlust der Wehrwürdigkeit,

der Angeklagte K. in 2 Fällen zu 12 Jahren Zuchthaus und Verlust der Wehrwürdigkeit...»

Aus der Urteilsbegründung:

«Für das Verhalten der Angeklagten hat das Kriegsgericht keine passende Bezeichnung gefunden, so ungeheuerlich ist das Vorgehen der Angeklagten. Jeder Deutsche weiß..., daß die Reifenlage im Reich äußerst gespannt ist. Außerdem haben die Angeklagten gewußt oder wissen müssen, daß bei einer vor dem Einsatz stehenden Truppe jeder Reifen eine Kostbarkeit ist. Die Nachschubschwierigkeiten sind ungeheuer groß. Unter diesen Umständen haben die Angeklagten sich aus eigensüchtigen Gründen an Reichseigentum vergriffen. Keinerlei Entschuldigungsgründe können die Angeklagten entlasten. Auch wenn ihre Verpflegungslage infolge der Besonderheiten ihres Einsatzes schwierig gewesen sein mag, so ist das immer noch kein Grund, in dieser Weise sich zu bereichern. Besonders verwerflich ist die Mitwirkung von Vorgesetzten an diesen Handlungen Untergebener...

Der Hauptbeteiligte ist B. Er ist derjenige gewesen, der an alle herangetreten ist und damit bei den anderen erst den Gedanken an ein derartiges Tun geweckt hat.»

Das Todesurteil und die Zuchthausstrafen wurden vom Oberbefehlshaber der 12. Armee, Generalfeldmarschall List, am 5. 4. 1941 bestätigt. Der verurteilte B. ist erschossen worden.

In einem anderen noch gut dokumentierten Verfahren aus dem Jahr 1940 vertrat Dr. Giesecke die Anklage. Wegen Fahnenflucht und Heirat ohne Erlaubnis wurde der Oberkanonier Kurt G. zu 15 Jahren Zuchthaus und Verlust der Wehrwürdigkeit verurteilt. Er hatte sich zum Kriegsbeginn in Danzig krank gemeldet und war bis zum Sommer 1940 nicht zu seiner Einheit zurückgekehrt.

Die weiteren Aktivitäten Gieseckes beim Gericht der 60. Infanterie-Division sind nicht mehr nachvollziehbar. Während die Akten für das Jahr 1941 fast lückenlos vorliegen, fehlen Unterlagen für die Jahre 1940 und besonders 1942. Letzteres Kriegstagebuch dürfte im Winter 1942/43 in Stalingrad verlorengegangen sein.

General Eberhardt (Jahrgang 1892) übernahm im Juli 1942 die 38. Infanterie-Division. Er wurde 1943 verwundet und war fortan militärisch nur noch bedingt einsatzfähig. Der zum Generalleutnant beförderte Offizier, der in seiner Personalakte als «Nationalsozialist im besten Sinne, vor dem Feinde bewährt, Ritterkreuzträger, nicht über dem Durchschnitt begabt» beschrieben wurde, befaßte sich dann mit der Truppenausbildung und wirkte bis 1945 als Richter am Reichskriegsgericht.

Giesecke wurde ab November 1942 zum Gerichtsvorsitzenden der Afrika-Division 999 berufen. Im Januar 1943 beförderte man ihn zum Oberkriegsgerichtsrat. Seine neue Einheit war im Oktober 1942 auf dem Truppenübungsplatz Heuberg aufgestellt worden. Es handelte sich um etwa 8000 Männer, zu einem großen Teil «bedingt Wehrwürdige» und «Kriminelle auf Frontbewährung». In diese sogenannten «Bewährungsbataillone» wurden angebliche oder tatsächliche Kriminelle und Personen eingezogen, die nach Lesart der Nazis «politisch unzuverlässige Elemente» und/oder als Gegner des Regimes vorbestraft waren. Ende des Jahres wurde von der Wehrmachtsführung die Verlegung der Einheit nach Frankreich und die Aufstockung in Divisionsstärke beschlossen. Nach Stationen im Raum Antwerpen, überwiegend auf dem Truppenübungsplatz Maria ter Heide, erfolgte Mitte Februar 1943 die Verlegung in den Raum Nîmes–Avignon und im März über Neapel nach Tunis. Dort sollten die Elite-Divison «Hermann Göring» und die Afrika-Division 999 das deutsche Afrika-Korps unter Rommel verstärken, um kurz nach Stalingrad eine weitere deutsche Niederlage abzuwenden. Durch den Erfolg der Briten, Franzosen und Amerikaner endete jedoch am 13. Mai 1943 der Krieg in Afrika. Die Afrika-Division 999 erlitt hohe Verluste. 240 000 deutsche und italienische Soldaten gerieten in Gefangenschaft.

Auch das Kriegstagebuch der Afrika-Divison 999 enthält Gieseckes Tätigkeitsberichte für die Monate Januar und Februar 1943.

«Die Verlegung in den Unterkunftsraum Antwerpen machte sich durch ein gesteigertes Auftreten von Fahnenfluchtsfällen bemerkbar.

Im Berichtsmonat wurden 8 Soldaten wegen Fahnenflucht bzw. unerlaubter Entfernung von der Truppe zum Tode verurteilt. 6 Urteile wurden bestätigt und vollstreckt. Die Bestätigung von 2 weiteren Urteilen steht noch aus.

Die Gesamtzahl der Bestraften seit Aufstellung (der Brigade d. A.) beträgt 43, dazu kommen 5 an das Reichsgericht abgegebene Verfahren wegen Zersetzung der Wehrkraft, 37 an die allgemeinen Gerichte abgegebene Verfahren.»

Nach Darstellungen ehemaliger Mitglieder des Bataillons waren die Deserteure in Belgien in der Regel kriminell Vorbestrafte, unter den Politischen galt die Flucht als aussichtslos. Hans-Peter Klausch, der die Geschichte des «Bewährungsbataillons» dokumentierte, beschreibt, daß die Deserteure meist schon kurz nach ihrer Flucht aufgegriffen, zum Tode verurteilt und zur Abschreckung im Angesicht der Truppe erschossen worden sind.

In diesem Buch ist ein Fall, in dem Giesecke im Januar 1943 ein Todesurteil sprach, ausführlich nachzulesen. Die Schilderung beruht im wesentlichen auf Augenzeugenberichten:

«Besondere Wut und Empörung rief bei den 999er die Hinrichtung eines jungen Dresdeners im Fort Brasschat bei Antwerpen hervor, da hier für jeden ersichtlich ein reines Terrorurteil gefällt worden war. Die Hintergründe dieser Exekution schildert Max Kirbach, der der gleichen Kompanie des Afrika-Schützen-Rgt. 962 angehörte:

Wir hatten einen Dresdener Genossen in der Kompanie, dessen Gesicht immer zu lächeln schien. Dieser unbeabsichtigte Gesichtsausdruck wirkte auf unseren Hauptfeldwebel Asche wie ein rotes

Tuch auf den Stier. Stand die Kompanie angetreten und Herr Hauptfeldwebel sah ihn, so fing er an zu brüllen: ‹Du blödes Verbrecherschwein, feix nicht so doof. Dir macht es wohl noch Spaß, wenn ich euch hier zum Dienst antreten lasse. Hundertmal um die Kompanie – marsch, marsch!› Und der arme Genosse rannte. Dies ging schon wochenlang. Eines Tages nun forderte Hauptfeldwebel Asche die Soldaten des Zuges, dem dieser Kamerad angehörte, auf, sie sollten doch einmal den ‹Heiligen Geist› erscheinen lassen. Vielleicht würde ihn dieses Mittel der ‹Selbsterziehung› zur Räson bringen, so daß ihm das freche Lachen verginge. Die Kriminellen dieses Zuges glaubten sich bei diesem Auftrag besonders hervortun zu können und schlugen ihn nachts windelweich.

Früh bei der Dienstausgabe fehlte er, doch war er eine Stunde zuvor noch im Zimmer seines Zuges gesehen worden. Das Fehlen dieses Soldaten war für Hauptfeldwebel Asche eine freudige Überraschung. Er ließ die ganze Kompanie ausschwärmen und alle Wege und Räume absuchen. Doch umsonst, der verschwundene Kamerad wurde nicht gefunden.

Erst am vierten Tag wurde er völlig entkräftet in einem Einmannbetonbunker auf dem Kasernengelände entdeckt. Alarm! Alle Ausbilder der Kompanie zogen bewaffnet zu diesem Bunker und forderten ihn auf, den Karabiner aus den Händen zu legen. Er wurde verhaftet. Offenbar hatte er durch die brutalen Mißhandlungen den Verstand verloren. In der Schreibstube des Hauptfeldwebels Asche wurde er derart zusammengeschlagen, daß er sich beschmutzte. In diesem Zustand wurde er in den Bunker geschleppt.

Zwei Tage später gab der Bataillonskommandeur Hellfritsch der Kompanie bekannt, daß unser Genosse wegen unerlaubter Entfernung von der Truppe und Fahnenflucht zum Tode verurteilt worden sei. Das von Hauptfeldwebel Asche eingereichte Gnadengesuch sei aufgrund der Scheußlichkeit der Tat abgelehnt worden...

Jedem war die völlige Haltlosigkeit des Urteils klar, denn der Kamerad hatte sich weder von der Truppe entfernt noch Fahnenflucht begangen. Sein Verhalten entsprang nur der Angst vor weiteren Mißhandlungen und Schikanen durch den Hauptfeldwebel.

Um zehn Uhr nahm das ganze Bataillon befehlsmäßig im Fort

von Antwerpen Aufstellung. Kommandos und Befehle wurden geschrien, und der Regimentskommandeur Hering erschien. Dann schleppten vier Ausbilder unseren Genossen herbei, der offenbar so zusammengeschlagen worden war, daß er nicht mehr gehen konnte. Obwohl er erst 26 Jahre alt war, war in diesen Tagen sein Haar schneeweiß geworden. Er wurde an den Pfahl gebunden, dem gegenüber das Vollzugskommando bereitstand...»

Giesecke hatte offensichtlich keine Skrupel, für Fahnenflucht oder das, was er unter diesen Tatbestand subsumierte, Todesurteile zu fällen. Im Februar-Bericht gibt er an, daß ein im Vormonat ergangenes Todesurteil wegen Fahnenflucht vollstreckt und drei weitere Soldaten zum Tode verurteilt worden seien – wieder wegen Fahnenflucht beziehungsweise Wehrkraftzersetzung, die Bestätigung dieser Urteile stand noch aus.

Dr. Giesecke wurde mit hoher Wahrscheinlichkeit noch im April 1943 durch die schon beschriebene Intervention Dr. Lattmanns von der Afrika-Division abgezogen und nach Griechenland versetzt.

Zu diesem Zeitpunkt hatten Roosevelt und Churchill auf der Konferenz von Casablanca bereits die bedingungslose Kapitulation Deutschlands, Italiens und Japans als Kriegsziel erklärt und die Verstärkung der alliierten Bomberoffensive gegen Deutschland beschlossen. Nach dem Untergang der 6. Armee in Stalingrad hatte Goebbels am 18. 2. 1943 den «totalen Krieg» proklamiert, in Rußland begann der deutsche Rückzug.

Das Gericht der Sturmdivision Rhodos war die nächste Station Gieseckes. Die Anordnung dazu erging fernmündlich durch das Oberkommando der Wehrmacht; die Übernahme des neuen Aufgabenbereichs galt ab 2. 6. 1943. Auf Rhodos traf er allerdings erst, wie im Kriegstagebuch vermerkt, am 24. 6. 1943 ein. Aus einer Reisekostenabrechnung ist überliefert, daß Giesecke im Mai und Juni eine komplizierte Wegstrecke zurücklegte: Caltanisetta – Rom – Neapel – Berlin – Neapel – Truppenübungsplatz Heuberg – Dresden – Rhodos. Auf dieser Reiseroute ist ein Zwischenstopp in Jena versteckt. Dort heiratete Giesecke am 11. 6. 1944 Hildegard W.

Zwei Wochen nach Gieseckes Ankunft auf Rhodos landeten die Westalliierten im Südosten Siziliens. Die Sturmdivision Rhodos wurde am 31. 5. 1943 aus Teilen der 22. Infanterie-Division und der Festungsdivision auf Kreta aufgestellt. Sie agierte noch bis Oktober 1944, als Giesecke bereitss erneut verstzt worden war.

Die Tätigkeitsberichte des Divisionsgerichts weisen für die Monate Juni bis Dezember 1943 Gieseckes Aktivitäten aus. Somit sind die Urteile, die er fällte, für das ganze Jahr 1943 überliefert. Die Bilanz enthält elf Todesurteile in Frankreich und 17 auf Rhodos, in fünf Fällen auch gegen Zivilpersonen der einheimischen Bevölkerung. Die Berichte ergeben wenig Aufschluß über die Hintergründe der von Giesecke geahndeten Vergehen wie Fahnenflucht, Wehrkraftzersetzung oder Plünderung. Es ist davon auszugehen, daß die Hinrichtung in so gut wie allen Fällen vollzogen wurde, auch wenn das nur in einem Fall erwähnt wird.

Im Tätigkeitsbericht des Monats September schrieb Giesecke, daß er vom 22. 9. bis 3. 10. 1943 vertretungsweise die Geschäfte des Kommandanten der Stadt Rodi führte:

Seit dem 16. 1. 1944 stand der Kriegsrichter dem Gericht des LXVIII. Armeekorps in Griechenland bis zum Rückzug aus Griechenland vor. Das Armeekorps war einer Heeresgruppe in Athen unterstellt. Giesecke wurde in dieser Zeit zum Oberfeldrichter ernannt.

Währenddessen rückten die Armeen der Anti-Hitler-Koalition in Ost und West unaufhaltsam vor, Aufzeichnungen, die Gieseckes Tätigkeit belegen, existieren kaum mehr. Ein besonders spektakulärer Fall allerdings ist dokumentiert, in dem selbst Hitler und Keitel gegen das Urteil des Blutrichters für eine Begnadigung votierten:

Am 25. 4. 1944 verurteilte Giesecke als Gerichtsvorsitzender den 35 Jahre alten Emmerich Z. wegen Wehrmittelbeschädigung und militärischer Unterschlagung zum Tode und zum Verlust der Wehrwürdigkeit. Der Mann war technischer Reichsbahnoberinspektor und Dienststellenleiter des Betriebswerkes St. Joannis, er hatte Lokomotivkohle an Griechen verschoben. Giesecke begründete sein Urteil damit, daß der Angeklagte die Schlagkraft der Deutschen

Wehrmacht gefährdet hätte. Verschoben hatte der Angeklagte insgesamt 35 Tonnen – eine Menge, die nicht mehr als ein Viertel des täglichen Verbrauchs im von ihm beaufsichtigten Betriebswerks darstellte.

Emmerich Z. war kein Soldat, galt aber als «Sonderführer im Offiziersrang». Für Offiziere hatte sich Adolf Hitler das Begnadigungsrecht vorbehalten, wovon der «Führer» in diesem Fall Gebrauch machte und die Todesstrafe in zehn Jahre Zuchthaus umwandelte. Auch Keitel, der Chef des Oberkommandos der Wehrmacht, unterzeichnete den Gnadenerweis.

Etwa sechs Wochen nach diesem Urteil landeten die Westalliierten in der Normandie. Nach der Besetzung von Bulgarien und Rumänien durch die Rote Armee im August und September 1944 wurde der deutsche Rückzug aus Griechenland eingeleitet. Nur auf Kreta, Rhodos und einigen weiteren Inseln blieben deutsche Truppen zurück.

Am Gericht des Armeeoberkommandos 15 (AOK 15) beendete der Militärrichter Giesecke seine Karriere. Es bestand aus zwei Armeerichtern, einem fliegenden Richter, einem Heeresjustizamtmann und einem Urkundsbeamten. Das Oberkommando des Heeres befahl am 23. 2. 1945 dem Oberfeldrichter Dr. Giesecke, «ab 1. 3. 1945 zur Führerreserve der Außenstelle 3 des Chefs der Heeresjustiz im OKW zum Stabe der 15. Armee, Inmarschsetzung unverzüglich, Marschtag und Dienstantritt sind zu melden».

Seine Einheit war im Februar und März 1945 mit Rückzugsgefechten am Rhein befaßt. Über Gieseckes Tätigkeiten ist nichts Genaues mehr bekannt. Landgerichtsrat Dr. R. schrieb am 3. 4. 1949 aus Braunschweig einen «Persilschein» für Giesecke, den dieser mit seinem Antrag auf Einstellung in den hessischen Justizdienst vorlegte:

«Mit dem damaligen Oberfeldrichter Dr. Hans-Werner Giesecke war ich 1945 bei dem Kriegsgericht des Oberkommandos der 15. Armee zusammen und hatte Gelegenheit, die anständige und aufrechte Gesinnung Gieseckes, insbesondere gegenüber einem erheblichen Druck, der von seiten des nationalsozialistisch orientierten Gerichtsherrn auf die Rechtssprechung auszuüben versucht wurde, kennenzulernen. Ich erinnere mich dabei insbesondere der Untersuchungssache D., die statt mit dem gewünschten Todesurteil mit einem Freispruch des Angeklagten durch das Kriegsgericht unter dem Vorsitz Gieseckes endete, worauf Gieseckes Ablösung befohlen, aber infolge Einschließung der Armee nicht mehr durchgeführt wurde.»

Für Giesecke war der Krieg am 18. 4. 1945 zu Ende. Ob er vorübergehend in Kriegsgefangenschaft geriet, ist nicht bekannt. Vermutlich versuchte er in den letzten Kriegstagen zu seiner Frau nach Thüringen zu gelangen.

Am Anfang seiner Karriere als übereifriger Blut- und Gesinnungsrichter standen der Prozeß und die Todesurteile gegen die 38 Danziger Postbeamten. Für die Jahre 1941 und 1943 sind die Gerichtsurteile unter seinem Vorsitz fast lückenlos überliefert. Nachgewiesen sind 34 Todesurteile; insgesamt dürfte Giesecke bis zum Kriegsende mehr als doppelt so viele Todesurteile zu verantworten haben. Wenn man vergegenwärtigt, daß im Durchschnitt jeder Militärrichter im NS-Regime etwa 17 Todesurteile fällte, ist Gieseckes Übereifer besonders erschreckend.

Ähnlich beflissen erfüllte Bode seine Aufgaben als Generalstaatsanwalt, obwohl beide keine fanatischen Anhänger des Nationalsozialismus waren. Bode hat sich nach dem Krieg nicht von seinem Wirken als Generalstaatsanwalt distanziert, Giesecke ging noch einen Schritt weiter: Er äußerte Stolz, der Heeresjustiz angehört zu haben.

13. KAPITEL

KRIEGSENDE IN DANZIG

Kehren wir noch einmal in das Danzig der letzten Monate des Krieges zurück. So wenig wir über Giesecke in dieser Zeit wissen, um so deutlichere Spuren hat Bode auch noch in den letzten Momenten des «tausendjährigen Reichs» in den Akten hinterlassen. Er blieb auf seinem «Posten». Ob er das aus Pflichterfüllung oder aus Angst vor Repressalien tat ist unklar. Wer als Soldat desertierte oder als Amtsträger seinen Aufgabenbereich «ohne Befehl» verließ, auch nur, um vor den anrückenden sowjetischen Truppen zurückzuweichen, wurde erschossen – so zum Beispiel im Februar 1945 der Bromberger Polizeipräsident von Salisch auf dem Hof der Danziger Gestapo.

In einem Aufruf «An die Bevölkerung in den deutschen Ostgauen» wandte sich Himmler am 30. 1. auch an die «deutschen Frauen und Mädchen». (Es ging um die sogenannten «Drückeberger»-Soldaten, die versuchten, sich an die Flüchtlingstrecks anzuhängen, um nicht mehr kämpfen zu müssen.) Sie seien berufen, «diese Männer an ihrer Ehre zu packen, zur Pflicht zu rufen, ihnen statt Mitleid Verachtung entgegenzubringen und hartnäckige Feiglinge mit dem Scheuerlappen zur Front zu hauen».

In Danzig fuhr ein Generalmajor Wegner durch die Straßen, um Deserteure aufzuspüren. Viele wurden in der Hindenburgallee an Bäumen erhängt.

Gemessen daran, mit welch ungebrochener Pflichtauffassung Kurt Bode seine Aufgaben als Generalstaatsanwalt weiter erledigte, muß er relativ lange an den «Endsieg» geglaubt haben. Sein oberster Vorgesetzter, Reichsjustizminister Thierack, hatte noch zum

Jahreswechsel 1943/44 in einem Aufruf («Deutsche Rechtswahrer! Meine Mitarbeiter!») davon gesprochen, «daß wir mit fester Zuversicht das neue Arbeits- und Kampfjahr beginnen können». Anfang 1945 beschwor Thierack nur noch «heilige Entschlossenheit und gläubige Zuversicht» für das neue Jahr.

Vorsorglich hatte Dr. Bode zu Weihnachten 1944 im Gerichtsgefängnis von Danzig Guillotine und Galgen samt aller Spuren entfernen lassen und OLG-Präsident Wohler befohlen, die Akten der Sondergerichte und des Strafsenats zu vernichten. Trotzdem richteten Wohler und Bode noch am 16. 2. 1945 ein neues Sondergericht in «Gotenhafen» ein, «da dort Fälle von Plünderung vorgekommen waren».

Aus den letzten Monaten des NS-Regimes fanden sich elf Danziger Gerichtsakten, in denen Bode als Generalstaatsanwalt selbst Anklage wegen Wehrkraftzersetzung erhoben hatte. Währenddessen hatten die Sowjets bereits ihre Großoffensiven gegen Königsberg, Danzig, Stettin und Posen eröffnet. In Anklageschriften brachte er, als sei alles wie immer im «NS-Staat», dem Reichsjustizministerium gegenüber zum Ausdruck: «Ich beabsichtige, in der Hauptverhandlung die Todesstrafe zu beantragen.» Die Angeschuldigten hatten geäußert: «Daß alle Männer und Frauen nach Sibiren kommen, ist typische Greuelpropaganda der Nazis. – Dem deutschen Arbeiter wird nichts geschehen, nur die Herren von der Partei springen über die Klingen – Schlechter, als es uns heute geht, kann es uns bei den Bolschewisten auch nicht gehen – Es wäre vielleicht besser gewesen, wenn es am 20. Juli 1944 mit dem Anschlag geklappt hätte.» Diese Anklagen hatten wegen des Kriegsendes keine Gerichtsverhandlungen und Urteile zur Folge.

Noch am 3. 3. 1945 schrieb Bode an den Reichsjustizminister in Berlin:

«Der Verwaltungsinspektor Erich Stach beim Zuchthaus in Krone a. d. Brahe hat mitgeteilt, daß ihm am 14. 1. 1945 das Ritterkreuz des Eisernen Kreuzes verliehen und er weiterhin zum Hauptmann befördert worden ist. (...) Die jetzige hohe Auszeichnung, vor allem sein in dem Divisionsbefehl geschildertes über alles Lob erhabenes, tapferes, einsatz- und entschlußfreudiges Verhalten während einer längeren Kampfzeit läßt es mir angezeigt erscheinen, den Genannten auch durch eine Beförderung in seiner Beamtenlaufbahn die Anerkennung der Reichsjustizverwaltung zum Ausdruck zu bringen …»

Die letzten Anklageschriften Bodes datieren vom 3. und 7. 3. 1945. Zu diesem Zeitpunkt waren bereits die Bode unterstellten Staatsanwaltschaften Bromberg, Thorn, Graudenz und Konitz in sowjetischer Hand. Bode hat, wie wir sehen, dem nationalsozialistischen Staat bis zuletzt die Treue gehalten.

Bode war auch für den Strafvollzug zuständig und sollte die Evakuierung der Gefängnisinsassen auf den Straßen organisieren, die mit Flüchtlingstrecks vollgestopft waren.

Regelmäßig unterrichtete Bode am Telefon Reichsjustizminister Thierack persönlich oder seinen Vertreter. Noch zu diesem Zeitpunkt wurden in Berlin Aktenvermerke angelegt:

«22. 1. 1945: Sämtliche Anstalten seines Bezirks, nämlich: Thorn, Fordon, Strasburg, Graudenz, Stuhm, Elbing, Bromberg und Krone seien geräumt, jedoch nicht Danzig, Neustadt, Stargard und Konitz. Etwa 3000 männliche und 1000 weibliche Gefangene seien im Fußmarsch, alle mit dem Ziel, die Räume Stargard und Konitz zu erreichen. Die Marschbewegung sei sehr langsam. Es seien wohl Tagesleistungen bis zu 30 km erreicht worden; aber im allgemeinen blieben angesichts der Wetterverhältnisse, Verpflegungsschwierigkeiten usw. die Leistungen im wesentlichen unter diesem Ergebnis.

GStA. bittet, ihm möglichst umgehend ein Auffanglager in Ostpommern, etwa Gebiet Schlochau, mitzuteilen … Mit sofortigem Arbeitseinsatz sei keinesfalls zu rechnen, da die Wanderung Personal und Gefangene außerordentlich stark in Mitleidenschaft ziehe.

GStA. Danzig ist stets erreichbar über 24023.

31. 1. 1945: Die Haftanstalt Graudenz ist auf dem Weg von Stargard nach Berent auseinandergelaufen.

2. 2.31945: Die Strafgefangenen aus Stuhm, Marienburg, Konitz und allen östlich der Weichsel gelegenen Anstalten waren auf dem Marsch, da die Reichsstraße Berlin–Schneidemühl verlorenging, gezwungen, nach Norden abzudrehen. Hierdurch und durch hef-

tige Schneestürme sind große Abgänge eingetreten. Die Reste erreichten Bütow...

28. 2. 1945: Am 23. 2. sind von der Haftanstalt Danzig 300 Gefangene in Richtung Gollnow abmarschiert...

Zu dem mir inzwischen bekanntgewordenen Bericht des Regierungsrats Ri. vom Zuchthaus Krone bemerke ich folgendes: ‹Die Tätigkeit Ri.'s krankte daran, daß er sich um seine Marschblocks überhaupt nicht gekümmert hat, sondern sich ins Auto setzte und nach Mitteldeutschland fuhr. Ohne Dabeibleiben des leitenden Mannes halten derartige Marschblocks nicht durch, sondern lösen sich in kritischen Situationen auf. Die große Panne, die im Falle Zuchthaus Krone zu verzeichnen ist, wäre unterblieben, wenn Ri. die Zügel fest in der Hand behalten hätte...›

14. 3. 1945: 2. und 3. Marschblocks ohne wesentliche Ausfälle in Neustadt eingetroffen.

Der 1. Marschblock... ist während einer Rast auf einem Gut von Russen überrascht und beschossen worden. Daraufhin haben sich die Beamten, soweit es ihnen möglich war, entfernt... Es muß leider angenommen werden, daß Oberregierungsrat V. mit einem großen Teil der Beamten in Feindeshand geraten ist.

... Strafanstalt Neustadt hat Artilleriebeschuß erhalten. Anstaltsinsassen hätten ihre Zellen erbrochen und sich entfernt. Keine Fernsprechverbindung. Von dem Anstaltsleiter fehlt bisher jede Nachricht.»

Hätten SS oder Gestapo vom Verhalten des Leiters des Zuchthauses Krone Kenntnis erhalten, wäre er mit hoher Wahrscheinlichkeit wegen «Feigheit vor dem Feind» erschossen worden. Demgegenüber mutet der Umgang mit diesem Fall in der Justiz fast zivil an. Bode kündigte lediglich an: «Ich werde eine kritische Stellungnahme zu dem Bericht Ri. vorlegen und bitten, ihn zu verschiedenen Fragen verantwortlich vernehmen zu lassen.»

Die Vermerke aus dem Reichsjustizministerium sind ein weiterer Beleg für Bodes außerordentliche Dienstbeflissenheit. Er kündigte dem Justizminister persönlich an: «Ich werde laufend Personal, das im Danziger Bezirk entbehrlich wird, der Auffangstelle in Mecklenburg zur Verfügung stellen» (19. 2. 1945).

Die militärische Lage verschlechterte sich in den Monaten Januar bis März 1945 für die deutsche Seite von Tag zu Tag. Obwohl Bode die ihm unterstellten Staatsanwaltschaften in Thorn, Bromberg und Marienwerder geschlossen hatte und die unmittelbar bevorstehende Schließung in Elbing ankündigte, hat er in seinen Telefonberichten nach Berlin die Lage schöngeredet:

«In Danzig ist vollständige Beruhigung eingetreten, seitdem es sich gezeigt hat, daß die Schiffsabtransporte funktionieren und auch die militärische Lage östlich der Stadt (Raum Elbing) sich verbessert hat.»

Zu diesem Zeitpunkt war der «Feind» nur noch ein bis zwei Autostunden von Danzig entfernt. Die Sowjets hatten südlich von Kulm mit starken Kräften die zugefrorene Weichsel überquert. Thorn und Posen waren ganz, Bromberg fast eingeschlossen.

Währenddessen redete Bode die Situation weiter schön: «Danzig hat sich stimmungsmäßig von den schweren Krisentagen erholt. Der beste Beweis ist, daß niemand hinaus will und sich auch niemand darum bewirbt, Gepäck in Sicherheit zu bringen. Post geht, wenn auch mit Verzögerung, wahrscheinlich auf dem Schiffsweg immer noch durch. Mein heutiges Kennziffergespräch hatte ich vor 1½ Stunden angemeldet.»

«Danzig soll aufgelockert werden. Zur Zeit befinden sich dort 700000 Menschen. Etwa 80000 sollten nur dort bleiben» (5. 3. 1945).

Bode verschwieg, daß Anfang März die Menschenmassen täglich Fliegerbomben und Artilleriegeschossen ausgesetzt waren und in Danzig ein unbeschreibliches Chaos herrschte. Alle irgendwie verfügbaren Räumlichkeiten waren belegt. Die Ernährungslage verschlechterte sich schlagartig. Anfang März gab es in Danzig 16000 Verwundete. «Volkssturm»-Angehörige, Genesungskompanien und sonstige Militärformationen mischten sich mit Flüchtlingstrecks, die aus den Häfen Danzig und «Gotenhafen» und von Hela per Schiff «heim ins Reich» wollten. Fast eine Million Menschen waren unterwegs. Etwa 200000 Menschen erlebten den Einzug der sowjetischen Truppen in der Stadt. Schätzungsweise wurden bei Danzig allein 39000 deutsche Soldaten getötet oder verwundet.

Am 24. 3. 1945 forderte der sowjetische Befehlshaber Marschall Rokossowski die 2. deutsche Armee zur Kapitulation auf. Hitler jedoch gab den verbrecherischen Befehl: «Jeder Quadratmeter des Raumes Danzig/Gotenhafen ist entscheidend zu verteidigen.» Der 25. 3. war Palmsonntag. In Danzig begann das Trommelfeuer mit Stalinorgeln. In der folgenden Nacht brannte die Altstadt aus, Danzig ging am 27. 3. in einem Inferno unter. Mit dem Einmarsch der sowjetischen Truppen setzte eine Flut von Plünderungen, Morden und Schändungen ein.

Generalstaatsanwalt Dr. Kurt Bode hat erst am 15. 3. 1945 seine Behörde geschlossen. Als Oberleutnant der Reserve leistete er in der «Festung Danzig» ab 16. 3. 1945 unter Major H. bis zur Kapitulation Wehrdienst. Er wurde als Führer einer Fahrschwadron und Adjutant eines Baupionierbataillons eingesetzt und geriet in sowjetische Kriegsgefangenschaft.

Für die Opfer der NS-Herrschaft war das Kriegsende ihre Befreiung. An dieser Stelle berichten nun eine Frau, die bei der Polnischen Post angestellt war, und zwei Angehörige der nächsten Generation, zwei Menschen, die die befreienden Stunden der deutschen Kapitulation als Kinder erlebt haben.

Elzbieta Szuca geborene Marcinkowska war – wie andere ihrer Kollegen auch – im KZ Stutthof inhaftiert. Anfang September 1939 hatte die Gestapo 18 Postler aus ihren Wohnungen geholt, nur wenige hatten die KZ-Haft überlebt. Die Gestapo nahm Frau Scuca im Oktober 1942 in «Gotenhafen» fest. Sie kam zunächst in das Gefängnis von Danzig und am 3. 12. 1942 als «politischer Schutzhäftling» in das KZ Stutthof.

«Am 25. 1. 1945 fing die Evakuierung der Gefangenen an. 11 500 Männer und Frauen wurden in mehreren Kolonnen zu Fuß in Richtung Lauenburg getrieben. Der Winter war in diesem Jahr sehr streng. Unterwegs kein Essen und kein Wasser. Durch Erschöpfung und die unmenschliche Behandlung der Wärter sind ein paar Tausend Menschen umgekommen, weswegen unsere Verlegung ‹Todesmarsch› genannt wurde. In Gnewin bei Lauenburg wurden wir in Baracken des Arbeitsdienstes hineingestoßen. Eine

Baracke war für 150 Personen vorgesehen, nun mußten dort 800 Frauen Unterkunft finden. Wir übernachteten zu dritt auf einer Schlafstelle oder auf dem Erdboden. Läuse, Hunger und Wassermangel verursachten neue Krankheiten und viele Todesfälle.

Man hörte das Feuer der Front immer näher, die russische Armee rückte heran. Das war schon im Monat März. Am 10. 3. 1945 wurden wieder Marschkolonnen gebildet, unsere Gruppe zählte nur noch 500 Frauen. Man wollte uns bis Putzig jagen und dort auf eine Barke verladen. So marschierten wir wieder im hohen Schnee und bei eisigem Frost. Das Schießen klang von Stunde zu Stunde näher. Die Wachmänner fingen an, ihre SS-Abzeichen von den Mützen abzureißen. Einige schlossen sich Flüchtlingen aus Ostpreußen an, sie wollten sich der Verantwortung für ihre Schandtaten entziehen. Langsam kamen wir zum Dorf Zamostne, etwa 15 km von Neustadt entfernt. Das Schießen der Front wurde immer lauter, nach ein paar Minuten erschienen die russischen Vorposten. Unter uns waren auch russische Frauen. Sie konnten sich schnell verständigen, mit Tränen in den Augen – wir waren frei! Es kam auch bald die russische Feldküche, und die Suppe schmeckte wie ein Königsessen.»

Jerzy Dunajski und seine Schwester Barbara lebten 1945 in Danzig. Da die Eltern nach Forsters Kriterien als «Volksdeutsche» galten, mußten sie zwar Entbehrungen und Schikanen erleiden, entgingen aber den schlimmsten Verfolgungen, obwohl der Vater bis 1939 der Polnischen Post angehört hatte. 1944 wurde der Vater als Zwangsarbeiter auf die Insel Usedom verpflichtet und galt dann länger als vermißt. Jerzy Dunajski schreibt über diese Zeit:

«Täglich Alarme und Luftangriffe. In den Luftschutzkellern saßen wir auf unserem Handgepäck ohne etwas zu essen. Die Sachen, die wir bei Verwandten untergestellt hatten, wurden alle zerstört. Vom Vater kein Lebenszeichen, alle Sorgen hatte Mutter im Kopf. Am 15. März ‹feierte› meine Schwester Barbara ihren fünften Geburtstag. Ab der zweiten Märzhälfte täglich Bombenangriffe.

Dann folgten die schweren Kämpfe in der Altstadt. Menschen stürzten zu uns in den Luftschutzkeller und brachten die Nachricht von der schrecklichen Zerstörung. Am 28. März rissen russische Soldaten die Tür zum Schutzraum auf und gaben Befehl, Danzig zu verlassen. Wir wurden von Opa und Tante getrennt, sie trieben uns in verschiedene Richtungen. Die Flucht durch die brennenden Straßen der Altstadt war eine Hölle. Trümmer und einfallende Häuser. Schießerei, Staub, Qualm. Gefahr und Angst. Wir hielten uns krampfhaft an unserer Mutter fest, wanderten von Keller zu Keller, wurden abgewiesen, da sie alle überfüllt waren. Dann fanden wir doch einen Keller. Dort machten die Russen eine Gepäckrevision und nahmen meiner Mutter Uhr und Trauring ab. Wir hatten keine Möglichkeit, aus Danzig rauszukommen. Schließlich fanden wir unseren Platz an dem Zaun des Friedhofs St. Franziskus in Danzig-Emaus. Unter freiem Himmel verbrachten wir mit hundert Menschen 14 Tage und Nächte, zum Glück gab es einen warmen März. Nach dieser Zeit fand unsere Mutter als Küchenhilfe Arbeit bei den Russen, die Bezahlung bestand aus einem Teller Suppe, das war die Verpflegung für uns drei. Später wurden wir in einem Gebäude in der Karthäuser Straße 247–249 untergebracht. Alle Räume waren überfüllt, wir schliefen auf dem Fußboden. Es war Durchzug, da die Fensterscheiben fehlten. In dieser Zeit erkrankte meine Schwester Barbara, hatte hohes Fieber, und ich hatte die Beine voller Geschwüre. Die Not und Hölle dauerte einen ganzen Monat.

Wir fanden Tante und Opa und wohnten dann bei Verwandten. Russische Soldaten machten eine Hausdurchsuchung nach Schnaps. Sie drohten meinem Opa mit Erschießen, weil er keinen Alkohol besaß.

Vom Vater noch immer keine Nachricht. Die Hitleristen hatten ihn auf der Insel Usedom zur Zwangsarbeit verpflichtet und im Januar 1945 in Westpreußen zum Volkssturm eingezogen. Im März wollte er sich nach Hause durchschlagen, kurz vor Danzig stieß er auf russische Soldaten. Sie verschleppten ihn in den Ural. Er mußte dort sehr schwer im Wald arbeiten und auf Betonfußboden schlafen. Er erkrankte an Rheuma, das ihn bis zum Lebensende quälte. Am 16. November 1945 saßen wir abends bei Karbidlicht, als es klopfte und mein Opa öffnete. Er wollte den Mann nicht in die Wohnung lassen, erkannte ihn nicht. Es war mein Vater: mager, unrasiert, in Lumpen und Holzklumpen. Wir Kinder wußten nicht, ob es Traum oder Wirklichkeit war.

Ab 23. November arbeitete er schon wieder bei der Postdirektion Gdansk bis zu seiner Pensionierung mit 65 Jahren. Durch das Rheumaleiden konnte er die letzten Jahre nicht mehr aus dem Haus gehen und ist nach schwerer Krankheit 1984 gestorben. Seine ganze Arbeitszeit, von 1927 bis 1939 und weiter von 1945 bis 1973 war mein Vater bei der Polnischen Post tätig.»

Wanda Dembicka, die noch heute in Danzig lebt, hat ihren Bericht mit «Erinnerungen aus der Kriegszeit» überschrieben:

«Ich bin im Jahre 1930 in Danzig geboren. Meine Eltern waren Franz und Tekla Myszkowski, beide kaschubischer Abstammung. Durch ihr Erzählen weiß ich, daß mein Vater im Jahre 1932 als Beamter der Polnischen Post eine Dienstwohnung erhielt. Unsere Kindheit war voller Freude, in unserer Familie herrschte Frieden, die Eltern erzogen uns im polnischen Geiste. Unvorstellbar, daß sich etwas Böses ereignen könnte. Doch unverhofft, Ende August 1939, verreiste unsere Mutter mit uns Kindern von Danzig zu ihrem Vater aufs Land. Wir haben beim Abschied nicht gedacht, den Vater erst im Dezember 1945 wiederzusehen. Er hat Schreckliches überlebt. Zuerst die Viktoria-Schule, dann Stutthof, ab Februar 1941 das KZ Sachsenhausen und ab Oktober 1942 Auschwitz. Seine KZ-Nummer in Auschwitz, Nebenlager Monowitz, lautete 71949.

Meine Mutter, meine Schwester und ich waren ab September 1942 bis Januar 1945 ebenfalls in ein KZ-Lager eingesperrt worden: in Potulice.

Wegen unserer polnischen Abstammung waren wir zusammen mit Opa, Tante und Onkel im Ort Radoszewo festgenommen worden. Ich erlebte es mit den Augen eines noch nicht zwölfjährigen Mädchens. Als wir das Tor des KZ-Lagers durchschritten, verstand ich, was geschehen war. Rundherum sah ich doppelte oder dreifache Stacheldrahtzäune und dazwischen deutsche Posten, die uns bewachten. Ich habe in Erinnerung, daß wir auf die Zuteilung einer Baracke warteten. Ich schaute mich um, es war alles so fremd. Ich weiß noch, wie ich in den Himmel blickte, ich sah die Vögel und dachte, wie glücklich sie doch sind. Das Singen der Vögel hat mich noch lange an das Lager erinnert, und das Summen der Bienen erinnert mich noch heute daran.

Schon bald, am 12. Dezember, erlebte ich eine Tragödie: Meine jüngere Schwester, Hedwig, fünf Jahre alt, war an der Roten Ruhr verstorben. Im Mai 1943 wurde ich von meiner Mutter getrennt. Sie wurde nach Thorn umgesiedelt und mußte schwerste Zwangsarbeit zur Verstärkung der Weichseldämme leisten. Von da an, und auch noch bis heute, leide ich an Schmerzen in der Nähe der Leber. Im Herbst 1943 kam Mutter für zwei Wochen zurück in das Lager, dann wurde sie nach Deutschland in die Gegend von Thüringen zur Zwangsarbeit verschleppt, von wo sie erst im August 1945 zurückkehrte.

Im Lager war das Leben sehr schwer. Man erhielt einen Liter Suppe zu Mittag und 250 Gramm Brot für abends und morgens.

Erst habe ich ein kleines Mädchen namens Sofia betreut, deren Eltern bei der Desinfektion ankommender Häftlingstransporte eingesetzt waren. Als das Kind zu schwer für mich wurde und ich es nicht mehr tragen konnte, mußte ich ab Herbst 1943 bei der Firma Schultz arbeiten, zwei Schichten hintereinander von 6 Uhr früh mit einer Mittagspause bis 6 Uhr abends. Oder die Nacht durch von sechs Uhr bis sechs Uhr. Es wurden dort Pelzjacken und Mützen für das Militär genäht. Ich war die Jüngste, oft schaffte ich die Norm nicht, schlief nachts ein, die Nadel der Maschine brach, und es setzte Schläge mit einem Stock von der Aufseherin.

Im Januar 1945 machte ich meine letzte Nachtschicht, an das Datum erinnere ich mich nicht mehr. Aber ich weiß, daß ich die Schicht mit Schmerzen in der Nähe der Leber beendete. Als uns die Sowjet-Armee befreite, waren meine Schwester Brigitte und ich allein.

Familie Kundej nahm uns mit, obwohl sie selbst 5 Kinder hatten. Herr Kundej hatte einen provisorischen Schlitten organisiert und ein verwundetes Pferd eingefangen. Das Tier mußte erst einmal für eineinhalb Wochen gesundgepflegt werden. Am 28. Januar begann dann der Weg bis Bromberg. Bei Fordon überquerten wir die

Weichsel, die Brücken waren gesprengt, aber der Fluß zugefroren. Ich erinnere mich an über 20 Grad Frost, wir sanken bis zu den Knien in den Schnee ein. Als wir am 2. Februar im Heimatdorf Kijewo-Krolewski der Familie Kundej ankamen, das liegt bei Kulm, waren mir beide Waden abgefroren. Damit hatte ich noch lange nach dem Krieg Probleme.

In einem ehemaligen deutschen Militärmagazin fanden meine Schwester und ich Soldatenhosen, Schuhe, Mützen und Pelzjacken aus Kaninchenfell, solche, wie ich selbst genäht hatte. Alles war zu groß, wir wickelten Bindfäden um unseren Körper.

Mit Antonia, einer Tochter der Familie Kundej, suchte ich auf dem Friedhof das Grab meiner jüngsten Schwester, bei deren Beerdigung ich nicht dabei sein durfte. Ich wollte mich von ihr verabschieden. Aber alle Gräber waren hoch mit Schnee bedeckt, ich konnte es nicht finden. Plötzlich kam aus dem Wald eine russische Panzerkolonne, sie hielten uns für versprengte deutsche Soldaten, nur mühsam konnten wir uns verständlich machen, jedenfalls haben sie uns freigelassen. Aber dann kam die nächste Panzerkolonne hinterher, und die schossen sofort zweimal auf uns, allerdings ohne zu treffen. Wahrscheinlich kam dann ein Befehl von Panzer zu Panzer: ‹Nicht schießen! Das sind nur so gekleidete polnische Mädchen!› Und so konnte ich meiner Mutti nicht erzählen, daß ich das Grab von Hedchen gefunden habe.

Unsere Familie hat sich wieder langsam zusammengefunden. Im Juli 1945 holte uns der Onkel bei Familie Kundej ab. Unsere Mama ist im August 1945 zurückgekommen und hat uns bei dem Opa gefunden. Zuletzt kehrte im Dezember 1945 mein Vater aus Lübeck nach Polen heim. Er hat von neuem bis zu seiner Pensionierung Arbeit bei der Polnischen Post in Gdansk aufgenommen.

Ich erinnere mich, als ich meinen Vater nach 5 langen Jahren endlich zurückhatte, daß ich auf dem Weg zur Schule zu mir selbst gesprochen habe: ‹Vati, Vati – ich habe einen Vati!›»

14. KAPITEL

SENATSPRÄSIDENT IN BREMEN

Kurz vor seinem 54. Geburtstag kehrte der ehemalige Generalstaatsanwalt Dr. Bode am 8. 1. 1949 aus russischer Kriegsgefangenschaft zu seiner Familie zurück. Bei einer Körpergröße von 1,79 m wog er damals, wie Unterlagen zu entnehmen ist, 54 kg. Er war drei Jahre und acht Monate in der Sowjetunion – über diese Zeit ist nichts bekannt außer einem amtsärztlichen Befund des Jahres 1951. Da wird Bode attestiert, von März bis Dezember 1948 wegen Dystrophie (Unterernährung) in einem russischen Lazarett behandelt worden zu sein.

Bode war als Oberleutnant gefangengenommen worden. Wahrscheinlich wußten die Sowjets nichts um seine Funktion als Generalstaatsanwalt von Danzig, sonst hätte man ihn vermutlich länger festgehalten. Noch im Mai 1950 waren über 13 000 Kriegsgefangene in sowjetischen Lagern.

Er wohnte in Neustadt/Holstein, Teufelsberg 30, und war stellungslos. Alsbald betrieb er seine sogenannte Entnazifizierung. Den umfangreichen Fragebogen der britischen Militärregierung füllte er am 16. 2. 1949 wahrheitsgemäß aus und fügte neun Empfehlungsschreiben bei, die im Volksmund «Persilscheine» genannt wurden.

Da die Beweisführung bei den Entnazifizierungsverfahren wesentlich auf Zeugenaussagen über die Tätigkeit des Betroffenen im «Dritten Reich» basierte, versuchte jeder, Entlastungsschreiben aufzubieten. Im Ergebnis bescheinigte man sich häufig und gern gegenseitig seine «Unschuld». So hielten es auch die ehemaligen Danziger Juristen, Bode schrieb ein solches Papier für den ehemaligen Senatspräsidenten Dr. Beurmann, OLG-Präsident Dr. Wohler verfaßte es für den ehemaligen Oberamtsrichter Adolf Freuer – ohne zu erwähnen, daß Freuer auch Richter am Sondergericht Konitz gewesen war.

Dr. Bode sammelte zwischen seiner Entlassung und Mitte Februar, also in nur fünf Wochen, neun «Persilscheine» aus verschiedenen Ländern der Westzone. Das ist eine wahrlich erstaunliche Leistung für jemanden, der sich erst einmal im neuen Nachkriegsdeutschland zurechtfinden mußte. Wahrscheinlicher ist da schon, daß diese Angelegenheit – wie in vielen anderen Fällen nachgewiesen – durch alte Nazis organisiert worden ist.

Zwei von Bodes Empfehlungsschreibern waren selbst zwischen 1925 und 1936 Präsidenten des Danziger Oberlandesgerichts gewesen. Sie bestätigten ihm «hervorragende Charaktereigenschaften» und «überragende Leistungen». Zwei ehemaligen Richterkollegen galt er gar als «eine über alle nationalsozialistische Engherzigkeit erhabene Persönlichkeit», und zwei ehemalige Staatsanwälte gingen sogar so weit zu behaupten: «Bode bemühte sich, den Reichsstatthalter zu Gnadenakten zu veranlassen.» Einer dieser Entlastungszeugen, der Staatsanwalt im Strafsenat des OLG Danzig unter Vorsitz von Dr. Beurmann gewesen war, trug die Verantwortung für die Hinrichtung des Arbeiters Franz F. Der Mann hatte am Arbeitsplatz «mit hämischer Freude» über die Verluste von Stalingrad gesprochen und Einzelheiten verbreitet, «die aus der ausländischen Propaganda stammen mußten». Das behandelte dieser Staatsanwalt, der nun Bodes Engagement für Begnadigungen betonte, als «Wehrkraftzersetzung» und beantragte mit Erfolg die Todesstrafe.

Diese Zeit kurz nach dem Krieg ist von manchen irritierenden Widersprüchlichkeiten gekennzeichnet. Davon zeugen in Bodes Papieren die Schreiben von drei ehemaligen Danziger Rechtsanwälten, einer von ihnen galt den Nazis als «Halbjude». Auch sie schienen inzwischen den Mantel des Vergebens und Vergessens ausgebreitet zu haben: «Bode war einer der vielen unmaßgeblichen und harmlosen Mitläufer der NSDAP.»

Der «Entnazifizierungshauptausschuß für den Kreis Oldenburg i. H.» befaßte sich – wie damals üblich – nicht mit Bodes Tätigkeit als Generalstaatsanwalt, sondern urteilte lediglich nach den Parteiämtern. Am 22.2.1949, also nur fünf Tage nach Abgabe des Fragebogens, stufte man ihn in die Kategorie IV ein, unter gleichzeitiger Umstufung in Kategorie V. Kategorie IV bedeutete «Mitläufer», Kategorie V «Entlastete».

Umgestuft wurde Bode wegen der Haftzeit in Kriegsgefangenschaft.

In Schleswig-Holstein wurde die Entnazifizierung besonders großzügig gehandhabt: Zum Beispiel wurden 1949/50 von 406420 bearbeiteten Fällen nur 2217 als «Minderbelastete» eingruppiert. In Nordrhein-Westfalen wurden bei 811265 bearbeiteten Fällen 23266, in Baden bei 239636 Fällen 10653 Personen als «minderbelastet» eingestuft.

Die milde Urteilspraxis der Spruchkammern brachte ihnen die Bezeichnung «Mitläuferfabriken» ein.

Bodes Entlastungszeugen waren bereits 1949 in gut dotierten Posten des öffentlichen Dienstes untergekommen, als Senatspräsident beim OLG Frankfurt, als Erster Staatsanwalt in Lübeck, Oberregierungsrat in Wittlich oder als Richter in Bielefeld.

So hatten sich das die Siegermächte ursprünglich nicht vorgestellt. Das Kontrollratsgesetz Nr. 4 vom 30.10.1945 befaßte sich mit der Umgestaltung des deutschen Gerichtswesens und bestimmte: «Alle ehemaligen Mitglieder der NSDAP, die sich aktiv für deren Tätigkeit eingesetzt haben, und alle anderen Personen, die an den Strafmethoden des Hitler-Regimes direkt Anteil hatten, (müssen, d. A.) ihres Amtes als Richter und Staatsanwalt enthoben werden und dürfen nicht zu solchen Ämtern zugelassen werden.»

Die Zustände in Schleswig-Holstein beschreibt eine Antwort, die die Landesregierung auf eine Große Anfrage der Fraktion der SPD 1991 gab: «In Schleswig-Holstein hielt sich 1945 durchweg eine besonders große Zahl von Repräsentanten und Aktivisten des NS-Regimes auf. Die Ursachen dafür waren hauptsächlich, daß Schleswig-Holstein zu den ‹Kernlanden› des Nationalsozialismus zählte und daher relativ viele NS-Anhänger aufzuweisen hatte. Zudem kamen bei Kriegsende mit der ‹Reichsregierung Dönitz› zahlreiche Nationalsozialisten nach Schleswig-Holstein...

Mit dem Entnazifizierungs-Schlußgesetz von 1951, das aus allen Betroffenen ‹Entlastete› machte, wurden dann sämtliche Verfahren beendet, eine weitere Entnazifizierung fand nicht statt…

So konnten selbst ehemalige Gestapo-Mitarbeiter in den Landesdienst gelangen, und von alliierten und deutschen Gerichten abgeurteilte NS-Verbrecher erhielten in Schleswig-Holstein in mehreren Fällen anstandslos hohe Pensionen.

Eine Politik der ‹Renazifizierung› wurde bis in die sechziger Jahre fortgesetzt. Offenbar konnten überproportional viele Repräsentanten des NS-Regimes im Lande eine zweite Karriere beginnen, das galt für ehemalige Sonderrichter, ‹Euthanasie›-Ärzte und SS-Angehörige. Um 1960 waren bei den Gerichten und Staatsanwaltschaften Schleswig-Holsteins im Verhältnis etwa viermal so viele ehemalige NS-Juristen beschäftigt wie z. B. in Berlin oder dem Saarland.»

Am 5.5.1949 bewarb sich Bode bei der Landesregierung von Schleswig-Holstein: «Ich bitte ergebenst um Beschäftigung im richterlichen oder staatsanwaltschaftlichen Dienst oder im Strafvollzugsdienst.» Mit dieser Personalsache war im Landesjustizministerium der damalige Regierungsdirektor Hans Martin Krohn befaßt. Auch Krohn hatte eine einschlägige Karriere im Nationalsozialismus hinter sich: seit 1.5.1933 Mitglied der NSDAP, Blockwart, Nationalsozialistischer Rechtsschutzbund (NSRB) seit 1934, Reichsluftschutzbund (RLB) seit 1935, NS-Volkswohlfahrt (NSV) seit 1936, Kriegsdienst von 1940 bis 1945, ab 1.5.1944 Oberstabsrichter der Reserve. Krohn wurde 1945 als «entlastet» eingestuft und war ab 1951 Senatspräsident beim OLG Schleswig.

Auf die Bewerbung erteilte Krohn allerdings Bode eine Absage, «weil keine freien Stellen vorhanden sind und in absehbarer Zeit mit dem Freiwerden von Stellen nicht gerechnet werden kann. Sie sind in die Bewerberliste eingetragen worden.»

Diese Entscheidung dürfte allerdings der damalige Justizminister Wolfgang Praetorius getroffen haben – ein politisch völlig unbelasteter, gradliniger Mann. Ein ehemaliger NS-Generalstaatsanwalt war wohl selbst für schleswig-holsteinische Verhältnisse ein zu heißes Eisen gewesen.

Im Oktober 1950 unternahm Bode einen neuen Versuch der Anstellung. Es verwendete sich für ihn erneut einer der Rechtsanwälte, der bereits im Entnazifizierungsverfahren aufgetreten war, und Heinz Wolf, Staatsanwalt aus Frankfurt/M., der seinen «Persilschein» gar als «Eidesstattliche Erklärung» apostrophierte. Wolf war von Dezember 1939 bis Juli 1944 Staatsanwalt in Danzig, vertrat hin und wieder den Generalstaatsanwalt, wirkte aber vor allem als Anklagevertreter vor dem Sondergericht Danzig und vor dem OLG-Senat Danzig des Dr. Beuermann. Er war ebenso wie Bode für zahlreiche Blut- und Gesinnungsurteile verantwortlich.

Um seinem Anliegen Nachdruck zu verleihen, suchte Bode Ende 1950 den Justizminister auf; Praetorius fertigte hierüber eine Aktennotiz an. Grundsätzliche Zweifel an der Qualifikation Bodes für den Justizdienst in einem Rechtsstaat hegte der Minister nicht:

«Dr. Bode hat mich am 27.12.50 in Lübeck besucht. Ich habe mich lange Zeit mit ihm unterhalten und einen sehr guten Eindruck von ihm gewonnen.

Ich habe Dr. Bode auseinandergesetzt, daß und warum im gegenwärtigen Zeitpunkt leider keine Möglichkeit besteht, ihn in den schleswig-holsteinischen Justizdienst zu übernehmen (Rechtsansprüche entnazifizierter Richter, Mangel an Planstellen usw.). Dr. Bode ist z. Z. als Hilfsarbeiter bei einem vielbeschäftigten Anwalt in Bielefeld tätig und hat daher gegenwärtig sein Auskommen.

Ich möchte meinen, daß eine spätere Übernahme Dr. Bodes in den schleswig-holsteinischen Justizdienst einen Gewinn für die Justiz bedeuten würde; Dr. Bode war von 1922 bis 1942 als Richter tätig (von 1938 bis 1942 Vizepräsident beim Oberlandesgericht in Danzig).»

Schließlich bewarb sich Bode Anfang 1951 bei der Bremischen Justizverwaltung, damals wohnte er noch in Bielefeld, Fröbelstraße 42. Aufgrund des Personalmangels am Hanseatischen Oberlandesgericht Bremen empfahl OLG-Präsident Stutzer der Justizverwaltung dringend, dem Gesuch Bodes stattzugeben. Beim Senator für Justiz und Verfassung befürwortete man den Antrag, so daß der Senator Spitta Bode zum 1.4.1951 als Hilfskraft des Höheren Dienstes im Beamtenverhältnis auf Widerruf einstellte. Dr. Bode war also wieder zum Staatsdiener avanciert und zog von Bielefeld nach Bremen in die Lürmannstraße 4. Spitta stammte aus einer Bremer Familie mit hanseatischer Tradition und war in der NS-Zeit nicht aktiv und bereits als sehr junger Mensch Justizsenator in Bremen bis zum Jahr 1933 gewesen.

Auch die anderen Personen aus dem Justizapparat, die Bodes Antrag unterstützten, waren offensichtlich keine Anhänger des NS-Regimes. Ausschlaggebend für ihre Entscheidung dürften Bodes gewinnende Art und fachliche Kompetenz gewesen sein.

Sein weiterer Aufstieg entwickelte sich rasant. Bereits einen Monat nach Bodes Dienstantritt leitete OLG-Chef Stutzer die Ernennung zum Oberlandesgerichtsrat ein und beantragte seine Wahl zum Richter auf Lebenszeit. Am 29.6.1951 wurde Dr. Bode zum OLG-Rat ernannt; am 10.7.1951 zum nebenamtlichen richterlichen Mitglied des Ehrengerichtshofes.

Sein Besoldungsdienstalter wurde auf den 1.7.1939 festgesetzt (später nachgebessert auf den 1.6.1931), die Jahre in der NS-Zeit wurden anerkannt.

Im Jahre 1954 bewarb sich Dr. Bode – allerdings erfolglos – auf zwei Stellen: als Referent für materielles Strafrecht im Bundesjustizministerium Bonn und als Bundesrichter am Bundesdisziplinarhof. Diese Bewerbung unterstützte OLG-Präsident Stutzer und beurteilte Bode als «hochqualifizierte Kraft und angenehmen Mitarbeiter mit weit über den Rahmen des üblichen hinausgehender Arbeitsintensität».

1955 gab es einen Personalwechsel an der Spitze des OLG-Bremen: der bisherige Vize, Prof. Dr. Karl Arndt, wurde Chef. Er war ein Mann mit beachtlicher Nazi-Karriere: SS-Angehöriger seit 1933 (SS-Reitersturm, zuletzt Leutnant in der Waffen-SS 1944/45), Kammergerichtsrat, als Jurist in Prag tätig gewesen, NSRB seit 1933, NSDAP seit 1938. Nach dem Krieg trat er als Hilfsverteidiger Ernst von Weizsäckers im Nürnberger Prozeß auf.

Dr. Bode wurde 1955 zum Senatspräsidenten ernannt und stieg 1977 zum Vizepräsidenten des OLG auf. An der Spitze dieses angesehenen Bremer Gerichts waren also über lange Jahre prominente Figuren der NS-Terrorjustiz.

1956 feierte Dr. Bode sein 40jähriges Dienstjubiläum und wurde 1960 mit 65 Jahren in den Ruhestand entlassen. Die Justizpressestelle Bremen fand warme Worte für den Pensionär: «Der scheidende Richter, der seit 1951 bis wenige Tage vor seinem Ausscheiden... unermüdlich an seinem Arbeitsplatz gesessen und erheblichen Einfluß auf die Rechtsprechung in Zivil- und Strafsachen genommen, ist leider plötzlich erkrankt, so daß die Absicht, ihn im Kreise der Richter... in einer Feierstunde zu verabschieden, erst nach seiner hoffentlich baldigen Genesung durchgeführt werden kann.»

Fortan lebte Dr. Bode in einem Einfamilienhaus in Mölln, Im Wirrwinkel 21. Bis 1973 blieb er der Juristerei durch seine Tätigkeit als stellvertretender Vorsitzender des Bundesoberseeamtes verbunden. Es kann gut sein, daß der ehrgeizige Jurist mit seiner Berufskarriere selbst nicht ganz zufrieden war, denn er stand bei seiner Pensionierung auf derselben Stufe, die er bereits 1938 erklommen hatte. Die war allerdings nicht gerade niedrig.

Mühelos bewältigte er den Übergang von einer Staatsform zur anderen. Er hatte nichts gegen die Diktatur und wohl auch nichts gegen den demokratischen Rechtsstaat. Er war im Umgang ein Technokrat.

Bode war ein großer, hagerer Mann mit eingefallenen Wangen und tiefliegenden Augen, geistig fit – er wirkte wie ein gütiger, älterer Gelehrter.

Ein Wandregal in seinem Wohnzimmer war bis unter die Decke mit Büchern vollgestellt. Zumeist waren es historische und juristische Werke, eine Abteilung des Regals war für Literatur aus Danzig reserviert. Am 21.12.1979 verstarb er im Alter von 84 Jahren.

15. KAPITEL

LANDGERICHTSDIREKTOR IN FRANKFURT

Giesecke, damals 38 Jahre alt, wechselte 1945 erst einmal die Branche. Er wurde am 15.9.1945 kaufmännischer Leiter der Metallwarenfabrik seines Schwiegervaters in Jena. Das kleine Unternehmen stellte Schmuck und Medaillen her.

Im Dezember 1947 wurde er im Nürnberger Kriegsgerichtsverfahren als Zeuge vernommen. Es ging um die Mitverantwortung des Fliegergenerals Felmy an völkerrechtswidrigen Partisanenerschießungen in Griechenland durch eine Polizeieinheit. Giesecke sagte aus, daß Felmy empört gewesen wäre und den Vorfall nicht gebilligt, die Einheit aber der SS-Gerichtsbarkeit unterstanden hätte.

Nach dem Tod seines Schwiegervaters übernahm Giesecke die gesamte Leitung des Betriebs, der dann im Sommer 1948 enteignet wurde. Danach betätigte sich Giesecke bis November 1948 als Finanzsachbearbeiter und Vermögensverwalter der «Vereinigten Optik» in Jena. Aus dieser Stellung wurde er wegen seiner Vergangenheit als Wehrmachtsoffizier entlassen. Eine ihm privat nahestehende Person erzählt, daß sich der KGB für ihn interessierte, und er fürchtete, nach Sibirien verschleppt zu werden. Ohne irgendwelche persönlichen Besitztümer mitzunehmen, flüchtete er im Dezember 1948 mit seiner Familie nach Frankfurt am Main.

Dort arbeitete Giesecke im März und April 1949 als Aushilfsangestellter der «Messe- und Ausstellungsgesellschaft Frankfurt/M.». Die Gieseckes lebten mit vier Personen in einem Zimmer; die Ehefrau übernahm eine Tätigkeit als Buchhalterin.

Auch in Gieseckes Fall war die formale Entnazifizierung Voraussetzung für die weitere berufliche Laufbahn. In seinem Antrag vom 26.1.1949 gab er die Mitgliedschaft in der SA 1934/35 an und verschwieg, daß er 1937 Parteianwärter gewesen war und den verschiedenen NS-Organisationen angehört hatte.

Wegen der Mitgliedschaft in der SA reihte ihn die Spruchkammer Frankfurt/M. am 15.2.1949 in die Gruppe der «Mitläufer» ein und verhängte einen Sühnebescheid in Höhe von 301,- DM.

Giesecke erhob Einspruch dagegen mit der Begründung, daß sein Danziger Reiterverein in die SA übergeführt worden sei, er selbst sei nie Mitglied der SA geworden. Nach dieser korporativen Eingliederung habe er sich beurlauben lassen, um sich dem SA-Dienst zu entziehen.

Der Erste öffentliche Kläger bei der Spruchkammer stellte daraufhin das Verfahren am 10.3.1949 ein, da Giesecke «vom Gesetz nicht betroffen» sei. Seine Tätigkeit als Kriegsrichter war nicht Gegenstand der Untersuchung.

Am 14.3.1949 bewarb sich Dr. Giesecke für den hessischen Justizdienst und bat, sich als «Ostzonen-Flüchtling» zum Opfer stilisierend, um beschleunigte Prüfung seines Gesuchs. Seine Familie benötige dringend eine neue Existenzgrundlage.

Der hessische Ministerpräsident und Justizminister war Georg August Zinn, der als Rechtsanwalt verfolgt und mehrfach von den Nazis inhaftiert worden war.

Unter Berufung auf seine mißliche ökonomische Lage suchte Giesecke am 26.4.1949 das Justizministerium auf, fand aber keinen Gesprächspartner. Gleich am nächsten Tag übersandte er ein exkulpierendes Empfehlungsschreiben eines ehemaligen Kriegsrichterkollegen. Doch Hessens Behörden ließen sich Zeit, und Dr. Giesecke wurde immer nervöser.

Am 10.6.1949 schickte er eine längere Erklärung über seine Tätigkeit als Kriegsrichter nach Wiesbaden und reichte eine Woche später einen weiteren «Persilschein» eines Juristen nach, der unter Gieseckes Vorsitz Beisitzer des Feldkriegsgerichts der 60. Infanterie-Division gewesen war. Giesecke habe keine grausamen oder übermäßig hohen Strafen verhängt, berichtete der Persilscheinschreiber, der ihm auch ein «weitgehendes menschliches Verständnis für die Handlungsweisen straffällig gewordener Soldaten» attestierte.

Am 20.6.1949 verfaßte das Justizministerium die Ablehnung:

«Ihre Verwendung als Richter wird sich, wie ich auch nach nochmaliger Überprüfung Ihres Gesuchs festgestellt habe, zu meinem Bedauern in absehbarer Zeit nicht ermöglichen lassen, da der Richterwahlausschuß die ... Zustimmung nach seiner derzeitigen Praxis voraussichtlich nicht erteilen wird. Ebenso ist Ihre Verwendung als Staatsanwalt mangels geeigneter Stellen z. Z. nicht möglich.» Der Erlaß des Ministeriums war von Regierungsdirektor Dr. Hacks unterschrieben, «auf Vortrag beim Herrn Minister». Hacks war von 1941 bis 1943 als Landgerichtsrat am Sondergericht Oppeln tätig gewesen, was sein Minister möglicherweise nicht wußte. Dann wandte sich Giesecke an Minister Dr. Zinn persönlich und behauptete, «politisch in jeder Beziehung einwandfrei dazustehen und so gehandelt zu haben, wie es von einem aufrechten Mann erwartet werden kann... Infolgedessen bitte ich, einen durch sein Flüchtlingslos schon schwergeprüften Menschen nicht mit einer erneuten politischen Disqualifizierung von seiner Berufsgemeinschaft auszuschließen...»

Giesecke bat um eine persönliche Rücksprache mit dem Staatsminister. Ob diese stattgefunden hat ist unklar. Auf jeden Fall wurde er ab 167.1949 als Hilfsstaatsanwalt bei der Staatsanwaltschaft Frankfurt/M. bestellt und einen Monat später zum Staatsanwalt ernannt.

Zweifelsohne fühlte sich Giesecke in diesen Monaten in seiner Existenz bedroht. Sein Bewerbungsschreiben enthält zahlreiche falsche Tatsachenbehauptungen:

«Ich habe mich nicht an der Verfolgung von Partisanen beteiligen brauchen. Freischärlerei sollte von der Truppe selbst abgewehrt werden. Damit schieden wir in allen Partisanenfragen aus, mit denen ich niemals befaßt wurde.» Die 38 polnischen Postbeamten und seine vielen anderen Opfer erwähnte er nicht. Vielmehr will Giesecke überhaupt nur vier Verfahren geführt haben, in denen die Todesstrafe verlangt oder ausgesprochen wurde, und in zwei Fällen behauptete er, die Angeklagten freigesprochen zu haben, obwohl der «Gerichtsherr» die Todesstrafe forderte. Die Todesstrafe will er nur zweimal verhängt haben, und zwar wegen Mordes beziehungsweise gegen einen mehrfach vorbestraften Deserteur. Kurz und gut: Giesecke spielte durch Lügen und Halbwahrheiten seine Rolle als Kriegsrichter herunter.

Gieseckes persönliche Empfindlichkeit fiel auch seinen neuen Vorgesetzten auf. Generalstaatsanwalt Heymann bemerkte im ersten Befähigungsnachweis vom 17. 8. 1950: «Staatsanwalt Dr. Giesecke ist von betonter Zurückhaltung und offenbar bemüht, einer für einen Mann seines Bildungsgrades ungewöhnlichen Empfindlichkeit Herr zu werden.» Darüber hinaus bescheinigte ihm Heymann, der von 1939 bis 1947 im englischen Exil war, großen Eifer und Fleiß, gute Rechtskenntnisse und einen guten Blick fürs Praktische. Eine Persönlichkeit, die über jeden Verdacht nationalsozialistischer Affinitäten erhaben war, attestierte Giesecke, es gäbe keinen Anlaß, an seiner politischen Zuverlässigkeit zu zweifeln.

Bereits im März des nächsten Jahres stellte der Generalstaatsanwalt fest:

«Es ist Dr. Giesecke inzwischen gelungen, seiner Empfindlichkeit vollkommen Herr zu werden. Er ist jetzt leicht belehrbar und umgänglich, wenn auch seiner typisch norddeutschen Natur die Verbindlichkeit fehlt.

Dr. Giesecke hat sich hier sehr bewährt und auch schnell und gründlich in Sondergebiete eingearbeitet.

Ich halte Dr. Giesecke für geeignet, die Stelle eines Ersten Staatsanwalts bei meiner Behörde ... zu bekleiden.»

Figuren wie Bode und Giesecke wurden damals gebraucht. Sie machten atemberaubende Karrieren. Bereits am 1. 2. 1951 war Giesecke Erster Staatsanwalt und damit Abteilungsleiter bei der Staatsanwaltschaft des Landgerichts, der größten in Hessen. Vorher ernannte man ihn noch zum Beamten auf Lebenszeit. Giesecke war nicht von alten Nazis gefördert worden, doch hatte er seine Vorgesetzten über seine Vergangenheit getäuscht.

1954 bewarb sich Giesecke erfolgreich auf die Stelle eines Landgerichtsdirektors in Frankfurt/Main. Der Nachfolger Heymanns im Amt des Generalstaatsanwalts, Rosenthal-Pelldram, sprach sich geradezu emphatisch für ihn aus, er «gehöre zu den befähigsten Staatsanwälten Hessens» und blieb bis zu seiner Pensionierung in diesem Amt.

Seine Bewerbung auf die Stelle eines Senatspräsidenten beim Oberlandesgericht im Jahre 1962 scheiterte. Vermutlich hat das weniger an seiner NS-Vergangenheit als vielmehr daran gelegen, daß dieser Sprung nur selten einem Richter aus dem Landgericht gelingt.

Personen, die ihm privat nahestanden, heben hervor, daß die berufliche Stellung im Lebensabschnitt nach dem Krieg Gieseckes Ansprüchen nicht genügte. Er trauerte seinen Vorfahren nach, die einmal Rittergutsbesitzer waren. Ein VW-Käfer und eine kleine Mietswohnung befriedigten ihn nicht.

Die Affinität zum Militär zieht sich als roter Faden durch Gieseckes Biographie. Erstmals meldete er sich 1960 zu einer freiwilligen Wehrübung und holte hierzu das Einverständnis des hessischen Justizministers ein.

Jahr für Jahr beantragte Giesecke unter Vorlage der Einberufungsbescheide im Justizministerium «Sonderdienstfrei». Es sprach sich bei Kollegen herum, daß er bei einer Einheit im Logistik-Bereich eingesetzt wäre. Gieseckes Vorliebe für die Bundeswehr verursachte in seiner Dienststelle Kopfschütteln. Ein pensionierter Richter des Landgerichts Frankfurt und eine dort bis heute tätige Richterin kannten Giesecke persönlich. Sie heben hervor, wie er sich «in Szene setzte», und beschreiben ihn als einen «Mann von nach außen zur Schau getragener Haltung». Auf sie wirkte er sehr von sich überzeugt und überheblich. In seiner Zeit als Staatsanwalt trug er schon mal zum Plädoyer weiße Handschuhe. Nach Aussagen der Kollegen hatte Gieseckes Kammer fachlich einen guten Ruf. Seine Aktenkenntnis galt als sprichwörtlich, sein Verhandlungsstil allerdings als harsch und ungeduldig. Sein autoritärer Stil verhinderte, daß sich Richterkollegen oder Prozeßbeteiligte gegen ihn auflehnten oder ihn kritisierten. Sehr deutlich erinnerten sich seiner ehemaligen Kollegen an Gieseckes Frauenfeindlichkeit, seine Geschäftsstelle und die Protokollführung waren immer männlich besetzt und, von seltenen Ausnahmen abgesehen, auch in seiner Straf- oder Zivilkammer saßen keine Richterinnen. Privat war er «ein Kavalier alter Schule» gewesen und behandelte Frauen nach Aussagen seiner früheren Kolleginnen und Kollegen respektvoll. In einer Scheidungssache formulierte er im Urteil: «Die Kammer kann sich keinen Grund vorstellen, die einen Mann berechtigt, seine Frau zu schlagen.» Nach Meinung seiner beiden ehemaligen Kollegen unterschied er sich in seiner Haltung keineswegs von vielen anderen konservativen Richtern des Frankfurter Landgerichts.

Das Jahr 1968 brachte für Giesecke eine konkrete Konfrontation mit den protestierenden Studenten. Pflastersteine flogen, als die Auslieferung der Springer-Presse vor der Societätsdruckerei blokkiert wurde. Daraus entstanden Schadensersatzforderungen, die vor der II. Zivilkammer – Vorsitz Giesecke – verhandelt werden sollten. Im Vorfeld des Prozesses wurde in Frankfurt ein Flugblatt verteilt:

«Der Springerprozeß und seine Richter

‹Äußerst gewissenhafte, von ihrer Aufgabe durchdrungene, soldatisch veranlagte Persönlichkeit...›

Am 15. November 1968 findet der bisher größte (Zivil)Prozeß in der Geschichte der Studentenbewegung statt. Die Societätsdruckerei in Frankfurt, die nach dem von der Springer-Presse vorbereiteten Attentat auf Rudi Dutschke von Tausenden von Studenten, Schülern und jungen Arbeitern belagert worden war, weil sie Springers Zeitungen druckte, hat den Sozialistischen Deutschen Studentenbund auf ca. 72 000 Mark verklagt...

Der Mann, der diesem Prozeß vorsitzen wird, heißt Hans-Werner Giesecke... Bemerkenswert sind einige Fakten seiner richterlichen Tätigkeit in den Jahren 1933 bis 1945...

Anscheinend muß ihn seine Rechtspraxis im Heere nach Ausbruch des Krieges nicht voll befriedigt haben. Denn wir lesen in den ‹Beurteilungsnotizen›... ‹Sein Wunsch, recht oft als Res.Offz. in der Front eingesetzt zu werden, mußte wegen gehäuften Arbeitsanfalles zurückgestellt werden.› Seine Liebe zur kämpfenden Armee nahm durch diese Frustration nicht ab – sondern eher zu: ‹Dennoch blieb er der Truppe im Denken und Fühlen nah.› Vollste Befriedigung über das Pflichtbewußtsein des Richters Giesecke spricht aus der Charakterbeschreibung, die wir über ihn lesen: ‹Äußerst gewissenhafte, von ihrer Aufgabe durchdrungene, soldatisch veranlagte Persönlichkeit...›

Bis zu dieser Zeit scheint sein Werdegang identisch mit dem von Dutzenden deutscher Richter während des deutschen Faschismus gewesen zu sein... Bar jedes demokratischen Bewußtseins, hat er sich als Kriegsrichter hervorragend bewährt...

Hans-Werner Giesecke hat sich als Richter in der nazistischen Wehrmacht verdient gemacht. Die Nazis dankten ihm das mit Beförderungen. Auch heute hat er wieder ein geachtetes Pöstchen inne. Er ist Landgerichtsdirektor in Frankfurt. Seine Liebe zur Wehrmacht hat er nicht aufgegeben. Jedermann im Landgericht weiß aus seinem Munde, daß er Oberst der Reserve in der Bundeswehr ist. Auch seine Liebe zur paramilitärischen Disziplin hat er sich erhalten. Sein autoritär-undemokratisches Gebaren bekommen jene Leute zu spüren, die ihre Referendarzeit im Landgericht abdienen.

Hans-Werner Giesecke ist ein guter deutscher Jurist. Nicht angekränkelt von demokratischer Unvoreingenommenheit, geschweige denn Neutralität, wird er... einen Prozeß gegen Vertreter der außerparlamentarischen Opposition ‹verrichtern›. Hans-Werner Giesecke war ein solider Nazi, nichts spricht dafür, daß er sich in den vergangenen zwanzig Jahren zum demokratischen Richter gewandelt hat.»

Auf der Rückseite des Flugblatts war als Faksimile ein von Giesecke verhängtes Todesurteil abgedruckt. Letztlich blieb die ganze Angelegenheit für Giesecke folgenlos, doch beschreibt ein ehemaliger Richterkollege, daß Giesecke dies als einschneidend empfand:

«Wie ein Genickschlag wirkte es auf ihn, daß seine Person, die bisher als unanfechtbar gegolten hatte, öffentlich widersprüchlich diskutiert wurde.» Nach der öffentlichen Auseinandersetzung wurde der Prozeß von einer anderen Kammer verhandelt. Daß es zu keinen weitergehenden Folgen kam ist bemerkenswert – die Fakten lagen auf dem Tisch: Giesecke hatte bei seiner Einstellung in den Justizdienst die Unwahrheit gesagt. Auch zeigten sich strafrechtlich relevante Verdachtsmomente im Hinblick auf seine Feldkriegsgerichtsurteile.

Seit dem Fall der Mauer ist es übrigens möglich zu rekonstruieren, wie der Frankfurter SDS an diese Informationen gekommen ist – über den DDR-Staatssicherheitsdienst. Ein Genosse St. vom «Dokumentationszentrum der Staatlichen Archivverwaltung im Ministerium des Innern» schrieb am 28.8.1968 die unterstellten staatlichen Archive der DDR an und sammelte alle vorhandenen Erkenntnisse über Giesecke. Der entstandene Dokumentations-Vorgang ist im Zentralarchiv Potsdam einzusehen. Vom Staatsarchiv Weimar wurde der Satz, daß Giesecke «vom Geist des Nationalsozialismus noch nicht recht durchdrungen zu sein scheint» unterschlagen und nicht nach Ost-Berlin weitergemeldet. Er paßte den DDR-Auswertern nicht ins Bild.

Die ehemaligen Wehrmachtsrichter trafen sich seit 1952 regelmäßig, zumeist in Bad Homburg oder Marburg. Werner Giesecke nahm an solchen Zusammenkünften teil.

Es ging den Veteranen um die Pflege der Kameradschaft, um die gemeinsame Abwehr von Kritik und Angriffen, um eine versorgungsrechtliche Besserstellung. Sie feilten an ihrem Geschichtsbild und trauerten um ihre Toten. Zu Anfang zählte die Vereinigung 450 Mitglieder, 1971 waren es noch 260 – die Liste der Todesfälle wurde von Jahr zu Jahr länger. Man unterhielt Verbindungen zu den Organisationen der Luftwaffen- und Marinerichter, auch veranstaltete der ehemalige Präsident des Reichskriegsgerichts, Admiral a.D. Bastian, mit seinen ehemaligen Richtern Zusammenkünfte. In den fünfziger Jahren erwiesen auch Politik und Bundeswehr ihre Referenz, schickten Redner und Grußworte, darunter auch Verteidigungsminister Strauß.

Die Örtlichkeiten, an denen diese Treffen stattfanden, waren standesgemäß: im großen Fest- und Konferenzsaal des Kurhauses Bad Homburg oder im «wunderschönen Haus des Corps Hasso-

Nassovia» in Marburg. Abends waren die Damen mit eingeladen, ein Teilnehmer beschrieb aufgeräumt den angenehmen Abend: «Noch niemals bei einem Wiedersehenstreffen herrschte eine so gute und frohe Stimmung. Dazu hat zweifellos die großzügige Spende unseres Kameraden Generalstabsrichter a. D. N. beigetragen (Sekt für alle Teilnehmer und eine Damenspende in Form französischen Parfums und von Pralinenpackungen). Es war weit nach Mitternacht, als wir in unsere Quartiere zurückkehrten.» Bei solchen Gelegenheiten übersandte man Generalfeldmarschall von Manstein ein Glückwunschtelegramm zum Geburtstag.

Als Landgerichtsdirektor lag Dr. Giesecke im guten Mittelfeld, sein Dienstgrad war in den Anwesenheits- oder Adressenlisten oft vertreten. Hier und da hatte es einer der alten Kameraden zum Oberbürgermeister oder Ministerialdirigenten, zum Bundeswehrdisziplinaranwalt oder zum OLG-Präsidenten gebracht. Mit dazu gehörte auch Bundesrichter Dr. Erich Mantel vom BGH, der als Sachbearbeiter im Oberkommando des Heeres den 38 polnischen Postbeamten die Gnade verweigert hatte.

Bei diesen Gelegenheiten traf Dr. Giesecke auch Generalrichter a. D. Dr. Lattmann, seinen Mentor aus den dreißiger und vierziger Jahren. Vermutlich blieb Lattmann ihm im staatsanwaltschaftlichen Ermittlungsverfahren ein guter Ratgeber. Erich Lattmann aus Goßlar (später Kassel) und Prof. Dr. Schwinge aus Marburg waren Leitfiguren der Veteranenvereinigung. Lattmann oblag die historische Aufarbeitung, er sammelte bei seinen Kameraden Material und schrieb das Buch «*Die Wehrmachtsgerichtsbarkeit im 3. Reich*».

Schwinge ging juristisch gegen alle Anfeindungen der Wehrmachtsrichter vor, zumal er selbst meistens aufgrund seiner reaktionären Publikationen ins Zentrum der Kritik geriet. Er galt in der NS-Zeit als einer der führenden Experten für Militärstrafrecht, sein Kommentar zum Militärstrafgesetzbuch erschien zwischen 1936 und 1944 in sechs Auflagen. 1954 war er Rektor der Marburger Universität, mehrfach Dekan der Rechts- und Staatswissenschaftlichen Fakultät und zudem stellvertretender FDP-Vorsitzender in Hessen.

Uneinsichtig beschworen die Veteranen den Ungeist der NS-Zeit:

«Wir waren und sind stolz, einer Gemeinschaft angehört zu haben, die anständig und unbeugsam ihr Recht sprach. Gerade in der heutigen Zeit, in der alle wahren Werte in Frage gestellt werden, würde es mir sehr viel bedeutet haben, nochmal den Geist zu spüren, der in der Heeresjustiz lebendig war.»

Giesecke ist früh verstorben. Er hatte am 20.2.1971 um seine vorzeitige Versetzung in den Ruhestand gebeten, die zum 1.4. ausgesprochen worden war. Es gab Pläne, Syndikus einer großen Bank in Frankfurt zu werden, auf jeden Fall wollte er sich aus dem Justizdienst zurückziehen. Der Bruch mußte sich seit jenem Flugblatt im Jahre 1968 vollzogen haben. Dr. Giesecke verstarb am 1.6.1971, zwei Tage vor seinem 64. Geburtstag. Die Trauerrede hielt einer der Ewiggestrigen:

«Dr. Giesecke war schon mehrere Jahre vor dem Krieg in die Heeresjustiz eingetreten, weil hier noch die Gewähr bestand, ohne politischen Zwang und Druck Recht zu sprechen. Als Kriegsgerichtsrat der 14. Div. und der 60. I.D. (mot) Sturmdivision fiel er bereits durch seine klaren, wohlbegründeten Urteile auf. Als dann der Krieg ausbrach, bewährte Dr. Giesecke sich im Fronteinsatz als Offizier und als Richter bei der Truppe auf den verschiedenen Kriegsschauplätzen, so daß er vorzeitig zum Oberfeldrichter befördert wurde. Unser Kamerad Dr. Giesecke kannte keine Unterwürfigkeit. Er war zu allen Zeiten im Dritten Reich und auch danach ein aufrechter Richter, dem es allein darauf ankam, dem Recht zu dienen ohne Ansehen der Person und ohne Rücksicht auf die politischen Verhältnisse. Dr. Giesecke war, wie er auch gegenüber der hessischen Jusitzverwaltung mehrfach betonte, stolz darauf, der Heeresjustiz angehört zu haben, die gerade auch im Dritten Reich alles getan hat, um objektives Recht zu sprechen...»

16. KAPITEL

UNTER KOLLEGEN ODER DIE KALTE ANMESTIE

Als Kazimir Aloysius R. am 21.4.1960 bei der Staatsanwaltschaft Hamburg eine Anzeige erstattete, war Dr. Bode gerade zwei Monate zuvor in den Ruhestand versetzt worden und Dr. Giesecke bereits seit sechs Jahren als Landgerichtsdirektor in Fankfurt am Main tätig. Der Vater von Kazimir Aloysius R. war 1939 durch das Gericht der «Gruppe Eberhardt» wegen Freischärlerei zum Tode verurteilt worden. Da Bode zum Zeitpunkt der Anzeige in Bremen wohnte, wurde das Verfahren von Hamburg nach Bremen abgegeben. Die Bremer Staatsanwaltschaft stellte das Verfahren, ohne den des Mordes beschuldigten Bode überhaupt zu hören, kurzerhand ein. Eine Liste von Zeugen ließ man unbeachtet.

Daraufhin legte der Rechtsanwalt Schladitz aus Hamburg im Auftrag des Kazimir Aloysius R. Beschwerde ein. Die Ermittlungen wurden wieder aufgenommen und Zeugen vernommen. So sagte der ehemalige General Eberhardt eindeutig aus, daß in Danzig nicht er mit seiner Militäreinheit die Post zu erstürmen hatte, sondern die Polizei. Und der ehemalige Polizeioberst Bethke bestätigte, daß der Angriff auf die Polnische Post ein polizeilicher Einsatz unter seiner Leitung gewesen war. Beide erklärten, daß die «Gruppe Eberhardt» am 1. 9. 1939 erst um die Mittagszeit Amtshilfe leistete und die Einsatzleitung bei der Danziger Polizei verblieb.

Für Dr. Bode und Dr. Giesecke waren diese Fragen existentiell bedeutungsvoll, denn für ihre Verteidigung konnten die Todesurteile nur Bestand haben, wenn sich die Postler gegen Kombattanten, nämlich gegen Militärs, gewehrt hatten.

Das Verfahren lief gegen Bode wegen Mordverdachts. Daraus erwuchs automatisch auch ein Verdacht gegen Giesecke auf Beihilfe zum Mord. Was in jedem anderen staatsanwaltschaftlichen Verfahren, zum Beispiel bei einem Einbruchsdiebstahl, selbstverständlich gewesen wäre, wurde hier unterlassen, nämlich auch Giesecke als Beschuldigten einzustufen. Seine Rechtsstellung als Zeuge brachte Vorteile mit sich – man kann unter anderem eine Durchsuchung weniger einfach anordnen.

Der ehemalige Senatspräsident Dr. Bode und der amtierende Landgerichtsdirektor Dr. Giesecke wurden mit solchen Maßnahmen während der laufenden Ermittlungen von 1960 bis 1976 zu keiner Zeit belästigt. Vielleicht hätte man wichtige Aufzeichnungen, Briefe, Notizen oder Akten in Gieseckes Büro oder in beiden Wohnungen finden können.

Die Staatsanwälte aus Bremen und später aus Lübeck haben in eklatanter Weise gegen die «Richtlinien für das Strafverfahren» (RiStV) verstoßen. Vorgeschrieben ist, daß der Staatsanwalt in bedeutsamen oder schwierigen Fällen die Ermittlungen selbst führen muß, also beispielsweise Beschuldigte und Zeugen selbst vernehmen oder dabei anwesend sein soll. Auch hat er im ersten Zugriff «ungesäumt» – so die Juristensprache – die Sicherung von Spuren und Beweismitteln zu veranlassen. Diese Vorschrift besagt sinnvollerweise auch, daß Ermittlungshandlungen nicht nacheinander, sondern möglichst gleichzeitig durchgeführt werden sollen. Bode und Giesecke allerdings gab man Gelegenheit, sich abzustimmen, was Bode auch zugab, als er einräumte, mit Giesecke vor dessen Einvernahme telefoniert zu haben. Die Tatverdächtigen vorläufig festzunehmen und gegen sie Haftbefehle zu erlassen, ist, wenn ein Mordverdacht vorliegt, die Regel. Das Naheliegende war für die überaus nachsichtigen Strafverfolger das Unvorstellbare. Auch eine erkennungsdienstliche Behandlung, ebenfalls vorgeschrieben und routinemäßig üblich, erschien den ermittelnden Beamten vermutlich als so ungeheuerlich, daß man erst gar nicht auf eine solche Idee kam.

Die Staatsanwaltschaft Bremen führte Vernehmungen des Beschuldigten Bode und des Zeugen Giesecke nicht selbst durch, wie es angemessen gewesen wäre. Bodes Vernehmung wurde gleich an den Amtsrichter in Mölln delegiert. So verfährt man, wenn man ein schwammiges Ergebnis haben will, denn ein Wissen um Hintergründe ist bei dem Vernehmenden nicht präsent, gezielte Fragen oder gar Vorhalte kann er nur bedingt einbringen. Darauf kam es der Bremer Staatsanwaltschaft ausdrücklich nicht an, denn sie trug dem Richter auf, daß es genüge, wenn Bode schriftlich Stellung nimmt. Auch das war eindeutiger Verstoß gegen die Richtlinien.

Bode begründete also schriftlich und unterstrich vehement seinen damaligen Standpunkt, daß das Militär und nicht die Polizei die Danziger Post angegriffen hatte, daß die Postbeamten nicht auf Militär hätten schießen dürfen und daß die Todesurteile berechtigt waren.

Mit Gieseckes Vernehmung ließ man sich Zeit, sie erfolgte durch das Frankfurter Amtsgericht ein Vierteljahr später. Der Bremer Staatsanwalt rechnete damit, daß man innerhalb einer Gerichtsbehörde unter Kollegen rücksichtsvoll verfahren würde, und lag damit auch richtig. Giesecke sagte bei seinem Frankfurter Amtsbruder aus: «Diesen polnischen Stützpunkt sollte eine Kompanie (der ‹Gruppe Eberhardt› d. A.) im infanteristischen Angriff nehmen. Die Auffassung meines früheren Gerichtsherrn, den Angriff einer nicht unterstellten Einheit nur unterstützt zu haben, muß ich als irrtümlich bezeichnen.»

Giesecke wußte es besser, denn er war – wie bekannt – persönlich zum Ort des Geschehens geeilt und hatte Oberst Bethke die beiden Haubitzen übergeben. Nur auf der für die Handakte vorgesehenen Ausfertigung des Protokolls vermerkte der Amtsrichter: «Giesecke wurde auf seine Bitte hin ein Durchschlag der Vernehmung ausgehändigt.» Ein ziemlich ungewöhnlicher Service des Amtsrichters für den Kollegen am Landgericht. Als Giesecke erst zehn Jahre später erneut vernommen wurde, geriet er dank dieser Handreichung gar nicht erst in die Lage, sich in Widersprüche zu seiner ersten Aussage zu verwickeln.

Doch dieser Stand führte bei der Bremer Staatsanwaltschaft wohl zu einigen Irritationen, denn ein Heeresgeneral und ein Polizeioberst galten in den Augen der Justiz als honorige Zeugen. So beauftragte man einen Gerichtsassessor R. mit einem hausinternen Rechtsgutachten. Dieser kam zu dem Ergebnis, daß eine Verurteilung der Postbeamten wegen Freischälerei nicht hätte erfolgen dürfen, ihre Verurteilung und Hinrichtung rechtswidrig waren. In den Augen der ermittelnden Juristen war dieses Gutachten sozusagen ein Eigentor. Der Erste Staatsanwalt Dr. Höffler verfügte es mit Billigung von Oberstaatsanwalt Albrecht zur Ablage in die Handakte. Damit war es aus dem offiziellen Verfahren entfernt, genausogut hätte er es in den Papierkorb werfen können.

So stand auch einer zweiten Einstellungsverfügung nichts mehr im Wege, die Staatsanwalt Dr. Höffler im Einvernehmen mit seinem Behördenleiter Albrecht (Paraphe) am 16. 11. 1961 formulierte. Nach dem Motto, daß nicht sein kann, was nicht sein darf, folgte Höffler den Schutzbehauptungen von Bode und Giesecke, bewertete anderslautende Zeugenaussagen überhaupt nicht und entschied, daß es das Militär war, welches mit dem ersten Schuß der «Schleswig Holstein» die Post angegriffen hat. Er schrieb in seiner Einstellungsverfügung: «Gegen 04.45 Uhr wurden, als auch der erste Angriff gegen die Schutzpolizei gescheitert war, Einheiten der ‹Brigade Eberhardt› eingesetzt, die nunmehr den Kampf gegen die Post übernahm.»

Kaum dürfte es überraschen, daß der Erste Staatsanwalt Dr. Siegfried Höffler (Jahrgang 1909) in der Nazi-Zeit Staatsanwalt beim Sondergericht Berlin gewesen war. Der NSDAP gehörte er seit 1933 an, ferner dem SA-Reitersturm, der NSV und dem NS-Juristenbund. In der Bremer Justiz stand er in dem Ruf, zur Einstellung von NS-Verfahren zu neigen. Höffler war im DDR-*Braunbuch* aufgeführt, was ihn ins Gerede gebracht hatte.

Sein Chef hatte eine nicht minder einschlägige Karriere als NS-Jurist hinter sich. Johannes Albrecht (Jahrgang 1901) war früher Ankläger am Sondergericht Bremen, Mitglied der NSDAP seit 1937, des Reichsbundes der deutschen Beamten und der NSV, seit 1937 im Reichskolonialbund und seit 1938 im Volksbund für das Deutschtum im Ausland.

Die beiden Einstellungsverfügungen wurden im Einvernehmen mit dem Bremer Generalstaatsanwalt Dr. Hanns Dünnebier (Jahrgang 1907) getroffen, der als bedeutendster «General» in Bremen mit fachlichen Qualitäten galt. Auch er war seit 1939 NSDAP-Mitglied und davor in der NSV und dem NS-Rechtswahrerbund organisiert. Die drei Juristen waren im Entnazifizierungsverfahren als «Mitläufer» eingestuft worden.

Der Rechtsanwalt und sein Mandant Kazimir Aloysius R. resignierten nach der zweiten Verfahrenseinstellung gegen die Übermacht und legten keine Beschwerde dagegen ein. Bode und Giesecke hatten eine Schlacht gewonnen.

Der wichtigste Impuls zur juristischen Auseinandersetzung mit den Vorgängen in Danzig kam aus den USA. Wir schreiben das Jahr 1964. In Los Angeles lebte Jerzy Konstanty Fuz, der Sohn des Postlers Leon Fuz, der als Angehöriger eines Grabkommandos Mitte Dezember 1939 ermordert worden war. Sein Sohn hatte den polnischen Vornamen amerikanisieren lassen – er nannte sich nun George Constantine. George Fuz war inzwischen eingebürgert und habilitierter Doktor der Rechtswissenschaften.

Am 5. 1. 1925 wurde er als einziges Kind der Eltern in Plock geboren. Als sein Vater ermordet wurde, ging er in Danzig in die zweite Klasse des Polnischen Gymnasiums. Nachdem er Ende August 1939 mit seiner Mutter nach Plock geflohen war, sorgte er für seine kranke Mutter und sich als Ausläufer der Apotheke «Rowy Rynek» und später als Bote der Stadt Warschau. Dorthin waren beide im Mai 1940 gezogen, zweimal hat die Familie Fuz im Krieg ihr ganzes Hab und Gut verloren. Nach 1945 emigrierte Jerzy Fuz über die Niederlande in die USA; seine Mutter blieb in Warschau zurück.

Wir erfahren von dem US-Bürger George Fuz erstmalig, als er am 23. 2. 1964 aus Los Angeles, North Sanborn Avenue Nr. 1525, an die Zentrale Stelle der Landesjustizverwaltungen in Ludwigsburg schrieb und um Aufklärung des Mordes an seinem Vater bat.

Es ist (auch heute noch) Aufgabe dieser Institution, bei Verdacht von NS-Verbrechen Vorermittlungen zu führen, um das Verfahren an eine zuständige Staatsanwaltschaft abzugeben, wenn der Sachverhalt vorgeklärt ist. Brieflich gab Fuz verschiedene Ermittlungshilfen, insbesondere durch Hinweise auf Franz Christoffel und Kurt Eimann. Alsbald tauchten auch die Namen Kurt Bode und Hans-Werner Giesecke auf, und in Ludwigsburg stieß man auf das eingestellte Verfahren der Staatsanwaltschaft Bremen. Fuz war von dem Engagement angenehm überrascht: «Please continue your good work and let me know if you find the murderers of my father. Thank you once again for your help.»

Dr. Bode war im August 1961 von Bremen nach Mölln, Im Wirrwinkel 21, verzogen. Dieser Wohnsitz begründete die Zuständigkeit der Staatsanwaltschaft Lübeck, an die die Zentrale Stelle das Verfahren delegierte. In dieser Phase gingen George Fuz, die Zentrale Stelle in Ludwigsburg und die Staatsanwaltschaft Lübeck irrtümlich davon aus, daß Leon Fuz einer der 38 zum Tode verurteilten Postverteidiger sein müsse. Erneut setzten von 1964 bis 1966 Ermittlungen gegen Bode ein, Giesecke wurde wie zuvor als Zeuge behandelt. Das Studium der Akten vermittelt die Gewißheit, daß der Wille zur Aufklärung in doppelter Hinsicht gebremst wurde: Zum einen, weil es um Vorgänge in der NS-Zeit ging, zum anderen, weil es sich um Juristenkollegen handelte.

Die «Ermittlungsfehler» traten so gehäuft auf, daß dieses Verfahren als Musterbeispiel für vorsätzliche Nichtaufklärung in die Justizgeschichte eingehen könnte.

Auch in diesem Verfahren spielten der Tatablauf und die Frage des Kombattantenstatus eine wichtige Rolle. Die Lübecker Staatsanwaltschaft hat es unterlassen, nach wichtigen Zeugen zu suchen und diese zu hören. Namentlich waren in den Akten Offiziere der Polizei und des Militärs genannt, die an dem Angriff auf die Post beteiligt waren. Es wurde ignoriert, daß vier Postverteidiger, denen seinerzeit die Flucht gelang, in Polen lebten. Darauf wies der von George Fuz inzwischen eingeschaltete Münchner Rechtsanwalt Schneider vergeblich hin. Ein anderer Rechtsanwalt machte die Behörden auf den Schweizer Zeitungskorrespondenten Walter Gong aufmerksam, der am 1. 9. 1939 am Tatort war und über den Angriff eine Reportage geschrieben hatte. Gong arbeitete in den sechziger Jahren bei der Deutschen Welle in Köln.

Von George Fuz hatten die ermittelnden Juristen erfahren, daß sein Vater in der Viktoria-Schule gefangengehalten worden ist. Daß dort gefoltert und gemordet wurde war bekannt, doch von deutschen Gerichten wurde dafür niemand zur Verantwortung gezogen.

Leon Fuz wurde im Lager Neufahrwasser in Sonderhaft genommen und zum Grabkommando eingeteilt. Sein Sohn George gab erste Hinweise auf das Lager. Der Lagerleiter der Viktoria-Schule und des Lagers Neufahrwasser, Franz Christoffel, war jedoch kein Thema für die Staatsanwaltschaft Lübeck. Wer war für das, was in den beiden Lagern geschah, verantwortlich? Man wollte sich augenscheinlich diese einfache Frage nicht stellen, sonst hätte schon ein nächster Ermittlungsschritt im Berlin Document Center auf Christoffel führen müssen, der sogar in Lübeck wohnte. In Berlin befand sich ein Dossier, das seine Aufgaben und Verantwortlichkeiten aufzeigt. Die Staatsanwaltschaft Lübeck verzichtete darauf, Christoffel, der mühelos erreichbar gewesen wäre, quasi nebenan in der Hansestadt wohnte, zu vernehmen, bis er am 3. 9. 1965 unbehelligt im Alter von 67 Jahren verstarb. Man ließ diese Möglichkeit wissentlich verstreichen, obwohl (oder weil) George Fuz, die Zentrale Stelle und das LKA Kiel eindeutige Hinweise gegeben hatten.

Und auch wenn den ermittelnden Juristen nicht mehr interpretationsbedürftige Zeugenaussagen vorlagen, hieß das noch lange nicht, daß sie nun weiter tätig wurden. So hat Alois Brillowski 1961 in einer Vernehmung über die Zustände im Gestapo-Krankenhaus von Danzig berichtet. Die dafür Verantwortlichen versagten den durch schwerste Brandverletzungen gequälten Postverteidigern jede medizinische Versorgung, fünf Postbeamte und die elfjährige Erwina starben. Diese Morde waren nie Gegenstand einer staatsanwaltschaftlichen Untersuchung. Die Vernehmung Brillowski wurde von den Staatsanwaltschaften Bremen und Lübeck zu den Akten genommen, mehr nicht.

Und das ist noch nicht das letzte Beispiel für den mangelnden Aufklärungswillen der Staatsanwaltschaft Lübeck: Im November 1965 vernahm der Sachbearbeiter der Lübecker Staatsanwaltschaft in Itzehoe den Kaufmann Schäfer, der als SS-Mann die oberste polizeiliche Verantwortung für den Posteinsatz getragen hatte – er war eine Schlüsselfigur. Für die Staatsanwaltschaft war Schäfer Zeuge und nicht Beschuldigter. Mit seiner Vernehmung war die Chance zu einer detaillierten Aufklärung des Tatgeschehens gegeben. Er hätte zu den einzelnen Tatphasen befragt werden müssen, zur Einsatzvorbereitung und Durchführung, zu den Geschehnissen an der Post, wer wann und wofür verantwortlich war, welche Aufgaben und Kompetenzen hatte.

Das gesamte Vernehmungsprotokoll ist eineinhalb Seiten kurz und behandelt in der ersten Hälfte die Vorgeschichte in Danzig. Es gibt keine Fragen, keine Vorhalte. Kriminalisten nennen diese Methode «einen Vorgang totmachen»!

Das geht weder im Fall der Vernehmung von Schäfer noch ansonsten auf individuelles Unvermögen zurück, dahinter steckt System. Jörg Friedrich hat für den Umgang mit NS-Tätern in der Bundesrepublik den Begriff der «Kalten Amnestie» geprägt – etwas, das wir in den Fällen Bode und Giesecke in actu studieren können. Wenn Mitwisser, die auch Täter waren, so lange nicht gehört werden, bis sie sozusagen «rechtzeitig» verstarben, war das kein Zufall, sondern Methode, die man zynischerweise als «biologische Verjährung» bezeichnete.

Im ersten Band der Lübecker Staatsanwaltschaftsakte gegen Bode klafft zwischen den Seiten 105 und 166 (Zeitraum April/ Mai 1965) eine große Lücke. Die Papiere, die fehlen, sind vermutlich vor Abgabe an das Staatsarchiv aus der Akte entnommen worden. (Die Staatsanwaltschaft Lübeck ließ eine diesbezügliche Anfrage des Autors unbeantwortet.)

Was immer auch in diesen Akten stand, gewiß ist, daß der Leitende Oberstaatsanwalt Albrecht am 9. 9. 1966 im Einvernehmen mit Generalstaatsanwalt Nehm das Verfahren gegen Dr. Bode wegen Mordes einstellte.

Zehn Tage später legte George Fuz Beschwerde ein und schrieb empört: «Ich bin überrascht, feststellen zu müssen, daß Sie den Argumenten der Nazi-Propaganda folgen.»

Der hochrangige Jurist Bode konnte sich der Sympathie des Generalstaatsanwaltes sicher sein. Von Generalstaatsanwalt Eduard Nehm war bekannt, daß er die NS-Daten von Kollegen behördenintern vertuschte. Auch er gehörte zu den Figuren mit einschlägiger NS-Vergangenheit, die im schleswig-holsteinischen Justizapparat so zahlreich vertreten waren. Mitglied der NSDAP und des NS-Rechtswahrerbundes seit dem 1. 5. 1933, Mitglied des NSKK als Obertruppführer.

Auch der Chef der Staatsanwaltschaft Lübeck kümmerte sich um Bode. Der Leitende Staatsanwalt Traugott Albrecht (Jahrgang 1913) war ein eifriger Anhänger des NS-Regimes, was ihm der Generalstaatsanwalt von Stettin 1940 bescheinigte:

«Politisch ist Albrecht zweifellos zuverlässig. Er ist, nachdem er früher in der SA war, jetzt im NSKK. Schon 1931 als Schüler war er bei der Bewegung in leitender Stellung im NS-Schülerbund. Das Gauleiterzeugnis besagt auch, daß keine politischen Bedenken bestehen. Ich, der Generalstaatsanwalt, halte Albrecht für das Amt des Staatsanwalts, das er erstrebt, für besonders geeignet.»

1942 wurde Albrecht schwer verwundet und war «Kriegsversehrter.»

Die staatsanwaltschaftlichen Sachbearbeiter im Lübecker Verfahren gegen Bode wechselten im Laufe der Jahre. Sie holten, wie das Berichtsheft zeigt, regelmäßig die Instruktion ihrer Vorgesetzten ein. Veränderungen in der personellen Besetzung störten das Einvernehmen nicht, wenn die Justiz die kalte Amnestie praktizierte.

Das Verfahren war in Bremen zweimal eingestellt worden. Die dritte Einstellung durch die Lübecker Staatsanwaltschaft ließ sich George Fuz nicht gefallen. Generalstaatsanwalt Nehm mußte aufgrund seiner Beschwerde die Ermittlungen wieder aufnehmen und fragte im Dezember 1966 in der DDR nach den Akten des ehemaligen Feldkriegsgerichts der «Gruppe Eberhardt».

Ein solcher Vorgang war in den Nachkriegsjahrzehnten schwierig. Prinzipiell aber war eine Bereitschaft zur Kooperation bei der Verfolgung von NS-Verbrechen vorhanden. Es lag durchaus im politischen Interesse der ehemaligen Ostblock-Staaten und der

DDR, wo der staatliche Antifaschismus hochgehalten wurde, dem «dekadenten» Westen die Vergangenheit vorzuhalten. 1960 untersagte die Bundesregierung der Zentralen Stelle in Ludwigsburg, Verbindung mit östlichen Staaten, insbesondere Polen, zur Auswertung dortiger Archive aufzunehmen. 1963 stellte Polen über seine Berliner Militärmission Dokumentenmaterial zur Verfügung, zwei sowjetische Beamte reisten sogar mit Beweismitteln zu einem NS-Prozeß nach Koblenz. Wiederum untersagte die Bundesregierung der Zentralen Stelle, diese Kontakte zu vertiefen. Ein Treffen zwischen Mitarbeitern der Zentralen Stelle und einem sowjetischen Historiker blockierte das Auswärtige Amt abrupt, indem man dem russischen Professor sein Visum entzog und ihn zur Ausreise zwang. Die Methoden deutscher Politik waren rigide.

1965 und 1968 erregten die von der DDR publizierten *Braunbücher – Kriegs- und Naziverbrecher in der Bundesrepublik* Aufsehen. Sie enthielten endlose Namenslisten von ehemaligen Nazi-Funktionären, die in Staat, Wirtschaft, Bundeswehr, Verwaltung, Justiz und Wissenschaft in Westdeutschland und Westberlin Anstellung und Brot gefunden hatten. Giesecke wird als Landgerichtsdirektor in Frankfurt/M. unter den ca. 800 Juristen als ehemaliger Oberfeldrichter aufgeführt. Konsequenzen hatte es für ihn keine, denn diese Veröffentlichungen aus der «SBZ» trafen nicht nur bei ausgemachten Nazis und ihren Sympathisanten, sondern auch bei den Kalten Kriegern auf demonstratives Desinteresse. Im Hinblick auf die Juristen im ehemaligen Reichsgau Danzig-Westpreußen sind die Erkenntnisse im *Braunbuch* übrigens lückenhaft. Bode wird, weil schon im Ruhestand, nicht erwähnt.

Im Ermittlungsverfahren gegen Bode wird explizit, daß man nicht an der Wahrheitsfindung interessiert war. Vielmehr ging es um Protektion und Politik. Der Generalstaatsanwalt der DDR antwortete auf das Ersuchen des Generalstaatsanwalts von Schleswig-Holstein am 25. 5. 1967:

«Betreff: Ermittlungsverfahren gegen Dr. Kurt Bode wegen Verdachts des Mordes

Sehr geehrter Herr Generalstaatsanwalt,

unter Bezugnahme auf Ihr Schreiben vom 1. Februar 1967, dessen Eingang ich hiermit bestätige, bitte ich Sie, entsprechend den Gepflogenheiten im Rechtshilfeverkehr, ein ordentliches Rechtshilfeersuchen in der o. a. Ermittlungssache an meine Dienststelle zu richten. Insbesondere bitte ich mir mitzuteilen, gegen wen Sie Ermittlungen führen, damit ich umfassende Beweiserhebungen veranlassen kann.

Mit vorzüglicher Hochachtung»

Die auf Souveränität bedachte DDR-Behörde formuliert hier ein konkretes Angebot. Nach der Wende läßt sich im Potsdamer Archiv eine entsprechende Dokumentationsakte einsehen. Man hatte mit Nachforschungen über Bode und der Suche nach der Danziger Prozeß-Akte tatsächlich begonnen. Generalstaatsanwalt Dr. Nehm aus Schleswig fertige am 6. 6. 1967 einen internen Aktenvermerk an:

«Das... Schreiben des Generalstaatsanwalts der SBZ v. 25. 5. 1967 ist sachlich unbegründet. Dem Generalstaatsanwalt der SBZ ist der Name Dr. Bode sowie der Gegenstand des Verfahrens sowohl von der Zentralen Stelle in Ludwigsburg als auch von hier aus mitgeteilt worden. Ferner ist ihm eröffnet worden, daß die Akten des Gerichts der Gruppe Eberhardt StL 42/39 benötigt werden. Bei dieser Sachlage kann das Schreiben des Generalstaatsanwalts der SBZ nur so aufgefaßt werden, daß die erbetenen Akten dort nicht vorhanden sind und die Gelegenheit benutzt werden soll, die Einhaltung von Regeln des internationalen Rechtshilfeverkehrs gegenüber der SBZ zu erzwingen...

Eine Beantwortung des Schreibens... erscheint zwecklos.»

Dr. Nehm hatte nichts Eiligeres zu tun, als die Ermittlungen gegen Bode Ende Mai 1967 erneut einzustellen: «Haupthindernis ist, daß die Verfahrensakten des Gerichts der Gruppe Eberhardt nicht vorliegen. Es kann deshalb nicht sicher aufgeklärt werden, welche tatsächlichen Feststellungen das Kriegsgericht im einzelnen getroffen hat und welche Rechtsfragen sich demzufolge dem Gericht gestellt haben. Auch meine Bemühungen, den Generalstaatsanwalt der Sowjetzone zu einer Amtshilfe in dieser Sache zu veranlassen, sind erfolglos geblieben.»

Nach dieser vierten staatsanwaltschaftlichen Verweigerung suchte George Fuz eine gerichtliche Entscheidung. In seinem Auftrag strengte Rechtsanwalt Schneider am 27. 6. 1967 beim Oberlandesgericht Schleswig ein Klageerzwingungsverfahren an. Die Hartnäkkigkeit von George Fuz machte den Staatsanwälten offensichtlich Kopfzerbrechen, denn es ist belegt, daß sich die Behördenchefs aus Lübeck und Bremen trafen, um die Marschrichtung zu beraten.

Das OLG Schleswig folgte der Stellungnahme des Generalstaatsanwalts und verwarf am 5. 2. 1968 den Antrag als unbegründet. Dies war der fünfte Sieg von Bode und Giesecke, zu dem sie aktiv gar nicht sonderlich beitragen mußten, da dieser Rechtsstreit stellvertretend für sie von ihren Juristenkollegen ausgefochten wurde.

Klaus-Detlef Godau-Schüttke, amtierender Richter am Landgericht Itzehoe, hat sich intensiv mit der NS-Vergangenheit der schleswig-holsteinischen Justiz befaßt. Er beurteilt die serienmäßigen Verfahrenseinstellungen eindeutig:

«Die Einstellungen beruhen auf dem Kastenwesen der Justiz nach 1945. Es ist überhaupt erstaunlich, daß die Ermittlungen in diesem Fall über Jahre liefen, denn in der Regel wurden diese klammheimlich eingestellt. Die wenigsten NS-Juristen waren wilde Nazis. Trotzdem haben sie mitgemacht: Sie wollten Karriere machen, und sie brauchten nicht zur Wehrmacht. Für mich waren es Biedermänner, die im höchsten Maße opportunistisch handelten. Alle haben hinterher, obwohl sie genau wußten, Unrecht getan zu haben, die Lehre vom Gesetzespositivismus begierig aufgegriffen. War ein Gesetz, auch in einem Unrechtsstaat, formell richtig zustande gekommen, mußte es nach Ansicht der NS-Juristen auch angewendet werden. Dabei hatten diese Juristen auch dann keine Bedenken, wenn zum Beispiel die Tatschuld in einem krassen Mißverhältnis zur Strafe stand.

Die überwiegende Mehrzahl der Nachkriegsjuristen in Schleswig-Holstein hat diesen Beruf auch in der Nazi-Zeit ausgeübt. Die Mitglieder des Sondergerichts Warschau z. B. kamen alle wieder in Amt und Würden. Damit klärt sich ein Umstand auf: Man ermittelt nicht gerne gegen sich selbst.»

Godau-Schüttke ist auch der bereits erwähnte Dr. Nehm bekannt: «Er hat in den fünfziger Jahren einen roten Hefter und ein Dutzend Blätter aus seiner Personalakte entfernen lassen. Dafür wird er Gründe gehabt haben.» Der Jurist ist mit der Geschichte der Lübecker Justiz vertraut. Die drei Richter des Senats, die eine öffentliche Klage gegen Bode ablehnten, waren, so sagt er, nicht selbst belastet. Nach wie vor allerdings tut sich das OLG Schleswig schwer mit der Vergangenheit. Als 1993 einige wenige Richter – unter ihnen Godau-Schüttke – ein Mahnmal für die Opfer der Willkürjustiz aufstellen wollten, hagelte es Proteste von Kollegen. 46 von den etwa 60 Richtern und Richterinnen des OLG Schleswig beschwerten sich schriftlich über die geplante Aufstellung des Mahnmals, weil sie die Skulptur vor dem Hauptportal ihres Dienstgebäudes als «schwer erträglich» fanden. Auch meldete der Schleswig-Holsteinische Richterverband Vorbehalte an. Der engagierte Richter aus Itzehoe sagt, daß man sich erst einverstanden erklärt habe, als er mit Namensnennungen von NS-Juristen drohte.

Ende des Jahres 1968 beantragte Rechtsanwalt Schneider im Auftrage von George Fuz, der noch immer nicht resigniert hatte, die Wiederaufnahme der Ermittlungen bei der Staatsanwaltschaft Lübeck. Als neue Beweismittel fügte er Auszüge aus dem Kriegstagebuch des Militärbefehlshabers Danzig-Westpreußen und zwei Aktenvermerke des Dr. Lattmann bei.

George Fuz hatte außerdem in Los Angeles den «Polish American Congress», der in den USA 15 Millionen Bürger polnischer Abstammung repräsentiert, mobilisiert, ihn gegen die Lübecker Justiz zu unterstützen. Die zahlreichen, gut begründeten Eingaben der Organisation an die Zentrale Stelle, den Ministerpräsidenten und den Petitionsausschuß des Landtags von Schleswig-Holstein und an den Bundestag zeigten vielleicht Wirkung, aber keinen Erfolg.

Simon Wiesenthal forderte im Jahr 1968 die Zentrale Stelle zu Aktivitäten der deutschen Justiz gegen Dr. Kurt Bode auf.

Etwa zur gleichen Zeit verweigerte der Senator für Justiz in Bremen «zur Wahrung der Persönlichkeitsrechte» zunächst die Übersendung der angeforderten Personalakte Bode an Fritz Bauer, den damaligen Generalstaatsanwalt in Frankfurt. Dort war ein großes

Verfahren gegen ehemalige OLG-Präsidenten und Generalstaatsanwälte im Zusammenhang mit den Euthanasie-Verbrechen anhängig. Es ging um Beihilfe zum Mord. Bode wurde als Zeuge amtsrichterlich vernommen.

Die Verjährung war im Falle Bode und Giesecke durch die ersten richterlichen Vernehmungen rechtzeitig unterbrochen worden. 1968 beschlossen die Politiker des Bundestages eine Strafrechtsreform. Davon war der § 50 Abs. 2 StGB mit der versteckten Folge betroffen, daß die Verbrechen sämtlicher Nazi-Mordgehilfen rückwirkend seit dem 8. 5. 1960 verjährten. Das wurde als «Panne» entschuldigt und als unbeabsichtigter Nebeneffekt dargestellt, der «ungewollt» und «unbewußt» eingetreten sei. So konnten sich die 360 Schreibtischtäter des Reichssicherheitshauptamtes auf die neue Bestimmung berufen, gegen die ein Verfahren der Staatsanwaltschaft beim Berliner Kammergericht anklagereif war. Die aufwendig und genau vorbereitete Anklage stürzte wie ein Kartenhaus in sich zusammen.

Der Lübecker Leitende Oberstaatsanwalt Albrecht beeilte sich, im Februar 1969 George Fuz mitzuteilen, daß er davon absehe, die Ermittlungen neu aufzunehmen, weil die übersandten Beweismittel nicht neu seien und keine neuen Tatsachen begründeten. Dies war die sechste staatsanwaltschaftliche Absage.

Noch immer lief das Lübecker Verfahren ausschließlich gegen Bode. Dennoch haben die Lübecker Sachbearbeiter im Schriftverkehr den Betreff «Verdacht des Mordes gegen Bode *u. a.*» benutzt. Wer «unter anderen» nach norddeutscher Auslegung der Strafprozeßordnung noch Beschuldigter sein könnte, rätselte auch die Zentrale Stelle in Ludwigsburg und fragte 1969 in Lübeck an, ob denn gegen Giesecke ein Verfahren anhängig sei. Eine Antwort blieb man schuldig.

Als im selben Jahr die Zentrale Stelle beabsichtigte, die Lübecker Einstellungsverfügung an die Hauptkommission zur Bekämpfung von NS-Verbrechen in Polen zu senden, hat dies der zuständige Staatsanwalt in Lübeck verhindert.

Am 3. 3. 1969 legte der Rechtsanwalt Schneider Beschwerde ein, und neun Monate später entschloß sich die Staatsanwaltschaft Lübeck doch noch, die Ermittlungen fortzusetzen.

Es ist nicht mehr rekonstruierbar, warum im ersten Halbjahr 1970 die staatsanwaltschaftlichen Anstrengungen spürbar verstärkt wurden, wenn sich auch die gesamte Zielrichtung nicht veränderte. Beispielsweise wurden die Akten des Sozialamtes Stuttgart aus dem Fall R. herangezogen, aus denen sich eindeutig ergibt, daß die Staatsanwaltschaft Hamburg am 7. 6. 1962 das Todesurteil des Gerichts der «Gruppe Eberhardt» gegen Kazimir R. aufhob. Das beeindruckte die Staatsanwaltschaft Lübeck nicht, man ignorierte es einfach. Man setzte sich auch bewußt nicht damit auseinander, daß das Sozialgericht Stuttgart in seiner Entscheidung vom 11. 2. 1966 festgestellt hatte: «...steht nach der Überzeugung des Gerichts fest, daß beide Verbände (gemeint waren Angreifer und Verteidiger, d. A.) während ihrer Kampfhandlungen ‹militärähnlichen Dienst› geleistet haben.» Es gab also bereits ein Gericht, das den Postverteidigern den Kombattantenstatus zugestand.

Da George Fuz über seinen Anwalt Schneider den Aktenvermerk des Dr. Lattmann zum Gegenstand der Beschwerde gegen die Einstellung gemacht hatte, entschloß sich der Lübecker Staatsanwalt zu Lattmanns Vernehmung im Mai 1970.

Dr. Erich Lattmann hatte, wie wir wissen, am Tag des Post-Prozesses als Leiter des Militärgerichtswesens im Oberkommando des Heeres Kriegsgerichtsrat Giesecke ein Fernschreiben geschickt. Dieser Text findet sich in dem Aktenvermerk, der von der Staatsanwaltschaft Lübeck wie eine heiße Kartoffel angefaßt wurde. Im gesamten Ermittlungsverfahren wurde diese Seite 385 des II. Aktenbandes wie nicht existent behandelt. Lattmann hatte nämlich dem Kriegsgericht den Hinweis gegeben: «Unter Umständen wird zu prüfen sein, ob nicht die in § 3 Abs. 2 Kriegssonderstrafrechtsverordnung angeführten Ausnahmen vorliegen.»

Bode und Giesecke hatten über die Empfehlung Lattmanns im Prozeß hinweggesehen. Das wurde zu einem ernsten juristischen Problem bei ihrer Verteidigung, denn der die Angeklagten entlastende Absatz 2 des Freischärlerparagraphen war wie auf die Postler zugeschnitten. Danach hatten sie den Status von Milizen und konnten nicht als Freischärler betrachtet werden. Diese Bestimmung ignorierten Bode und Giesecke wissentlich, trotz des Hinweises von oben. Die Postbeamten waren verurteilt, bevor der Prozeß überhaupt begann.

Diese den Akten zweifelsfrei zu entnehmende Handlungsweise deutet auch im Sinne der Rechtssprechung des Bundesgerichtshofes stark auf Rechtsbeugung hin: «Vorsatz» und «die unrichtige Anwendung eines formell gültigen Gesetzes durch falsche Subsumierung des Sachverhalts».

Natürlich haben Giesecke und Bode nichts zu diesen Fragen ausgesagt. Natürlich kannte die Staatsanwaltschaft Lübeck diese Rechtsproblematik und hat ihren beiden Schützlingen dazu keine Fragen gestellt. Natürlich wurde auch vermieden, sich in den Einstellungsverfügungen damit auseinanderzusetzen.

Dr. Lattmann sagte dazu aus, natürlich, um sich selbst zu exkulpieren: «In dem Fernschreiben habe ich sicherheitshalber sogar auf den Absatz 2 hingewiesen, in dem die Merkmale genau aufgeführt sind, die gegen Freischärlerei sprechen.» Bei der Bestätigung des Urteils und im Gnadenverfahren hat er allerdings nachweislich seinen eigenen Hinweis nicht beachtet. Juristisch hätte das als mit Strafe bedrohter Ermessensmißbrauch bewertet werden können und wäre, wenn niedrige Beweggründe, wie z.B. «Polenhaß», nachweisbar gewesen wären, Beihilfe zum Mord.

Auch Lattmann genoß das Lübecker Privileg, nur als Zeuge eingestuft zu sein; seine Rolle als Täter ist, soweit es Akten ausweisen, über eine Belehrung des Staatsanwaltes hinaus nicht überprüft worden. Der Ex-Generalrichter am Reichskriegsgericht erfreute sich bei seinen Bremer und Lübecker Juristenkollegen offensichtlich höchsten Respekts. Auf Lattmanns Konto gingen seit 1943 23 Todesurteile. Nach dem Krieg war er Oberamtsrichter in Goslar.

Zehn Jahre nach ihrer ersten Vernehmung entschied die Staatsanwaltschaft Lübeck, Bode und Giesecke erneut zu hören – Bode als Beschuldigten, Giesecke wieder nur als Zeugen. Bode wurde zum

Amtsgericht Mölln vorgeladen, woraufhin Bodes Rechtsanwalt die Impertinenz besaß, Akteneinsicht zu verlangen. Bode redete sich darauf hinaus: «Mir ging es weniger um die Einsicht in die Akten als vielmehr darum, zu erfahren, ob tatsächlich ein Ermittlungsverfahren gegen mich anhängig sei.» Bodes Vernehmung fand am 18. 6. 1970 statt, Gieseckes erst am 8. 7. 1970. Beide hatten also reichlich Zeit, sich miteinander abzustimmen. Die Vernehmungen führte ein Lübecker Staatsanwalt; Fragen oder gar Vorhalte ließ er nicht protokollieren. Zuvorkommender kann ein Tatverdächtiger nicht behandelt werden: Dieser Staatsanwalt las Giesecke seine Vernehmung aus dem Jahr 1960 vor. Bei Bode war das gar nicht mal nötig, denn es war davon auszugehen, daß er eine Zweitschrift seiner eigenen schriftlichen Äußerungen besaß. Bode berichtete relativ ausführlich, konzentrierte sich aber auf seine Kernaussage: «Der Auftrag an die ‹Gruppe Eberhardt›, die Post zu besetzen, diesen Stützpunkt niederzukämpfen, war eine rein militärische Angelegenheit.» Auch hierzu hatte der Staatsanwalt keine weiteren Fragen. Eher knapp war die Aussage des «Zeugen» Giesecke. Zum Ablauf des Prozesses gegen die Postler, den Giesecke von sich aus gar nicht erst erwähnte, schwieg der Staatsanwalt genauso wie zu Gieseckes Anwesenheit bei der Hinrichtung. In der Sache brachten beide Vernehmungen nichts Neues. Das waren reine Alibihandlungen, denn schon einen Tag später stellte die Staatsanwaltschaft Lübeck das Verfahren wieder einmal ein.

Dies war die siebte Weigerung deutscher Strafverfolgungsbehörden, den Mord an Leon Fuz zu sühnen. Was George Fuz dabei empfunden hat, wissen wir nicht. Es brauchte zwei Jahre, bis am 22. 2. 1972 sein Rechtsanwalt Schneider weiter gegen die Einstellung aus dem Sommer 1970 vorging.

Das Verfahren nahm nun eine Wende, weil inzwischen als hinreichend bewiesen galt, daß Leon Fuz nicht zu den 38 hingerichteten Postverteidigern gehörte. Die Ermittlungsakte führte nicht mehr das Rubrum «Gegen Bode wegen Mordes zum Nachteil Fuz», sondern «Gegen Unbekannt wegen Mordes zum Nachteil Fuz». Damit waren Bode und Giesecke schon entlastet, zumal die Staatsanwaltschaft Lübeck die uns inzwischen bekannte Nachsicht walten ließ und sie im Falle des Posturteils nicht der Rechtsbeugung verdächtigte. Eine Chance war vertan. Über Jahre wurden die beiden Juristen in Bremen und Schleswig-Holstein durch «Begünstigung im Amt» protegiert. Die Machenschaften des Repräsentanten des bundesrepublikanischen Rechtsstaats stellen eine besondere Form von «Rechtsbeugung» dar, die leider strafrechtlich nicht faßbar ist. Kein verantwortlicher Jurist hat je entschieden, Anklage zu erheben und eine Hauptverhandlung gegen Bode und Giesecke zu eröffnen. Niemand im Justizapparat hielt es für nötig, die immer wieder hochkommenden Vorwürfe in einer Gerichtsverhandlung öffentlich prüfen zu lassen.

Die Selbstamnestie der Justiz ist ein Vorgang mit vielen Beteiligten, der die Geschichte der Bundesrepublik und die des «Dritten Reiches» miteinander verbindet. Ungesühnt blieb nicht nur der Justizmord an 38 Danziger Postbeamten, auch um Bodes Verbrechen als Generalstaatsanwalt hat sich keine Strafverfolgungsinstanz der Nachkriegszeit je gekümmert. Beim «Entnazifizierungsverfahren» spielte diese exponierte Position in der NS-Justiz genausowenig eine Rolle wie in den Ermittlungen der Bremer und Lübecker Staatsanwaltschaft. Die Bremer Justiz interessierte sich weder bei seiner Einstellung noch bei den Beförderungen dafür. Daß Hanseatische Oberlandesgericht ernannte ihn gar zum Vizepräsidenten. Dabei hätte die Funktion «Generalstaatsanwalt in der NS-Diktatur» bei jedem Fachkundigen ein Warnsignal auslösen müssen.

Unberührt lagerten die Gerichtsakten, die ein beredtes Zeugnis von Bodes Aktivitäten ablegten, in den Archiven. Hätte sich ein westdeutsches Gericht mit diesen Fällen objektiv befaßt, wäre es zwangsläufig zu dem Ergebnis gekommen, daß Bode der vielfachen Beihilfe zum Mord verdächtig war. Bodes Anklageschriften war schwarz auf weiß zu entnehmen, daß Menschen aus niedrigen Beweggründen wegen geringfügiger Vergehen ermordet wurden. Rassenhaß beziehungsweise die angenommene Überlegenheit der eigenen Rasse bestimmten die Tonlage der amtlichen Schriftsätze. Doch mit dem von der bundesrepublikanischen Rechtspolitik anerkannten Grundsatz des Gesetzespositivismus konnten sich die akademisch gebildeten Mordgesellen entlasten, neue Karrieren aufbauen und satte Pensionen genießen.

Davon profitierte auch der ehemalige Kriegsrichter Giesecke. Wie alle anderen Nazi-Richter nahm er nach dem Krieg für sich in Anspruch, als Vollstrecker des Gesetzes legitimiert gewesen zu sein. Allerdings hatte der Oberste Gerichtshof der britischen Zone noch 1949 festgestellt: «Wenn in einer Zeit, in der Gewalt und Willkür das öffentliche Leben beherrschten, Richter aus Geist oder Anordnung dieses Systems ihr Amt zur Begehung von Unmenschlichkeiten mißbrauchten, so war das eine der gefährlichsten und unerträglichsten Formen dieser Verbrechensart.» Das Revisionsgericht hob diesen Leitsatz wenig später auf.

Dr. Fuz bestand darauf, daß «gegen Unbekannt» weiterermittelt wurde. Aufgrund der Beweislage mußten die ermittelnden Juristen nicht mehr gegen hochrangige Kollegen, sondern gegen andere Schergen als mutmaßliche Mörder von Leon Fuz vorgehen. Unter diesen veränderten Vorzeichen erhielten auch die Ermittlungen Auftrieb. Dies weist quantitativ bereits der Aktenumfang aus: nur vier Bände hatte man in acht Jahren gegen Bode zusammengebracht, gegen Unbekannt füllten sich dreizehn Bände in nur vier Jahren. Qualitativ verfuhr man allerdings kaum entschiedener. Hier nur ein Beispiel von vielen: Erst 1974 wurde Dr. Günther Venediger gehört, einer der berüchtigten und damals seit langem bereits identifizierten Danziger Gestapo-Chefs. Die Vernehmung wurde an die Kripo Düsseldorf delegiert. Der vernehmende Beamte wußte nichts um die Hintergründe und konnte den Lügen Venedigers nichts entgegensetzen.

Der von George Fuz beauftragte Rechtsanwalt Schneider war die treibende Kraft, die die Ermittlungen in Gang hielt. 1975 stellte die Staatsanwaltschaft Lübeck zum achten Mal ein. Wieder führte erst die Beschwerde des Anwalts zur Fortsetzung der Ermittlungen bis zum Dezember 1976. In der neunten staatsanwaltschaftlichen Einstellungsverfügung hieß es unter anderem: «Die Ermittlungen in dem vorliegenden Verfahren gegen Unbekannt waren daher darauf gerichtet, sichere Feststellungen über die Umstände des Todes von

Leon Fuz zu treffen und noch lebende, für seinen Tod verantwortliche Personen zu ermitteln. Beide Ermittlungsziele konnten nicht mit letzter Sicherheit erreicht werden.»

Rechtsanwalt Schneider verzichtete darauf, weitere Rechtsmittel einzulegen, denn George Constantine Fuz war bereits am 20. 9. 1974 im Alter von 49 Jahren in Glendale/Kalifornien verstorben.

Parallel zum Strafverfahren hatte George Fuz übrigens ein zivilrechtliches Verfahren nach dem Bundesentschädigungsgesetz angestrengt. Auch der beschämende Ausgang dieses Verfahrens ist symptomatisch. Wie viele andere Angehörige von Opfern der NS-Verbrechen wurde auch Fuz als Antragsteller in ein subjektiv demütigendes Verfahren gezwungen. In einer eidesstattlichen Erklärung vom 30. 3. 1966 mußte er seinen Anspruch begründen. Er mußte die fürchterlichen Erlebnisse seiner Kindheit in justitiable Begriffe übersetzen – so, als seien die von den Nazis begangenen Verbrechen mit Geld «wiedergutzumachen».

Der Antrag auf Entschädigung wurde mit Urteil des Landgerichts Frankenthal am 7. 5. 1968 abgewiesen. Es gab etwas später noch eine Berufungsverhandlung vor dem Oberlandesgericht Zweibrükken – doch wurde die Berufung zurückgewiesen. Den Abschluß dieses jämmerlichen Rechtsstreits erlebte Dr. habil. George C. Fuz nicht mehr, da er 1974 verstarb. In einem sogenannten «Endurteil», verkündet am 7. 3. 1978, hat das Landgericht Frankenthal die Klage erneut abgewiesen. Zu diesem Zeitpunkt ging das Gericht davon aus, daß Leon Fuz am 13. 12. 1939 als Angehöriger des Grabkommandos durch den «SS-Wachsturmbann Eimann» ermordet worden war.

Das Gericht beschied: «...daß der Vater des Erblassers auf politischem Gebiet ein Gegner des Nationalsozialismus gewesen war oder wenigstens als solcher angesehen wurde, läßt sich nach der Überzeugung der Kammer weder feststellen noch... für festgestellt erachten... Der Verfolgte muß den Nationalsozialismus in seiner Gesamtheit abgelehnt haben und nicht nur das zur Zeit der nationalsozialistischen Gewaltherrschaft an der Macht befindliche Regierungssystem… Ebenso fehlen begründete Anhaltspunkte dafür, daß die Verfolger dies von ihm angenommen und ihn daher verfolgt hätten… Die Annahme, daß der Angriff auf das polnische Postamt deshalb durchgeführt worden sei, weil man in den dort beschäftigten polnischen Postbeamten politische Gegner des Nationalsozialismus oder in dem polnischen Postamt einen Unterschlupf für solche Gegner zu erblicken habe, sind keine näheren Anhaltspunkte ersichtlich… Inbesondere ist nicht ersichtlich, daß der Vater des Erblassers irgendwelchen Organisationen angehört hat.»

EPILOG

Die Ereignisse, die sich am 1. 9. 1939 am Heveliusplatz in Danzig zutrugen, sind nur ein kurzer Moment am Anfang des Zweiten Weltkriegs, in dem schließlich 50 Millionen Menschen starben. Allein die deutsche Militärgerichtsbarkeit ist für den Tod von annähernd 50000 Menschen verantwortlich. Hier wurde das Schicksal von drei Dutzend dieser Opfer beschrieben. Denn Zahlen und Fakten bleiben sonst abstrakt. Das Ausmaß der nationalsozialistischen Verbrechen macht den individuellen Tod kaum noch vorstellbar.

Betrachtet man die Geschehnisse aus der historischen Distanz, erscheint dieser Tag in Danzig «nur» als ein winziger Ausschnitt aus dem Grauen, das sich in den folgenden sechs Jahren ereignete. Für jeden einzelnen Mord «im Namen der Deutschen» (Helmut Kohl) gibt es deutsche Täter und Verantwortliche. Dieses Buch ist ein Versuch, an einem Fall, dem Justizmord an 38 Beamten der Polnischen Post, im Detail zu zeigen, wie es zu einem einzigen dieser Verbrechen kam, die zwischen 1939 bis 1945 abertausendfach geschahen. Dieses Detail wird so genau rekonstruiert, wie es fast 60 Jahre nach der Tat nach Akten- und Archivlage noch möglich ist.

Die Täter entkamen. Im Anhang dieses Buches wird rekapituliert, was aus den Danziger NS-Größen nach 1945 wurde. Auch in dieser Hinsicht sind die Vorgänge im ehemaligen Reichsgau Danzig-Westpreußen alles andere als singulär. Viele Hauptschuldige des Nationalsozialismus verflüchtigten sich wie spurlos in der bundesrepublikanischen Nachkriegsgesellschaft. An diesem Bild ändern auch die ca. 90000 Ermittlungsverfahren gegen NS-Täter nichts, die es bis 1988 in der Bundesrepublik gegeben hat. Rechtskräftig verurteilt wurden hier nur knapp 6500 Angeklagte.

Die juristische Nachkriegsgeschichte der Danziger Ereignisse ist symptomatisch für den Umgang, den die Bundesrepublik mit der nationalsozialistischen Vergangenheit pflegte. Die immer wieder niedergeschlagenen Ermittlungen wurden überhaupt erst auf Betreiben des Sohnes eines der Ermordeten aufgenommen. Keiner der Danziger Juristen wurde verurteilt.

Beim Umgang mit dem Danziger Justizmord zeigte sich auch die Machtlosigkeit der Zentralen Stelle der Justizverwaltungen in Ludwigsburg. Trotz präziser Vorlagen mußte die 1958 gegründete Institution in diesem wie in vielen anderen Fällen letztlich hilflos zuschauen, wie im Justizapparat die Amnestierung gerade der Kollegen systematisch betrieben wurde, die sich im NS-Staat schuldig gemacht hatten. Es hatte Gewicht, wenn der CDU-Bundestagsabgeordnete und ehemalige Generalbundesanwalt Jäger sinngemäß erklärte, daß nur Idioten nach Moskau fahren, um dort NS-Belastungsmaterial zu holen.

Ein Kapitel der juristischen Nachgeschichte der Danziger Ereignisse ist allerdings noch offen. Das Landgericht Lübeck ist seit Mitte 1995 erneut mit dem Justizmord befaßt. Bei den Recherchen zu diesem Buch fand sich in Polen Material, das die Hauptkommission zur Verfolgung von NS-Verbrechen beim polnischen Innenministerium dazu veranlaßte, das Bundesjustizministerium um die Wiederaufnahme des Prozesses zu ersuchen. Stefania Koziarowska und Hendryka Flisykowska, Angehörige der Ermordeten, stellten einen entsprechenden Antrag beim Bundesgerichtshof in Karlsruhe, der positiv beschieden wurde.

Selbstverständlich ist der vorliegende Versuch wie alle historiographischen Unternehmungen zur letztlich hilflosen Rekonstruktion der Ereignisse verdammt. Doch gibt es nun eine kleine Hoffnung darauf, daß den heute verantwortlichen Vertretern der deutschen Rechtsprechung daran gelegen ist, mit der fatalen Kontinuität im Justizapparat zu brechen. Die Akten- und Archivbestände enthalten eine mehr als ausreichende Grundlage für staatsanwaltschaftliche Ermittlungen, die sich zwar nicht mehr gegen die mittlerweile verstorbenen Täter, aber gegen jene richten können, die scheinbar ganz bewußt Strafvereitelung im Amt begingen.

Hierzulande sind die Vorgänge um die Post von Danzig so gut wie vergessen. Zum Tatzeitpunkt sorgte die nationalsozialistische Propaganda dafür, daß die Ereignisse große Publizität gewannen. Die «Volksgenossen» konnten darüber an prominenter Stelle im *Völkischen Beobachter* lesen, und jeder Deutsche, der in der ersten Woche des Krieges ins Kino ging, bekam die Aufnahmen zu sehen, die Goebbels «Wochenschau» vorsorglich am Tatort hatte machen lassen: So gehört die Geschichte um die Post von Danzig zu den vielen Beispielen, die die Behauptung «Wir haben nichts gewußt» widerlegen.

Nach der vermeintlichen «Stunde Null» erzählte Günter Grass in der weltberühmt gewordenen *Blechtrommel* (1959) auch von den Geschehnissen am Heveliusplatz. Der Roman gilt als eines der wichtigsten Werke der deutschen Nachkriegsliteratur, doch auch diese literarische Erinnerung vermochte den kollektiven Gedächtnisverlust nicht zu durchbrechen.

Gewiß hat sich gegenüber den ersten Jahrzehnten nach 1945 einiges geändert. Wenn man, wie in diesem Buch geschehen, ein nationalsozialistisches Verbrechen in seinen Details aufrollt, wird offenkundig, daß es den «Abschied von der Nachkriegszeit», der bei den Erinnerungsritualen fünfzig Jahre nach Kriegsende deklariert wurde, niemals geben wird. In Polen ist über die Narben, die dieser Krieg hinterlassen hat, nur eine dünne Haut gewachsen. Die deutsch-polnische Versöhnung ist zwar nicht nur diplomatisch, sondern auch zwischen den Menschen fortgeschritten. Dennoch begleitet bis heute eine nervöse Anspannung viele Staatsbesuche, sie bleibt durch die politische Routine hindurch spürbar. In Polen ist die Erinnerung lebendig. Der patriotische Widerstand der Danziger Postbeamten gegen die deutschen Angreifer ist für das nationale Selbstverständnis des Landes auch nach dem Ende des Sozialismus von großer Bedeutung.

Dieses Buch soll auch denen eine Stimme geben, die keine hatten. Das Unrecht, das geschehen ist, läßt sich nicht wiedergutmachen.

Schon darum sollten wir den letzten Überlebenden zuhören. Der älteste noch lebende polnische Postbeamte der Freien Stadt Danzig, Stanislaw Tysarczyk (92 Jahre) erzählt deshalb am Ende dieses Buches seine Geschichte:

«Ich bin ein alter Danziger. 1927 gab es eine Arbeitslosigkeit, und ich war froh, bei der Polnischen Post als Briefträger Anstellung zu finden. Bis 1933 war das Zusammenleben der Deutschen und Polen friedlich und ruhig, doch dann trat eine Wende um 180 Grad ein. Zuerst wurden die Juden bösartig behandelt, dann die Kommunisten und Polen. Na, und ein besonderes Salzkorn in den Augen der Hitlerschergen waren die uniformierten polnischen Briefträger auf der Straße. Im Vorbeigehen hörte man Schimpfworte wie Schweinehund, Dreckspolak, Drecksack, Lausepolak und dergleichen. Und ganz zufällig ließen sie, wie es der Volksmund sagt, einen fahren. Wir Briefträger reagierten nicht darauf und gingen weiter unseren Pflichten im Dienst nach. Je mehr sich der September 1939 näherte, um so schärfer wurden die Konflikte nach dem Motto: ‹Willst du nicht mein Bruder sein, schlag ich dir den Schädel ein.› Im Juli 1939 ging ich mit einem Kollegen zum Hauptbahnhof, ich war in Zivil, er in der Postuniform. Am Kassubischen Markt marschierte eine Gruppe von 16- bis 17jährigen Jungens mit Hakenkreuzfahne. Der Führer der Gruppe schlug uns ins Gesicht, weil wir die Fahne nicht gegrüßt hatten.

Der Briefträger Feliks Gierszewski fuhr mit dem Fahrrad zum Dienst, als ihm Kinder, die Fußball spielten, einen Wimpel mit dem Hakenkreuz vor das Rad warfen, so daß er darüber fahren mußte. Feliks konnte gar nicht ausweichen, er wurde der Partei gemeldet, verhaftet und in Stutthof im Januar 1940 erschossen.

Wir wollten nicht Krieg führen, uns aber auch nicht wie die Lämmer schlachten lassen. So bildeten sich geheime Gruppen des Widerstands. Auch bei den Postbeamten.

Ich hatte Glück, denn ich hatte vom 30. zum 31. August 1939 Nachtdienst, andernfalls hätte mir dasselbe Schicksal wie meinen Kameraden geblüht. Die letzten Vorkriegstage schlief ich nicht in meiner Wohnung in Neufahrwasser, sondern bei meinem verheirateten Bruder. Wir wußten, daß es Krieg geben wird und warteten jeden Tag auf den Ausbruch.

Mein Bruder war Eisenbahner. In der Nacht zum 1.9.1939 drangen drei Gestapo-Männer in die Wohnung ein und verhafteten uns. Wir wurden zum Polizeigefängnis transportiert und verhört. Ich bekam Schläge ins Gesicht. Sie beleidigten uns mit Schimpfworten und sagten: ‹Ihr polnischen Schweinehunde wolltet unser uraltes deutsches Danzig polnisch machen!›

Nach drei Tagen wurde ich in einer Kaserne in Neufahrwasser untergebracht und nach ein paar Wochen nach Stutthof verlegt. Schikanen und schlechtes Essen. Mit Pferdewagen wurde Schweinemist gebracht, den mußten wir mit den Händen abladen und im Dauerlauf im Garten verstreuen. Ähnlich war es auch in Sachsenhausen: Da mußte ich Jauche aus dem Schweinestall mit ½-Liter-Büchsen in den Garten gießen.

Einmal kam Forster mit einer Offizierskommission nach Stutthof; kein Häftling durfte sich ihnen nähern. Einer tat es trotzdem, er sprach den letzten Offizier an: er sei Deutscher und unschuldig. Als Forster das Lager verlassen hatte, gab man diesem Häftling Hammer und Zange, er solle das Schloß an der Haupttüre am Eingang des Lagers reparieren. Kaum traf er dort ein, da fiel ein Schuß, und der Häftling war tot. Ähnliches geschah öfter.

Da ich ein angelernter Schuhmacher bin, hatte ich das Glück, in Stutthof in die Schuhmacherwerkstatt zu kommen. Dort war es bedeutend besser durchzuhalten. Aber im Juni 1940 bekam ich einen roten Schein: Haftbefehl mit den Buchstaben R. U., das hieß ‹Rückkehr unerwünscht›. Mit einem Eisenbahntransport nach Sachsenhausen. Die ersten Tage dort waren sehr schlimm. Alle Zugänge mußten als ‹Stehkommando› mehrere Tage stehen.

Ich hatte Glück, daß ich gut Deutsch sprach und wieder in eine Werkstatt kam, es war meine Rettung. Am schlimmsten war, den Appell-Platz fegen zu müssen, wo alle Augenblick ein SS-Mann ging. Die glücklichste Stunde in meinem Leben war die Befreiung am 3. Mai 1945 durch die Engländer nach dem Hungermarsch über 11 Tage von Sachsenhausen nach Schwerin. Am 8. Dezember 1945 abends kam ich um 21 Uhr bei meiner Familie in Danzig an, natürlich mit sehr, sehr großer Freude. Nach ein paar Tagen war ich schon wieder bei der Post in Danzig beschäftigt. Das Abiturum habe ich erst nach dem Krieg beendet und wurde dann Vorsteher eines Postamtes. Mein Sohn lebt seit 24 Jahren in Hamburg und ist als Ingenieur bei der Behörde für Umweltschutz tätig.

Den Forster-Prozeß habe ich als Zuhörer besucht. Er hatte eine dicke Aktentasche und verhielt sich nicht wie ein Angeklagter, sondern wie ein Advokat, hatte sich auf alle Vorwürfe in der Gefängniszelle vorbereitet. Sein Benehmen war nervös, manchmal laut und frech, er wollte die Rolle eines Staatsmannes spielen. Der Richter mußte ihn ermahnen.

Auch war ich in der Kommission, die die Flucht der Vier Kameraden (bei der Kapitulation der Postverteidiger, d. A.) überprüft hat. Ihre Aussagen, die sie unter Eid machten, unterliegen für mich keinem Zweifel.

Seit 1970 bin ich Rentenempfänger im Ruhestand, da hatte ich viel Zeit. So wurde ich 11 Jahre lang Stadtführer in Danzig und Führer im ehemaligen KZ-Lager Stutthof.»

DIE TÄTER VON DANZIG NACH 1945

Es bleibt nachzutragen, was aus den NS-Verbrechern, die neben Bode und Giesecke direkt oder indirekt daran beteiligt waren, geworden ist:

Gauleiter Albert Forster wurde festgenommen und 1946 an Polen ausgeliefert, der Prozeß wegen Kriegsverbrechen und Verbrechen gegen die Menschlichkeit fand 1948 in Danzig statt. Die verhängte Todesstrafe wurde erst nach Stalins Tod, wahrscheinlich 1953, vollstreckt.

Senatspräsident Arthur Greiser, später Gauleiter des Warthelandes, wurde 1946 vom Volksgerichtshof in Poznan (Posen) zum Tode verurteilt und hingerichtet.

Einige getreue Mitarbeiter aus Danzig nahm Greiser im Herbst 1939 nach Posen mit, die allesamt von Forster mit dem «Kreuz von Danzig I. Klasse» ausgezeichnet worden waren. So den Polizeipräsidenten Froboes, den er zum Präsidenten des Oberlandesgerichts Posen machte. Nach dem Krieg war gegen Froboes, der für den Angriff auf die Polnische Post in Danzig und die Morde der Sondergerichte im Gau Wartheland mit verantwortlich war, nie ein Strafverfahren anhängig.

Polizeikommandeur Oberst Willy Bethke, Einsatzleiter an der Polnischen Post, beantragte 1940 seine Versetzung in den Ruhestand. Außer einer Zeugenaussage im Jahre 1961 haben ihn die Strafverfolgungsbehörden nicht zur Verantwortung gezogen.

Der Generalbevollmächtigte für die Danziger Sicherheitskräfte, SS-Oberführer (Oberst) Johannes Schäfer, wurde 1943 zum SS-Untersturmführer (Leutnant) degradiert und verrichtete zuletzt Dienst in der Waffen-SS, Division «Das Reich». Nach dem Krieg arbeitete er unbehelligt als Kaufmann.

Gegen General Friedrich Eberhardt war 1946 ein Auslieferungsersuchen aus Polen anhängig, es ging unter anderem um die Kriegsvorbereitung in Danzig, die Vorgänge um die Polnische Post, die Todesurteile gegen die Postverteidiger und die Kapitulation von Gdingen. Er lebte in Wiesbaden, wurde dort aber nicht aufgespürt. 1960 wurde er im Verfahren gegen Dr. Bode als Zeuge vernommen und verstarb 1964. Fünf Jahre später kam der Vorwurf auf, daß er am 21. 4. 1941 in Jugoslawien bei Loznica die Ortschaft Dobric hat niederbrennen und in den ersten Maitagen 1941 neun Männer und eine Frau, die mit Waffen angetroffen wurden, hat erschießen lassen.

Kurt Fett, der Ia der «Gruppe Eberhardt», wurde später Oberst im Stab des Oberbefehlshabers des Heeres und nach dem Krieg Verkaufsdirektor bei Krupp. Er starb 1980.

Richard Hildebrandt, Höherer SS- und Polizeiführer des Gaus Danzig-Westpreußen, wurde 1949 wegen der von ihm zu verantwortenden Greueltaten und als Chef des Rasse- und Siedlungshauptamtes in Berlin (seit 1943) zum Tode verurteilt und 1951 hingerichtet.

Hildebrandts Nachfolger als Höherer SS- und Polizeiführer von Danzig, der SS-General Fritz Katzmann, tauchte nach dem Krieg unter und verstarb 1957.

Nachfolger des SS-Oberführers Schäfer war Georg Ebrecht. Wegen der Mitverantwortung an der Erschießung von 1400 psychisch Kranken durch den «SS-Wachsturmbann Eimann» ermittelte die Staatsanwaltschaft Hannover gegen ihn und Kurt Eimann. Das Schwurgericht Hannover verurteilte Kurt Eimann 1968 zu einer Strafe von vier Jahren (!) Zuchthaus, von denen er zwei Jahre (!) verbüßte. Ebrecht wurde angeblich aus Gesundheitsgründen verhandlungsunfähig und verstarb, ohne bestraft worden zu sein, 1977. Ebrecht und Eimann waren auch für den Mord an Leon Fuz verantwortlich.

In Frankreich «fiel» 1940 Dr. Rudolf Tröger, SS-Obersturmbannführer und Leiter der Gestapo Danzig, der für die Einteilung von Leon Fuz zum Grabkommando verantwortlich war. In diesem Amte folgte ihm bis 1941 der SS-Obersturmbannführer Dr. Hellmuth Tanzmann, der 1946 in einem Internierungslager in England Selbstmord verübte. Von 1941 bis 1945 versah Dr. Günther Venediger diese Funktion. Bis 1952 lebte Venediger unter dem falschen Namen August Nieder in der Nähe von Stuttgart. Hier wurde er festgenommen. Das Schwurgericht Stuttgart verurteilte ihn 1957 wegen der Tötung von vier britischen Kriegsgefangenen zu zwei Jahren Zuchthaus. Mehrere Verfahren, unter anderem wegen weiterer Exekutionen, wurden eingestellt. Venediger starb 1984.

Der Lagerkommandant des KZ Stutthof, Max Pauly, wurde am 24. 8. 1942 nach Neuengamme versetzt, wo er bis 1945 in gleicher Funktion seine verbrecherische Aufgabe erfüllte. Er wurde nach einem Todesurteil des britischen Militärgerichts 1946 auf dem Gelände des Lagers hingerichtet.

Sein Nachfolger, der zweite Kommandant von Stutthof, SS-Sturmbannführer Paul Werner Hoppe, wurde 1957 in Bochum zu 9 Jahren Gefängnis verurteilt (der Staatsanwalt hatte lebenslänglich beantragt).

Und das ist aus Bodes Verhandlungspartnern im Reichsjustizministerium geworden: Reichsjustizminister Dr. Franz Gürtner verstarb 1941, sein Nachfolger, Dr. Otto Thierack, verübte 1946 in einem englischen Lager Selbstmord. Staatssekretär Dr. Roland Freisler, später Präsident des Volksgerichtshofs, kam im Februar 1945 in Berlin bei einem Bombenangriff ums Leben. Staatssekretär Dr. Franz Schlegelberger wurde im Nürnberger Juristenprozeß (Fall 3) zu lebenslänglichem Zuchthaus verurteilt. Seine Strafe wurde auf 20 Jahre ermäßigt, 1950 wurde er wegen Haftunfähigkeit vorläufig entlassen und war 1951 endgültig frei.

Alle Danziger Nazi-Juristen blieben strafrechtlich verschont. Die Nachkriegsjustiz warf weder dem OLG-Präsidenten Dr. Walter Wohler (verstorben 1968), noch dem Senatspräsidenten Dr. Arno Beurmann etwas vor. Vielmehr scheint die Danziger NS-Justiz eine Kaderschmiede gewesen zu sein. Die Sonderrichter und Staatsanwälte machten eindrucksvolle Nachkriegskarrieren: Verwaltungsgerichtsdirektor am Bundesdisziplinarhof, Senatspräsident beim

Oberlandesgericht Frankfurt/M. und neben Dr. Bode ein weiterer Senatspräsident beim Oberlandesgericht Bremen. Ein Erster Staatsanwalt war in Lübeck als Abteilungsleiter bei der Behörde, die auch die Ermittlungen gegen Bode führte; er war einer seiner Vertreter in Danzig und in Bodes Entnazifizierungsverfahren ein «Persilscheinschreiber». Das DDR-*Braunbuch* führt 18 ehemalige Richter und Staatsanwälte des Danziger OLG-Bezirks auf, die nach dem Krieg wieder in Amt und Würden kamen. An der Richtigkeit dieser Zusammenstellung bestehen keine Zweifel.

Das Feldkriegsgericht setzte sich aus Dr. Kurt Bode als Vorsitzender, Dr. Hans Wolfgang Schimmelpfennig, Major der ‹Gruppe Eberhardt›, als Beisitzer und einem weiteren Offizier, der namentlich unbekannt blieb, als Beisitzer, zusammen.

Schimmelpfennig verstarb 1966 und ist niemals vernommen worden. Die staatsanwaltschaftlichen Ermittlungen liefen seit 1960, und seitdem war er namentlich mit seiner Funktion aktenkundig. Die Staatsanwaltschaft hatte zu prüfen, ob das Post-Urteil einen Akt der Rechtsbeugung darstellte. Dann hätten sich alle Angehörigen des Gerichts des 38fachen Mordes schuldig gemacht. Schimmelpfennig wurde nicht in das Verfahren einbezogen. Erst nach seinem Tod ersuchte 1970 erstmals ein Staatsanwalt das Berlin Document Center um Auskunft.

Auch unternahm die Staatsanwaltschaft Lübeck keinerlei Anstrengungen, Schritte zur Identifizierung der weiteren Mitglieder des Feldkriegsgerichts – des dritten Richters und des als Pflichtverteidiger eingesetzten Offiziers – einzuleiten.

Am Gnadenverfahren haben im Heeresoberkommando unter anderen Oberst Ernst Mantel und Oberstleutnant Albrecht Radtke mitgewirkt. Ihre Vernehmung ist unterblieben, möglicherweise weil Mantel inzwischen zum Bundesrichter am Bundesgerichtshof und Radtke zum Vizepräsidenten des Bundesverfassungsschutzamtes avanciert war.

Gegen den Ex-Generalrichter am Reichskriegsgericht, Dr. Erich Lattmann, wurde von der Staatsanwaltschaft Kassel aufgrund seiner Mitwirkung an der Entstehung des «Barbarossa-Erlasses» und des «Kommissar-Befehls» wegen Verdachts des Mordes und der

Beihilfe zum Mord ermittelt. Damit aber wartete man, bis Lattmann 89 Jahre alt geworden war und stellte das Verfahren wegen Verhandlungsunfähigkeit ein. Lattmann verstarb 1984.

Der ehemalige Militärjurist Prof. Dr. Schwinge verstarb unbehelligt im Jahr 1994.

Durch das Post-Urteil hatten sich Strafverfolgungsbehörden gezwungenermaßen mit Dr. Bode und Dr. Giesecke zu befassen. Aber kein Lübecker oder Bremer Staatsanwalt hat sich jemals die Frage gestellt, welche Straftaten die beiden in ihren späteren Funktionen als Generalstaatsanwalt und Kriegsrichter begangen haben.

DANKSAGUNG

Eine besonders dankbare Erwähnung gebührt der liebenswürdigen Gastfreundschaft und Unterstützung polnischer Freunde. Stefania Koziarowska hat die Zusammenarbeit des Autors mit polnischen Instanzen koordiniert, Henryka Flisykowska-Kledzik unterstützte als Geschäftsführerin des Angehörigen-Komitees der Postopfer.

Die Hauptkommission zur Erforschung der NS-Verbrechen in Polen – Institut des Nationalen Gedenkens – in Warszawa öffnete ihr Archiv, dort gaben Dr. Biernacki und Staatsanwalt Dr. Kaniewski Auskünfte und wertvolle Hinweise.

Die Direktorin des Post-Museums in Gdansk, Ewa Panas, überließ dem Verfasser wichtige Dokumente.

Dr. Konrad Ciechanowski und Mg. Arkadiusz Binnebesel stellten ihr Wissen als Historiker zur Verfügung.

Über das Schicksal ihrer Familie schrieben in eindrucksvoller Weise Zeugenberichte:

Halina Czarleska, Gdansk
Wanda Dembicka, Gdansk
Jerzy Dunajski/Barbara Chruscinska geb. Dunajska, Gdansk
Henryka Flisykowska-Kledzik, Gdansk
Stefania Koziarowska, Sopot
Prof. Dr. Ferdynand Michon, Krakow
Alfons Racky, Smetowo-Graniczne
R. M. Sadowski, Sopot
Elzbiela Szuca, Gdynia
Jadwiga Szulc-Szerszeniewicz, Sianow

Stanislaw Tysarczyk, Gdansk
Irena Wasik, Gdansk
Besonderer Dank gilt Michael Naumann. Das Buch entstand auf seinen Vorschlag hin. Als Journalist hatte er 1969 über das an den Postbeamten begangene Unrecht eine Reportage geschrieben.
In professioneller Weise wurde das Manuskript von Barbara Wenner und Charles Schüddekopf lektoriert.
Als Forschungsprojekt der Philipps-Universität Marburg, Fachbereich Gesellschaftswissenschaften und Philosophie, Institut für Politikwissenschaft, erfreute sich die Arbeit der dankenswerten wissenschaftlichen Begleitung und Beratung durch Prof. Dr. Reinhardt Kühnl.
In militärhistorischen Fragen beriet Flottillenadmiral a. D. Elmar Schmähling, für juristische und historische Konsultationen geht Dank an Dr. Klaus-Detlev Godau-Schüttke, Richter am Landgericht, bei Problemen der strafrechtlichen Verfolgung von NS-Gewaltverbrechen gab Staatsanwalt Dreßen kompetente Auskünfte.
Als Übersetzer arbeiteten in Polen Krystina Ciechanowska und Stefania Koziarowska, in Deutschland Peter und Lukas Koerdt.
Bei der Beschaffung von Archivmaterial, Akten und Dokumenten waren viele Personen und Institutionen in Polen, Israel und der Bundesrepublik hilfreich:
Doz. Dr. Mieczyslaw Motas, Mg. Danuta Kolakowska – Archiv der Hauptkommission zur Erforschung der NS-Verbrechen in Polen, Warszawa
Stanislaw Fus – Stadtarchiv Gdansk
Sylwia Leszczynski – Wissenschaftliche Bibliothek Gdansk
Herr Hadassah Modlinger, Institut Yad Vashem, Jerusalem
Dr. Henke, Herr Bauer, Frau Jakobi – Bundesarchiv Koblenz
Herr Meents – Bundesarchiv – Zentralnachweisstelle – Aachen
Herr Meyer, Herr Moritz – Bundesarchiv – Militärarchiv – Freiburg
Dr. Ritter, Herr Schneider – Bundesarchiv Abteilungen Potsdam
Frau Göttlicher – Bundesarchiv Potsdam – Zwischenarchiv Dahlwitz-Hoppegarten

Herr Kumberg – Bundesarchiv Potsdam – Militärisches Zwischenarchiv
Frau Ude – Berlin Document Center
Frau Iris Winkler – Behörde Bundesbeauftragter für die Unterlagen des Stasi der ehemaligen DDR, Berlin
Herr Andreas R. Körtung – Bundespräsidialamt, Bonn
Frau Werner – Bundesjustizministerium, Bonn
Staatsanwalt Dreßen, Richter beim LG Biemüller – Zentrale Stelle der Landesjustizverwaltungen, Ludwigsburg
Herr Frank Trende – Ministerium für Wissenschaft, Forschung und Kultur, Kiel
Dr. Elke Imberger, Dr. Carsten Müller-Boysen – Landesarchiv Schleswig-Holstein in Schleswig
Dr. Hans Wrobel – Behörde Senator für Justiz und Verfassung, Bremen
Dr. Röpcke – Staatsarchiv Bremen
Frau Meyer – Hessisches Justizministerium, Wiesbaden
Dr. Eiler – Hessisches Staatshauptarchiv, Wiesbaden
Frau Kraupner – Thüringisches Staatshauptarchiv, Weimar
Frau Brunnert – Landeshauptarchiv Sachsen-Anhalt, Magdeburg
Dr. Falk – Brandenburgisches Landeshauptarchiv, Potsdam
Roland Müller, Michael Eberlein – Marburger Geschichtswerkstatt
Herr Fritz Wüllner, Privatarchiv Sandhausen
Mein Dank gilt auch den Richtern und Richterinnen sowie den Privatpersonen, die Auskunft gaben, ohne persönlich genannt sein zu wollen.

Lampertsfeld, im September 1994
Dieter Schenk

QUELLEN

I. Literatur

Rudolf Absolon, *Das Wehrmachtsstrafrecht im 2. Weltkrieg.* Kornelimünster 1958

Hannah Ahrendt, *Eichmann in Jerusalem. Ein Bericht von der Banalität des Bösen.* München 1964

Marek Andrzejewski, *Opposition und Widerstand in Danzig 1933 bis 1939.* Bonn 1995

Ralph Angermund, *Deutsche Richterschaft 1919–1945.* Frankfurt/M. 1991

Fietje Ausländer (Hg.), *Verräter oder Vorbilder? Deserteure und ungehorsame Soldaten im Nationalsozialismus.* Bremen 1990

Artur Baßarek, *Danzigs Befreiung.* Danzig 1939

Martin Bennhold (Hg.), *Spuren des Unrechts.* Köln 1989

Wolfgang Benz/Walter Pehle (Hg.), *Lexikon des deutschen Widerstands.* Frankfurt/M. 1994

Heinz Boberach (Hg.), *Meldungen aus dem Reich 1939–1945.* Band 1–10, Herrsching 1984

Martin Broszat, *Nationalsozialistische Polenpolitik 1939–1945.* Stuttgart 1961

Christopher R. Browning, *Ganz normale Männer. Das Reserve-Polizeibataillon 101 und die «Endlösung» in Polen.* Reinbek 1993

Carl J. Burckhardt, *Meine Danziger Mission 1937–1939.* München 1972

Konrad Ciechanowski, *Armia Pomorze 1939.* Warszawa 1982

Ders. u. a., *Stutthof, Hitlerowski Oboz Koncentracyjny.* Warszawa 1988

Ders., «Samotna Placówka» (Der verlassene Posten) in: *Pomerania* Nr. 3/1992

Ders., Hitlerowski Obóz w Gdansku-Nowym Porcie (Zivilgefangenenlager Neufahrwasser) 1. 9. 1939 – 1. 4. 1940» in: *Stutthof* Nr. 5/1984

DDR-Nationalrat der nationalen Front des demokratischen Deutschland – Dokumentationszentrum der staatl. Archivverwaltung (Hg.), *Braunbuch – Kriegs- u. Naziverbrecher in der BRD u. West-Berlin in Staat, Wirtschaft, Verwaltung, Armee, Justiz, Wissenschaft.* Berlin-Ost 1965 1. u. 2. Aufl., 1968 3. Aufl.

Wolfgang Dierwege, *Der neue Reichsgau Danzig-Westpreußen.* Berlin 1940

Bernhard Diestelkamp, Michael Stolleis (Hg.), *Justizalltag im Dritten Reich.* Frankfurt 1988

Max Domarus, Hitler – Reden u. Proklamationen 1932–1945. Würzburg 1963

Krzysztof Dunin-Wasowicz, «Das Nachkriegsgeschick der Verbrecher aus Stutthof» in: *Informations-Bulletin der Poln. Presse-Agentur-West* Nr. 7/65

Gertrud Dworetzki, *Heimatort Stadt Danzig*. Düsseldorf 1985
Rainer Ehrt u. a. (Hg.), *Tage von Potsdam*. Potsdam 1993
H. von Kotze (Hg.), *Heeresadjutant bei Hitler, 1938–1943. Aufzeichnungen des Majors Engel*. Stuttgart 1975
Hans Jürgen Eitner, *Hitlers Deutsche – Das Ende eines Tabus*. Gernsbach 1990
Niklas Frank, *Der Vater. Eine Abrechnung*. München 1993
Jörg Friedrich, *Die kalte Amnestie*. Frankfurt 1985
Ders., *Freispruch für die Nazi-Justiz*. Reinbek 1983
Geschichtswerkstatt Marburg (Hg.), *Deserteure – Verfolgte der Militärstrafjustiz und der Militärpsychiatrie im Zweiten Weltkrieg*. Marburg 1992
Glowna Komisja Badania Zbrodni Hitlerowskich W Polsce – Instytut Pamiece Narodowej: *Rejestr Miejsc I Faktow Zbrodni Popelnionych Przez Okupanta Hitlerowskiego Na Ziemiach Polskich W Latach 1939–1945*. Warszawa 1987
Klaus-Detlev Godau-Schüttke, *Ich habe nur dem Recht gedient – Die ‹Renazifizierung› der Schleswig-Holsteinischen Justiz nach 1945*. Baden-Baden 1993
Ders., «Personelle und inhaltliche Kontinuitäten: Folgen der gescheiterten Entnazifizierung der Justiz» in: *Schleswig-Holsteinische Anzeigen. Justizministerial-Blatt für Schleswig-Holstein* Nr. 4 April 1993, S. 81–88
Gerhard Granier/Josef Henke/Klaus Oldenhage (Hg.), *Das Bundesarchiv und seine Bestände*. Boppard 1977
Günter Grass, *Die Blechtrommel*. Frankfurt/M. 1960
Ders., «Rückblick auf die Blechtrommel» in: *Süddeutsche Zeitung* 12. 01. 1974
Ders., *Werkausgabe in 10 Bänden*, Darmstadt 1974
Helmuth Groscurth, *Tagebücher eines Abwehroffiziers 1938–1940*. Stuttgart 1970
Franz Halder, *Kriegstagebuch Band I*. Stuttgart 1962
Helmut Heiber, *Reichsführer!... Briefe an und von Himmler*. Stuttgart 1968
Horst Hillemann, *Justiz und Nationalsozialismus*. Stuttgart 1987
Historikerstreit. Die Dokumentation um die Kontroverse um die Einzigartigkeit der nationalsozialistischen Judenverfolgung. München 1987
Rolf Hochhuth, *Juristen*. Reinbek 1979
Walter Hofer, *Der Nationalsozialismus*. Frankfurt 1957
Walther Hubatsch (Hg.), *Hitlers Weisungen für die Kriegsführung 1939–1945*. Frankfurt/M. 1962
Peter Hüttenberger, *Die Gauleiter – Studie zum Wandel des Machtgefüges in der NSDAP*. Stuttgart 1969
Institut für Europäische Geschichte (Hg.), *Die deutsche Besatzungspolitik in Polen 1939–1945 von Czeslaw Madajczyk*. Wiesbaden 1967
Barbara Just-Dahlmann, Helmut Just, *Die Gehilfen. NS-Verbrechen und die Justiz nach 1945*. Frankfurt/M. 1988
Hermann Kaienburg, *Vernichtung durch Arbeit*. Bonn 1986
Hilde Kammer, Elisabet Bartsch, *Nationalsozialismus – Begriffe aus der Zeit der Gewaltherrschaft 1933–1945*. Reinbek 1992
Thomas Keneally, *Schindlers Liste*. Gütersloh 1994
Wolfgang Kirchner, *Wir durften nichts davon wissen*. Reinbek 1985
Hans-Peter Klausch, *Die 999er*, Frankfurt/M. 1986
Ernst Klee, *Was sie taten – Was sie wurden – Ärzte, Juristen und andere Beteiligte am Kranken- oder Judenmord*. Frankfurt 1986
Diethard Klein/Heike Rosbach (Hg.), *Danzig – Ein Lesebuch*. Husum 1990
Klemens von Klemperer, Enrico Syrus, Rainer Zitelmann, *Für Deutschland – Die Männer des 20. Juli*, Frankfurt/M. 1993

Erhard Klöss (Hg.), *Reden des Führers*, München 1967

Rosemarie von dem Knesebeck, *In Sachen Filbinger gegen Hochhuth*. Reinbek 1980

Wolfgang Koppel, *Ungesühnte Nazijustiz – Hundert Urteile klagen ihre Richter an*. Karlsruhe 1960

Helmut Krausnik, *Hitlers Einsatzgruppen – Die Truppen des Weltanschungskrieges 1938–1942*. Frankfurt 1989

Erich Kuby, *Als Polen deutsch war*. München 1986

Reinhard Kühnl, *Der deutsche Faschismus in Quellen und Dokumenten*, 4. Aufl. Köln 1979

Ders., *Der Faschismus – Ursachen, Herrschaftsstrukturen, Aktualität – Eine Einführung*, 3. Auflage. Heilbronn 1983

Ders., *Faschismustheorien*. Reinbek 1979

Andrzej Krzysztof Kunert, *Rzeczpospolita Walczaca*. Warszawa 1993

Landeszentrale für politische Bildung Kiel (Hg.), *Rechtsextremismus in Schleswig-Holstein 1945–1990. Kiel 1990*

Hugo Landgraf, Kampf um Danzig. Dresden ohne Jahr, vermutl. 1942

Erwin Lichtenstein, *Die Juden der Freien Stadt Danzig unter der Herrschaft des Nationalsozialismus*. Tübingen 1973

Hanno Loewy (Hg.), *Holocaust: Die Grenzen des Verstehens*. Reinbek 1992

Wilhelm Löbsack, *Albert Forster – Gauleiter und Reichsstatthalter im Reichsgau Danzig-Westpreußen*. Danzig 1940

Ders., *Danzigs Gauleiter Albert Forster*. Hamburg 1934

Ders., *Das Nationalsozialistische Gewissen in Danzig*. Danzig 1936

Diemut Majer, ‹Fremdvölkische› im Dritten Reich. Boppard 1981

Werner Markert, *Osteuropa-Handbuch, Polen*. Köln 1959

Werner Maser, *Nürnberg – Tribunal der Sieger*. Düsseldorf 1988

Manfred Messerschmidt, Fritz Wüllner, *Die Wehrmachtsjustiz im Dienste des Nationalsozialismus*. Baden-Baden 1987

Militärgeschichtliches Forschungsamt (Hg.), *Das Deutsche Reich und der Zweite Weltkrieg Band 2*. Stuttgart 1979

Alexander und Margarete Mitscherlich, *Die Unfähigkeit zu trauern*. München 1967

Hans Mommsen (Hg.), *Der Nationalsozialismus und die deutsche Gesellschaft*. Reinbek 1991

Burkhardt Mueller-Hillerand, *Das Heer 1933–1945. Band II*. Frankfurt 1956

Ingo Müller, *Furchtbare Juristen*. München 1987

Rolf-Dieter Müller, *Hitlers Ostkrieg und die deutsche Siedlungspolitik*. Frankfurt/M. 1991

Muzeum Archeologiczne Gdansk, *Obroncom Poczty Polskiej W Gdansku*. Gdansk 1992

Michael Naumann, «Es ist keine Phantasie. Es war Mord». in: *Zeitschrift ‹M›* Nr. 12/1969

NSDAP (Hg.), *Das Buch der deutschen Gaue*. Bayreuth 1938

NSDAP-Partei-Kanzlei, *Vertrauliche Informationen*, Jahrgänge 1942, 1943

Oberkommando des Heeres – Abt. Wehrmachtpropaganda – (Hg.), *Chronik des Krieges*. Berlin 1940

Oberkommando des Heeres (Hg.), *Handbuch für den Generalstabsdienst*. Berlin 1939

Oberkommando der Wehrmacht (Hg.), *Der Sieg in Polen*. Berlin 1939

Helmut Ortner, *Der Hinrichter. Roland Freisler – Mörder im Dienste Hitlers*. Wien 1993

Henry Picker, *Hitlers Tischgespräche*. Bonn 1951

Hans Pollak, «Die 14 Stunden der ‹Poczta Polska›» in: *Wochenpost* Nr. 36–38/1969

Polska Akademia Nauk, Instytut Historii (Hg.), *Polski Slownik Biograficny Tom XX*

Werner Rahn/Gerhard Schreiber (Hg.), *Kriegstagebuch der Seekriegsleitung 1939–1945*. Herford–Bonn 1988

Horst E. Richter, *Flüchten oder Standhalten*. Reinbek 1980

Ders. *Die Chance des Gewissens*. Reinbek 1988

Adalbert Rückerl, *Die Strafverfolgung von NS-Verbrechen 1945–1978*. Karlsruhe 1979

Ders. (Hg.), *NS-Prozesse*. Karlsruhe 1971

Reinhard Rürup, *Topographie des Terrors – Gestapo, SS und Reichssicherheitshauptamt auf dem ‹Prinz-Albrecht-Gelände»*. Berlin 1987

Bernd Rüthers, *Entartetes Recht – Rechtslehren und Kronjuristen im Dritten Reich*. München 1988

Franz Sauer, *Das Reichsjustizministerium*. Berlin 1939

Ernst von Salomon, *Der Fragebogen*. Reinbek 1961

Sabine Schmidt, Franz Dwertmann, Elzbieta Rusak (Hg.), *Oskar-Tulla-Mahlke..., Güntera Grassa, In Gdansk unterwegs mit Günter Grass*. Gdansk 1993

Gudrun Schwarz, *Die nationalsozialistischen Lager*. Frankfurt 1990

Tom Segev, *Die Soldaten des Bösen. Zur Geschichte der KZ-Kommandanten*. Reinbek 1992

Senator für Justiz und Verfassung Bremen (Hg.), *Strafjustiz im totalen Krieg. Band I*. Bremen 1991

Hans Georg Siegler, *Danzig – Chronik eines Jahrtausends*. Düsseldorf 1991

B. F. Smith, Agnes Peterson (Hg.), *Himmlers Geheimreden*. Frankfurt/M. 1974

Alfred Spieß, Heiner Lichtenstein, *Unternehmen Tannenberg*. München 1979

Erich Schwinge/Gritschneder, «Die Entscheidung des Bundessozialgerichts zu den Urteilen der Wehrmachtsgerichte». in: *NJW* 1993, Heft 6, S. 368–372

Hans-Sponholz, *Danzig – deine SA!*. München 1940

Richard Stachnik, *Die Katholische Kirche in Danzig. Kirchliche Zentralstelle der Danziger Katholiken*. Münster 1959

Friedrich Stahl, *Heereseinteilung 1939*. Bad Nauheim 1954

Antoni Switalski, *Zbrodnia Usankcjonowana*. Warszawa 1979

Georg Tessin, *Verbände und Truppen der deutschen Wehrmacht u. Waffen-SS*. Osnabrück 1980

Johannes Tuchel, Reinold Schattenfroh, *Zentrale des Terrors: Prinz-Albrecht-Straße 8. Berlin 1987*

Hans Umbreit, Deutsche Militärverwaltungen 1938–1939. Stuttgart 1977

Verordnungsblatt des Militärbefehlshabers Danzig-Westpreußen 1939

Verordnungsblatt für die Zivilverwaltung Gau Danzig-Westpreußen 1939

Clemens Vollnhals (Hg.), *Entnazifizierung*. München 1991

Elisabeth Wagner (Hg.), *Der Generalquartiermeister*. München 1963

Henric L. Wuermeling, *August 1939 – 11 Tage zwischen Frieden und Krieg*. München 1984

Ulrich Vultejus, *Kampfanzug unter der Robe*. Hamburg 1984

Dörte von Westerhagen, *Die Kinder der Täter*. München 1987

Zentrale Stelle der Landesjustizverwaltungen Ludwigsburg (Hg.), *Einsatzgruppen in Polen*. Heft 1 und 2

Bruno Zwarra, *Gdansk 1939*. Gdansk 1984

II. Archivalien, Gerichtsakten und Zeitzeugeninterviews

Kapitel 1 und 2

Bundesarchiv Koblenz
Sign. Ost–Dok 8–135
Sign. Ost–Dok 8–181
Sign. Ost–Dok 8–188
Sign. Ost–Dok 8–189
Sign. Ost–Dok 9–329
Sign. NS 19–1642
Sign. NS 19–1919
Sign. R 138 I–195
Sign. R 43 II–1402b Bd. 7
Sign. R 43 II–1483b Bd. 19
Sign. R 43 II–973b Bd. 8
Sign. R 58 544
Personalakte Dr. Walter Wohler
Bundesarchiv – Zentralnachweisstelle – Aachen
Sign. H 2 – 32042 Personalakte Dr. Hans-Werner Giesecke
Bundesarchiv – Militärarchiv Freiburg
Sign. RH 19 II/3
Sign. RH 26–60/85
Sign. RH 26–60/89
Sign. RH 53–20/10
Sign. RH 53–20/9
Sign. Pers 6/534 Personalakte Friedrich Eberhardt
Bundesarchiv Potsdam
Sign. F–11225 Akten AA
Sign. F–13949 Akten AA
Sign. F–15737 Akten AA
Sign. F–4923 Akten AA
Sign. PSt. 3/251
Sign. PSt. 3/326
Bundesarchiv Potsdam – Militärisches Zwischenarchiv
Sign. W–10/1663 Personalakte Dr. Hans-Werner Giesecke
Sign. WF–01/16821
Sign. WF–01/16911
Sign. WF–01/1733
Sign. WF–03/15520
Sign. WF–04/33933
Sign. WF–04/36052
Sign. WF–04/36054
Sign. WF–04/36330
Bundesarchiv Potsdam – Zwischenarchiv Dahlwitz-Hoppegarten
Sign. RJM 9803/18
Sign. ZA I–12215 Akte 5
Sign. ZA I–12215 Akte 6
Sign. ZAV 299 Ordn. II S. 114
Berlin Document Center
Personalakten Eimann, Götze, Greiser, Schäfer
Ordner 200
Landesarchiv Schleswig
Sign. Abt. 352 Nr. 1211–1221 (StA Lübeck 2 Js 394/66 gegen Dr. Kurt Bode wegen Mordes z. N. Fuz)
Sign. Abt. 352 Nr. 2148–2159 (StA Lübeck gegen Unbekannt wegen Mordes z. N. Fuz)
Sign. Abt. 460.15 Nr. 299 (Entnazifizierungsakte Dr. Kurt Bode)
Landesarchiv Bremen
Vorl. Sign. 4,74–1 Personalakte Bode
Hessisches Justizministerium Wiesbaden
Sign. Ip G 230 Personalakte Dr. Hans-Werner Giesecke
Zentrale Stelle der Landesjustizverwaltungen Ludwigsburg
203 AR 452/64 gegen Dr. Kurt Bode u. a. wegen Mordes z. N. Fuz
503 AR 1700/69
203 ARZ 49/61
Ordner Nr. 365 Bild Nr. 484ff (Urteil Forster)
Staatsanwaltschaft Bremen 10a Js 87/60 gegen Dr. Kurt Bode wegen Mordes z. N. Kazimir R.
Sozialgericht Stuttgart S 13 (12) V 2106/62 Kriegsopferversorgungssache R.
Staatsanwaltschaft beim Kammergericht Berlin 1 Js 12/65 (RSHA), Anklageschrift gegen Dr. Werner Best
Archiv der Hauptkommission zur Verfolgung der NS-Verbrechen, Warszawa
Sign. NTN 219–1047 Prozeßakten Forster
Sign. II–143

Stadtarchiv Gdansk
Sign. I 266/1–3
Fotosammlung
Wissenschaftliche Bibliothek Gdansk
Sign. Ms 5071
Danziger Vorposten Jahrgang 1939
Fotosammlung
Postmuseum Gdansk
Experteninterview mit der Direktorin, Frau Ewa Panas
Überlassen in Kopie des «Geheimen Angriffsplans für die polnische Post» vom 3. 7. 1939
Experteninterview mit Frau Flisykowska-Kledzik, Gdansk
Überlassen der Vernehmung Alfons Flisykowski in Fotokopie durch Frau Flisykowska-Kledzik
Experteninterview mit Dr. Konrad Ciechanowski, Gdansk, und Überlassen von Unterlagen aus Privatarchiv
Experteninterview mit Mg. Arkadiuz Binnebesel, Malbork
Zeugenbericht Henryka Flisykowska-Kledzik
Zeugenbericht Stefania Koziarowska

Kapitel 3 und 4

Bundesarchiv Koblenz
Sign. NS 19–1642
Sign. NS 19–1754
Bundesarchiv – Zentralnachweisstelle – Aachen
Sign. H 2 – 32042 Personalakte Giesecke
Sign. PA 63745 Personalakte Kurt Fett
Bundesarchiv – Militärarchiv Freiburg
Sign. Pers 6/534 Personalakte Friedrich Eberhardt
Sign. RH 19 II/3
Sign. RH 26–60
Sign. RH 53–20
Bundesarchiv Potsdam
Sign. F 72766
Bundesarchiv Potsdam – Militärisches Zwischenarchiv
Sign. WF–01/16821
Sign. WF–04/33933
Bundesarchiv Potsdam – Zwischenarchiv Dahlwitz-Hoppegarten
Sign. Dok-P/2145
Sign. FW 499 Akte 10
Sign. Z/R 759 Akte 14
Berlin Document Center
Personalakten Bethke, Eimann, Götze, Greiser, Schäfer
Ordner 200
Landesarchiv Schleswig
Sign. Abt. 352 Nr. 1211–1221 (StA Lübeck 2 Js 394/66 gegen Dr. Kurt Bode wegen Mordes z. N. Fuz)
Sign. Abt. 352 Nr. 2148–2159 (StA Lübeck gegen Unbekannt wegen Mordes z. N. Fuz)
Landesarchiv Bremen
Vorl. Sign. 4,74–1 Personalakte Bode
Zentrale Stelle der Landesjustizverwaltungen Ludwigsburg
203 AR 452/64 gegen Dr. Kurt Bode u. a. wegen Mordes z. N. Fuz
503 AR 1700/69
Staatsanwaltschaft Bremen 10a Js 87/60 gegen Dr. Kurt Bode wegen Mordes z. N. Kazimir R.
Landgericht Frankenthal 60 (WG) 155/73 Kriegsopferentschädigungssache Fuz
Sozialgericht Stuttgart S 13 (12) V 2106/62 Kriegsopferversorgungssache R.
Archiv der Hauptkommission zur Verfolgung der NS-Verbrechen, Warszawa
Sign. NTN 219–1047 Prozeßakten Forster
Sign. 3696–3739
Sign. 3741, 3746, 3748, 3750, 3758
Stadtarchiv Gdansk
Sign. V 70
Fotosammlung
Wissenschaftliche Bibliothek Gdansk
Danziger Vorposten Jahrgang 1939
Fotosammlung
Postmuseum Gdansk
Experteninterview mit der Direktorin, Frau Ewa Panas

Überlassen des «Geheimen Angriffsplans für die polnische Post» vom 3. 7. 1939
Experteninterview mit Frau Flisykowska-Kledzik, Gdansk
Überlassen der Vernehmung Alfons Flisykowski in Fotokopie durch Frau Flisykowska-Kledzik
Experteninterview mit Dr. Konrad Ciechanowski, Gdansk, und Überlassen von Unterlagen aus Privatarchiv
Zeugenbericht Jadwiga Szulc-Szerszeniewicz

Kapitel 5

Bundesarchiv Koblenz
Sign. RD 202/10
Sign. R 58/825
Bundesarchiv – Zentralnachweisstelle – Aachen
Sign. H 2 – 32042 Personalakte Giesecke
Bundesarchiv – Militärarchiv Freiburg
Sign. RH 19 II/3
Sign. RH 20–4
Sign. RH 24–3/4a
Sign. RH 26–60
Bundesarchiv Potsdam
Sign. F 14328
Bundesarchiv Potsdam – Militärisches Zwischenarchiv
Sign. WF–01/16911
Sign. WF–04/33933
Bundesarchiv Potsdam – Zwischenarchiv Dahlwitz-Hoppegarten
Sign. RJM–8531
Landesarchiv Schleswig
Sign. Abt. 352 Nr. 1211–1221 (StA Lübeck 2 Js 394/66 gegen Dr. Kurt Bode wegen Mordes z. N. Fuz)
Sign. Abt. 352 Nr. 2148–2159 (StA Lübeck gegen Unbekannt wegen Mordes z. N. Fuz)
Landesarchiv Bremen
Vorl. Sign. 4,74–1 Personalakte Bode
Zentrale Stelle der Landesjustizverwaltungen Ludwigsburg
203 AR 452/64 gegen Dr. Kurt Bode u. a. wegen Mordes z. N. Fuz
203 ARZ 51/75 Bd. II
Staatsanwaltschaft Bremen 10a Js 87/60 gegen Dr. Kurt Bode wegen Mordes z. N. Kazimir R.
Staatsanwaltschaft beim Kammergericht Berlin 1 Js 12/65 (RSHA), Anklageschrift gegen Dr. Werner Best
Sozialgericht Stuttgart S 13(12) V 2106/62 Kriegsopferversorgungssache R.
Wissenschaftliche Bibliothek Gdansk
Danziger Vorposten Jahrgang 1939
Fotosammlung
Experteninterview mit Dr. Konrad Ciechanowski, Gdansk, und Überlassen von Unterlagen aus Privatarchiv
Zeugenbericht Halina Czarleska
Zeugenbericht Stefania Koziarowska
Zeugenbericht Elzbiela Szuca

Kapitel 6

Bundesarchiv Koblenz
Sign. RD 202/1
Sign. RD 202/2
Sign. RD 202/10
Bundesarchiv – Zentralnachweisstelle – Aachen
Sign. H 2 – 32042 Personalakte Dr. Hans-Werner Giesecke
Sign. B VII/33
Bundesarchiv – Militärarchiv Freiburg
Sign. RH 19 II/3
Sign. RH 24–3/4a
Sign. RH 26–60
Sign. RH 53–20
Merkblatt für Archivbenutzer
Bundesarchiv Potsdam
Sign. F–5547
Bundesarchiv Potsdam – Militärisches Zwischenarchiv
Sign. WF–01/16911
Sign. W–10/1663 Personalakte Dr. Hans-Werner Giesecke
Sign. SF–03/16685
Bundesarchiv Potsdam – Zwischenarchiv Dahlwitz-Hoppegarten
Sign. FW 499 Akte 10

Sign. NJ–4390
Sign. NJ–8304
Sign. NJ–9064
Sign. RJM 9803/7/1
Sign. ZA V/5 Teil-Personalakte Dr. Lattmann
Sign. ZR 543
Berlin Document Center
Sign. Ordner 427
Sign. Ordner 429I
Sign. Ordner 465
Sign. SL 43–158, 171, 172
Sign. SL 46–220
Sign. SL 63–323, 324
Sign. SSHO 5190
Landesarchiv Schleswig
Sign. Abt. 352 Nr. 1211–1221 (StA Lübeck 2 Js 394/66 gegen Dr. Kurt Bode wegen Mordes z. N. Fuz)
Sign. Abt. 352 Nr. 2148–2159 (StA Lübeck gegen Unbekannt wegen Mordes z. N. Fuz)
Sign. Abt. 460.15 Nr. 299 (Entnazifizierungsakte Dr. Kurt Bode)
Landesarchiv Bremen
Vorl. Sign. 4,74–1 Personalakte Bode
Brandenburgisches Landesarchiv Potsdam
Sign. Rep. 12 B Ff/0 1586
Hessisches Justizministerium Wiesbaden
Sign. I p G 230 Personalakte Dr. Hans-Werner Giesecke
Zentrale Stelle der Landesjustizverwaltungen Ludwigsburg
203 AR 452/64 gegen Dr. Kurt Bode u. a. wegen Mordes z. N. Fuz
Einsatzgruppen in Polen Heft 1 und 2
203 ARZ 49/61
412 ARZ 72/72
Staatsanwaltschaft Bremen 10a Js 87/60 gegen Dr. Kurt Bode wegen Mordes z. N. Kazimir R.
Sozialgericht Stuttgart S 13(12) V 2106/62 Kriegsopferversorgungssache R.
Landgericht Frankenthal 60 (WG) 155/73 Kriegsopferentschädigungssache Fuz
Staatsanwaltschaft beim Kammergericht Berlin 1 Js 12/65 (RSHA), Anklageschrift gegen Dr. Werner Best
Staatsanwaltschaft Kassel 3a Js 273/72 gegen Dr. Erich Lattmann wegen Verd. d. Mordes bzw. der Beihilfe zum Mord
Stadtarchiv Gdansk
Sign. 96/3538 Personalakte Hellmuth von Zelewski
Wissenschaftliche Bibliothek Gdansk
Danziger Vorposten Jahrgang 1939
Experteninterview mit Frau Flisykowska-Kledzik, Gdansk
Überlassen der Vernehmung Alfons Flisykowski in Fotokopie durch Frau Flisykowska-Kledzik
Experteninterview mit Dr. Konrad Ciechanowski, Gdansk, und Überlassen von Unterlagen aus Privatarchiv
Experteninterview mit Mg. Arkadiuz Binnebesel, Malbork
Privatarchiv Fritz Wüllner, Sandhausen

Kapitel 7

Bundesarchiv – Zentralnachweisstelle – Aachen
Sign. H 2 – 32042 Personalakte Dr. Hans-Werner Giesecke
Bundesarchiv – Militärarchiv Freiburg
Sign. RH 53–20
Sign. 19 II/3
Bundesarchiv Potsdam – Militärisches Zwischenarchiv
Sign. WF–01/16911
Sign. WF–04/36054
Sign. W–10/1663 Personalakte Dr. Hans-Werner Giesecke
Landesarchiv Schleswig
Sign. Abt. 352 Nr. 1211–1221 (StA Lübeck 2 Js 394/66 gegen Dr. Kurt Bode wegen Mordes z. N. Fuz)
Zentrale Stelle der Landesjustizverwaltungen Ludwigsburg
203 AR 452/64 gegen Dr. Kurt Bode u. a. wegen Mordes z. N. Fuz
Einsatzgruppen in Polen Heft 1 und 2
Staatsanwaltschaft Bremen 10a Js 87/60 gegen Dr. Kurt Bode wegen Mordes z. N. Kazimir R.
Sozialgericht Stuttgart S 13 (12) V 2106/62 Kriegsopferversorgungssache R.

Archiv der Hauptkommission zur Verfolgung der NS-Verbrechen, Warszawa
Sign. NTN 219–1047 Prozeßakten Forster
Stadtarchiv Gdansk
Sign. 96/3538 Personalakte Hellmuth von Zelewski
Postmusem Gdansk
Experteninterview mit der Direktorin, Frau Ewa Panas
Experteninterview mit Frau Flisykowska-Kledzik, Gdansk
Experteninterview mit Dr. Konrad Ciechanowski, Gdansk, und Überlassen von Unterlagen aus Privatarchiv
Zeugenbericht Prof. Dr. Ferdynand Michon und Überlassen von Unterlagen aus Privatarchiv

Kapitel 8

Bundesarchiv Koblenz
Sign. NS 19–1642
Sign. NS 19–1753
Sign. NS 19–1919
Bundesarchiv – Zentralnachweisstelle – Aachen
Sign. H 2 – 32042 Personalakte Giesecke
Bundesarchiv Potsdam – Zwischenarchiv Dahlwitz-Hoppegarten
Sign. Z/M 801 Akte 13 (Franz Christoffel)
Sign. Z/M 1346 Akte 10 (Kurt Eimann)
Sign. ZR 557 Akte 1 (Dr. Hellmut Tanzmann)
Berlin Document Center
Sign. SSHO–1548
Sign. SSHO–1550
Sign. SL 43–97 (Max Pauly)
Personalakte Franz Christoffel
Personalakte Kurt Eimann
Masterfile Dr. Hellmut Tanzmann
Masterfile Dr. Rudolf Tröger
Landesarchiv Schleswig
Sign. Abt. 352 Nr. 1211–1221 (StA Lübeck 2 Js 394/66 gegen Dr. Kurt Bode wegen Mordes z. N. Fuz)
Sign. Abt. 352 Nr. 2148–2159 (StA Lübeck gegen Unbekannt wegen Mordes z. N. Fuz)
Landesarchiv Bremen
Vorl. Sign. 4,74–1 Personalakte Bode
Zentrale Stelle der Landesjustizverwaltungen Ludwigsburg
114 AR 3618/65
203 AR 452/64 gegen Dr. Kurt Bode wegen Mordes z. N. Fuz
203 ARZ 318/59
208 ARZ 182/59
213 ARZ 86/60 Bd. III
407 AR 3680/65
407 AR 39/81
407 AR 90/65 Bd. II
407 ARZ 298/60
Einsatzgruppen in Polen Heft 1 und 2
Staatsanwaltschaft Bremen 10a Js 87/60 gegen Dr. Kurt Bode wegen Mordes z. N. Kazimir R.
Staatsanwaltschaft beim Kammergericht Berlin 1 Js 12/65 (RSHA), Anklageschrift gegen Dr. Werner Best
Staatsanwaltschaft Hannover 2 Js 290/60, 2 Js 614/62, Amtsgericht Hannover 45 Gs 191/62, Landgericht Hannover UR 1/63, Schwurgericht 2 Ks 2/67 gegen Kurt Eimann und Georg Ebrecht
Staatsanwaltschaft/Landgericht Hannover 2 Js 285/54, UR 5/55, 21 AR 17/57, Voruntersuchungssache Richard Artur Reddig
Landgericht Frankenthal 60 (WG) 155/73 Kriegsopferentschädigungssache Fuz
Landgericht Bochum 17 Ks 1/55 vom 16. 12. 55 und 4. 6. 57, BGH 4 StR 359/56, Urteil gegen Paul Werner Hoppe und Otto Karl Knott
Landgericht Hamburg 14 Ks 37/50 vom 12. 2. 50 und 19. 3. 52, BGH 2 StR 117/50 vom 23. 11. 51, Urteil gegen Friedrich Selonke und Karl Kliefoth
Landgericht Tübingen Ks 5/63 vom 22. 12. 64, Urteil gegen Otto Haupt, Otto Knott, Bernhard Luedke
Archiv der Hauptkommission zur Verfol-

gung der NS-Verbrechen, Warszawa
Sign. Tom IV–NTN 219 Prozeßakten Forster
Wissenschaftliche Bibliothek Gdansk
Danziger Vorposten Jahrgang 1939
Experteninterview mit Dr. Konrad Ciechanowski, Gdansk, und Überlassen von Unterlagen aus Privatarchiv
Postmuseum Gdansk
Experteninterview mit der Direktorin, Frau Ewa Panas und Überlassen der Eidesstattlichen Erklärung der Anastzja Geschke vom 19. 2. 1958 in Fotokopie
Zeugenbericht Alfons Racki

Kapitel 9

Persönliche Information des Verfassers durch Mg. Arkadiusz Binnebesel
und Überlassen von Unterlagen aus Privatarchiv
Zeugenbericht Prof. Dr. Ferdynand Michon und Überlassen von Unterlagen aus Privatarchiv
Zeugenbericht Stefania Koziarowska
Zeugenbericht Irena Wasik
Landesarchiv Schleswig
Sign. Abt. 352 Nr. 1211–1221 (StA Lübeck 2 Js 394/66 gegen Dr. Kurt Bode wegen Mordes z. N. Fuz)
Staatsanwaltschaft Bremen
Akte 10a Js 87/60 (verbunden mit StA Hamburg 141 Js 576/60)
gegen Dr. Kurt Bode wegen Mordes z. N. Kazimir R.
Zentrale Stelle der Landesjustizverwaltungen Ludwigsburg
203 AR 452/64 gegen Dr. Kurt Bode u. a. wegen Mordes z. N. Fuz
Sozialgericht Stuttgart S 13 (12) V 2106/62 Kriegsopferentschädigungssache R.

Kapitel 10

Bundesarchiv Koblenz
Sign. B 3613 (PA Bode RJM), Az. 576/59
Sign. R 22/299
Sign. R 22/3360
Bundesarchiv – Militärarchiv – Freiburg
Sign. RH 20–14
Bundesarchiv Potsdam
Sign. F – 626
Sign. F – 16805
Sign. F – 19444
Bundesarchiv Potsdam – Zwischenarchiv Dahlwitz-Hoppegarten
Sign. ZAV 26 Bl. 57–58
Sign. Z/R–759 Akte 14
Sign. RJM 8531
Sign. RJM 9803/1/2/78
Sign. Dok–P–2145
Sign. ZAV 37 Bl. 485–494
Sign. ZAV 299 Ordner II S. 114
Landesarchiv Schleswig
Vorl. Sign. 460.15 Nr. 299 (Entnazifizierungsakte Bode)
Sign. Abt. 352 Nr. 1211–1221 (StA Lübeck 2 Js 394/66 gegen Dr. Kurt Bode wegen Mordes z. N. Fuz)
Landesarchiv Bremen
Vorl. Sign. 4,74–1 Personalakte Bode
Staatsanwaltschaft Bremen
Akte 10a Js 87/60 (verbunden mit StA Hamburg 141 Js 576/60)
gegen Dr. Kurt Bode wegen Mordes z. N. Kazimir R.
Wissenschaftliche Bibliothek Gdansk
Danziger Vorposten Jahrgänge 1940/41
Bundesarchiv – Zentralnachweisstelle – Aachen
Sign. H 2 – 32042 Personalakte Giesecke
Bundesarchiv Potsdam – Militärisches Zwischenarchiv
Sign. W – 10/1663 Personalakte Giesecke
Hessisches Ministerium der Justiz Wiesbaden
Sign. I p G 230 Personalakte Giesecke
Thüringisches Hauptstaatsarchiv Weimar
Sign. PA Justiz G – 368 Personalakte Giesecke

Kapitel 11

Bundesarchiv Koblenz
- Sign. B 3613 Personalakte Bode (RJM)
- Sign. NS 19/1753
- Sign. Ost–Dok 8–211
- Sign. R 22/1320
- Sign. R 22/299
- Sign. R 22/3360
- Sign. R 22/4058
- Sign. R 22/4199
- Sign. R 22/4399 (Gerichtsakte)
- Sign. R 70/93
- Personalakte Walter Wohler

Bundesarchiv Potsdam
- Sign. Dok/P 1138
- Sign. F–626
- Sign. F–1566
- Sign. F–1569
- Sign. F–1646
- Sign. F–1648
- Sign. F–2407
- Sign. F–4148
- Sign. F–4034
- Sign. F–4950
- Sign. F–5547
- Sign. F–14328
- Sign. F–19444

Bundesarchiv Potsdam – Zwischenarchiv Dahlwitz-Hoppegarten
- Sign. ZAV 26 Bl. 57–58
- Sign. ZJ 159 Akte 1
- Sign. ZR 536 Akte 2
- Sign. ZR 933 Akte 11
- Sign. RJM 8531
- Sign. RJM 8532
- Sign. RJM 9803/1/2/5/6/7/8
- Sign. Z/A VI 237–Akte 6 Personalakte Venediger
- Sign. Mordregister 481/42
- Sign. Akten RJM (Gerichtsakten) 1942:
- III g 22 – 1007/42
- III g 22 – 1250/42
- III g 22 – 1299/42
- III g 22 – 1396/41
- III g 22 – 1577/42
- IV g 22 – 1005/42
- IV g 22 – 1384/42
- IV g 22 – 1750/42
- IV g 22 – 1973/42
- IV g 22 – 2017/42
- IV g 22 – 2099/42
- IV g 22 – 2119/42
- IV g 22 – 2187/42
- IV g 22 – 2255/42
- IV g 22 – 2262/42
- IV g 22 – 2269/42
- IV g 22 – 232/42
- IV g 7 – 120/42
- IV g 7 – 122/42
- IV g 7 – 141/42
- IV g 7 – 82/42
- NJ – 212
- NJ – 2964
- NJ – 986
- Sign. Akten RJM (Gerichtsakten) 1943:
- IV g 10a – 4983/43
- IV g 10a – 4994/43
- IV g 10a – 5549/43
- IV g 10a – 5627/43
- IV g 22 – 1015/43
- IV g 22 – 1017/43
- IV g 22 – 1182/43
- IV g 22 – 1232/43
- IV g 22 – 1243/43
- IV g 22 – 1247/43
- IV g 22 – 1249/43
- IV g 22 – 1252/43
- IV g 22 – 1253/43
- IV g 22 – 1259/43
- IV g 22 – 1268/43
- IV g 22 – 1278/43
- IV g 22 – 1300/43
- IV g 22 – 1303/43
- IV g 22 – 1305/43
- IV g 22 – 1327/43
- IV g 22 – 1333/43
- IV g 22 – 1344/43
- IV g 22 – 1353/43
- IV g 22 – 1379/43
- IV g 22 – 1383/43
- IV g 22 – 1451/43
- IV g 7 – 109/43
- IV g 7 – 142/43
- NJ – 15762
- NJ – 5066

NJ – 6581
Sign. Akten RJM (Gerichtsakten) 1944:
IV g 1 – 11007/44
IV g 1 – 11009/44
IV g 1 – 5378/44
IV g 1 – 5414/44
IV g 1 – 9274/44
IV g 22 – 1270/44
IV g 22 – 1314/44
IV g 22 – 1373/44
IV g 22 – 1410/44
IV g 22 – 1443/44
IV g 22 – 1554/44
IV g 7 – 31/44
IV g 7 – 3400/44
IV g 7 – 540/44
IV g 7 – 863/44
NJ – 14256
NJ – 14564
NJ – 150
NJ – 1982
NJ – 5888
NJ – 6552
NJ – 6612
NJ – 9163
NJ – 9930

Bundesarchiv Potsdam – Militärisches Zwischenarchiv
Sign. SF–01/16259

Berlin Document Center
Sign. SSHO 656
Sign. SSHO 742, 742a
Sign. SSHO 910
Sign. SSHO 1046
Sign. SSHO 1145
Sign. SSHO 1136
Sign. SSHO 1212
Sign. SSHO 1263
Sign. SSHO 1507
Sign. SSHO 1520, 1530
Sign. SSHO 1628
Sign. SSHO 1708
Sign. SSHO 1881, 1883
Sign. SSHO 1855
Sign. SSHO 1892, 1893
Sign. SSHO 1997
Sign. SSHO 5190
Sign. SSHO 5211
Sign. SSHO 6980
Sign. Ordner 102, 106, 263
Sign. Ordner 429 I
Sign. Ordner 458 A
Masterfile Arno Beurmann
Masterfile Richard Hildebrandt
Personalakte Richard Hildebrandt
Masterfile Günther Venediger
Masterfile Walter Wohler
Masterfile Helmut Willich
Sign. SL 9–164
Sign. SL 43–92, 171, 172
Sign. SL 46–329, 340
Sign. SL 47 C–248, 251
Sign. SL 47 D–3
Sign. SL 48–111, 112
Sign. SL 55–278, 279
Sign. SL 73–59
Film 13–127/144

Landesarchiv Schleswig
Sign. Abt. 352 Nr. 1211, 1214 (StA Lübeck 2 Js 394/66 gegen Dr. Kurt Bode wegen Mordes z. N. Fuz)
Vorl. Sign. 460.15 Nr. 299 (Entnazifizierungsakte Bode)

Landesarchiv Bremen
Vorl. Sign. 4,74–1 Personalakte Bode

Sächsisches Hauptstaatsarchiv Dresden
Sign. 101

Zentrale Stelle der Landesjustizverwaltungen Ludwigsburg
Sign. 117 ARZ 127/74
Sign. 203 AR 2615/65
Sign. 203 ARZ 112/78
Sign. 203 ARZ 182/59
Sign. 203 ARZ 49/61
Sign. 203 ARZ 51/75
Sign. 407 AR 1040/66
Sign. 416 AR 2643/65

Staatsanwaltschaft beim Kammergericht Berlin 1 Js 12/65 (RSHA), Anklageschrift gegen Dr. Werner Best

Archiv der Hauptkommission zur Verfolgung der NS-Verbrechen, Warszawa
Sign. 4167
Sign. BSA–4, 5, 5a, 6 Prozeßakten Hildebrandt

Sign. Doc NG–305
Sign. II–143
Sign. II–506
Sign. II–593
Sign. II/1/49
Sign. MSW Londyn–11
Sign. PMW–534
Sign. SAGd–9
Sign. SoGd–184
Stadtarchiv Gdansk
Sign. 96/1
Sign. 96/334
Sign. 96/590 Personalakte Dr. Beurmann
Sign. 265/1072, 1073, 1074
Sign. 265/4502
Wissenschaftliche Bibliothek Gdansk
Danziger Vorposten Jahrgänge 1942 bis 1944

Kapitel 12

Bundesarchiv – Zentralnachweisstelle – Aachen
Sign. H 2 – 32042 Personalakte Giesecke
Sign. FF–6793
Sign. FF–11592
Sign. FF–12455
Gerichtsakten LXVIII Armee-Korps
Bundesarchiv – Militärarchiv – Freiburg
Sign. 6/534 Personalakte Eberhardt
Sign. RH 19 II/3
Sign. RH 20–15/128
Sign. RH 20–4/856
Sign. RH 26–1007/28 Anl. 11
Sign. RH 26–1007/29
Sign. RH 26–1007/33 Anl. 7
Sign. RH 26–60/66 Anl. 121a
Sign. RH 26–60/71 Anl. 387
Sign. RH 26–999/7 Anl. 35, Anl. 66
Sign. RH 26–999/8
Sign. RH 53–29/9/10/12/13/14
Sign. RHD 5/92 Teil 1
Bundesarchiv Potsdam
Sign. 99 US 8/225, 227, 229
Bundesarchiv Potsdam – Militärisches Zwischenarchiv
Sign. W – 10/1663 Personalakte Giesecke
Sign. F–18458
Sign. F–18655
Sign. F–55902
Sign. F–55903
Bundesarchiv Potsdam – Zwischenarchiv Dahlwitz-Hoppegarten
Sign. Dok–P–2145
Sign. NJ–8755
Hessisches Ministerium der Justiz Wiesbaden
Sign. I p G 230 Personalakte Giesecke
Thüringisches Hauptstaatsarchiv Weimar
Sign. PA Justiz G – 368 Personalakte Giesecke
Brandenburgisches Landeshauptarchiv Potsdam
Sign. Rep. 29 pol 877
Sign. Rep. 29 pol 3330
Sign. Rep. 29 pol 12186
Landeshauptarchiv Sachsen-Anhalt Magdeburg
Sign. C 144 Z. H. Coswig
Wissenschaftliche Bibliothek Gdansk
Danziger Vorposten Jahrgang 1941
Experten-Interview mit Flottillenadmiral a. D. Elmar Schmähling

Kapitel 13

Bundesarchiv – Zentralnachweisstelle – Aachen
5 Bände «Todesurteile in der Wehrmacht»
Bundesarchiv Potsdam
Sign. F–1648
Bundesarchiv Potsdam – Militärisches Zwischenarchiv
Sign. FPF–01/4508, 4509
Sign. WF–01/16911
Sign. WF–02/7059
Sign. WF–03/5082
Sign. WF–10/13260
Bundesarchiv Potsdam – Zwischenarchiv Dahlwitz-Hoppegarten
Sign. IV g 10a 3417/45
Sign. IV g 22 4116/45

Sign. IV g 22 4131/45
Sign. IV g 22 4133/45
Sign. IV g 22 4137/45
Sign. IV g 22 4141/45
Sign. IV g 22 4150/45
Sign. IV g 22 4160/45
Sign. NJ – 15606
Sign. NJ – 16965
Sign. NJ – 1767
Sign. ZM 1647, Akte 2
Sign. ZM 883, Akte 7
Sign. ZR 892, Akte 4, Band II

Berlin Document Center
Sign. O.105
Sign. O.285
Sign. SSHO – 1548 KL Stutthof

Landesarchiv Schleswig
Vorl. Sign. Abt. 460.15 Nr. 999 Dr. Bode

Zentrale Stelle der Landesjustizverwaltungen Ludwigsburg
Sign. 203 ARZ 182/59 Bd. I, II
Sign. 407 AR 39/81 KL Stutthof
Sign. 407 AR 3680/65 KL Stutthof

Staatsanwaltschaft Bremen 10a Js 87/60 gegen Dr. Kurt Bode wegen Mordes z. N. Kazimir R.

Stadtarchiv Gdansk
Sign. I 266/1, 2, 3
Sign. 14/1, 2, 3
Sign. 265 – 1072, 1073, 1074, 1077
Sign. V 70 Fotomaterial

Wissenschaftliche Bibliothek Gdansk
Danziger Vorposten Jahrgänge 1944, 1945

Experteninterview mit Dr. Konrad Ciechanowski, Gdansk, und Überlassen von Unterlagen aus Privatarchiv

Zeugenbericht Jerzy Dunajski

Zeugenbericht Wanda Dembicka

Zeugenbericht Elzbieta Szuca geb. Marcinkowska

Kapitel 14

Bundesarchiv Koblenz
Sign. B 3613 (PA Bode RJM), Az. 576/59

Berlin Document Center
Masterfile Martin Hans Krohn
Masterfile Dr. Karl Arndt

Bundesarchiv Potsdam – Zwischenarchiv Dahlwitz-Hoppegarten
Sign. Ost–Dok 8/188, 189
Sign. Z/J 196, Akte 11 (Karl Arndt)
Sign. Z/J 77, Akte 1, Bl. 318 – 320 (Karl Arndt)
Sign. Z/M 78, Akte 15 (Karl Arndt)

Landesarchiv Schleswig
Vorl. Sign. 460.15 Nr. 299 (Entnazifizierungsakte Bode)
Sign. Abt. 352 Nr. 1211 – 1221 (StA Lübeck 2 Js 394/66 gegen Dr. Kurt Bode wegen Mordes z. N. Fuz)
Sign. Abt. 786 Nr. 142, Nr. 379 (Hans Martin Krohn)

Landesarchiv Bremen
Vorl. Sign. 4,74 – 1 Personalakte Bode

Staatsanwaltschaft Bremen
Akte 10a Js 87/60 (verbunden mit StA Hamburg 141 Js 576/60)
gegen Dr. Kurt Bode wegen Mordes z. N. Kazimir R.

Zentrale Stelle der Landesjustizverwaltungen Ludwigsburg
Sign. 203 AR 2615/65 Bd. I

Kapitel 15

Bundesarchiv – Zentralnachweisstelle – Aachen
Sign. H 2 – 32042 Personalakte Giesecke

Bundesarchiv Potsdam – Militärisches Zwischenarchiv
Sign. W – 10/1663 Personalakte Giesecke

Bundesarchiv Potsdam – Zwischenarchiv Dahlwitz-Hoppegarten
Sign. Dok–P–2145

Hessisches Ministerium der Justiz Wiesbaden
Sign. I p G 230 Personalakte Giesecke

Hessisches Staatshauptarchiv Wiesbaden
Sign. 520 F 275 F8 14838 Entnazifizierungsakte Giesecke

Sign. 520 F NB 153481 Entnazifizierungsakte Johannes Becker
Sign. 520 F NB 360740 Entnazifizierungsakte Georg Heymann
Thüringisches Hauptstaatsarchiv Weimar
Sign. PA Justiz G – 368 Personalakte Giesecke
Archiv Marburger Geschichtswerkstatt
Sammlung der Rundschreiben über die Treffen ehemaliger Heeresrichter
Archiv der Hauptkommission zur Bekämpfung der NS-Verbrechen, Warszawa
Sign. Dok. Obr. 7 t XII

Kapitel 16

Bundesarchiv Koblenz
Sign. Ost–Dok 8–211
Sign. NS 19–1919
Bundesarchiv Potsdam
Sign. DOK/P 1138
Bundesarchiv Potsdam – Zwischenarchiv Dahlwitz-Hoppegarten
Sign. ZA/44, Bl. 90–91 /Dr. Dünnebier)
Sign. ZA/5–38, Bl. 32–33 (Dr. Höffler)
Sign. ZAI 12024, A.6 (Dr. Höffler)
Sign. ZAV 38, Bl. 32–33 (Dr. Höffler)
Sign. ZJ 32, A.13 (Dr. Höffler)
Sign. ZAV 33, Bl. 357–368, 384–385 (Dr. Nehm)
Sign. ZAV 49, Bl. 133–147 (Dr. Nehm)
Sign. ZA 5/33 Bl. 364–365 (Dr. Nehm)
Sign. ZA 5/49 Bl. 143–145 (Dr. Nehm)
Sign. ZA 5/52 Bl. 437–439 (Traugott Albrecht)
Sign. ZAV 52 Bl. 435–453 (Traugott Albrecht)
Berlin Document Center
Masterfile Johann Albrecht
Masterfile Johannes Dünnebier
Masterfile Siegfried Höffler
Masterfile Eduard Nehm
Landesarchiv Schleswig
Sign. Abt. 352 Nr. 1211–1221 (StA Lübeck 2 Js 394/66 gegen Dr. Kurt Bode wegen Mordes z. N. Fuz)
Sign. Abt. 352 Nr. 21–48–2159 (StA Lübeck gegen Unbekannt wegen Mordes z. N. Fuz)
Sign. Abt. 786 Nr. 700 (Personalakte Traugott Albrecht)
Sign. Abt. 786 Nr. 914–915 (Personalakte Eduard Nehm)
Landesarchiv Bremen
Vorl. Sign. 4, 74–1 Personalakte Bode
Sign. 4,66–I Albrecht, Johann (Entnazifizierungsakte)
Sign. 4,66–I Dünnebier, Johannes (Entnazifizierungsakte)
Sign. 4,66–I Höffler, Siegfried (Entnazifizierungsakte)
Zentrale Stelle der Landesjustizverwaltungen Ludwigsburg
Sign. 203 AR 452/64 gegen Dr. Kurt Bode u. a. wegen Mordes z. N. Fuz
Staatsanwaltschaft Bremen 10a Js 87/60 gegen Dr. Kurt Bode wegen Mordes z. N. Kazimir R.
Bundessozialgericht 9a RV 11/90 vom 11. 9. 1991
Oberlandesgericht Düsseldorf, Beschluß vom 11. 3. 1993 – 1 Ws 681/92
Landgericht Frankenthal 60 (WG) 155/73 Kriegsopferentschädigungssache Fuz
Sozialgericht Stuttgart S 13(12) V 2106/62 Kriegsopferversorgungssache R.
Bundespräsidialamt Bonn
Az. 21–624 32–4 vom 18. 1. 1994, Besuchsprogramm des Bundespräsidenten von Weizsäcker am 21. 9. 1993 in Polen und Text der Rede in Gdansk
Marburger Geschichtswerkstatt
Sammlung der Rundschreiben über die Treffen ehemaliger Heeresrichter
Experteninterview mit Staatsanwalt Willi Dreßen, Stellvertretender Leiter der Zentralen Stelle der Landesjustizverwaltungen Ludwigsburg
Experteninterview mit Dr. Godau-Schüttke, Richter am Landgericht

Epilog

Zeugenbericht Stanislaw Tysarczik

Die Täter von Danzig nach 1945

Bundesarchiv Koblenz
Sign. NS 19–1067
Sign. W 1903 n (RJM) Personalakte Dr. Walter Wohler
Bundesarchiv – Zentralnachweisstelle – Aachen
Sign. PA 63745 Personalakte Kurt Fett
Bundesarchiv – Militärarchiv – Freiburg
Sign. Pers 6/534 Personalakte Friedrich Eberhardt
Bundesarchiv Potsdam
Sign. F–5547
Sign. F–72766
Sign. F–16805
Bundesarchiv Potsdam – Zwischenarchiv Dahlwitz-Hoppegarten
Sign. FW 499 Akte 10
Sign. Z/A VI 237 Akte 6 Personalakte Dr. Günther Venediger
Sign. Z/M 801 Akte 13
Sign. ZM 883 Akte 7
Sign. ZR 543 Akte 1
Sign. ZR 557 Akte 1
Berlin Document Center
Sign. SSHO–1548
Masterfile Willy Bethke
Sign. SSO – Personalakte Willy Bethke
Masterfile Dr. Arno Beurmann
Sign. SSO – Personalakte Franz Christoffel
Masterfile Kurt Eimann
Sign. SSO – Personalakte Kurt Eimann
Sign. SSO – Personalakte Erich Götze
Sign. SSO – Personalakte Arthur Greiser
Sign. SSO – Personalakte Richard Hildebrandt
Sign. SSO – Personalakte Jakob Lölgen
Masterfile Rudolf Oebsger-Röder
Sign. SSO – Personalakte Johannes Schäfer
Masterfile Dr. Hellmuth Tanzmann
Masterfile Dr. Rudolf Tröger
Masterfile Dr. Günther Venediger
Masterfile Walter Wohler
Masterfile Helmut Willich
Landesarchiv Schleswig
Sign. Abt. 352 Nr. 1211–1221 (StA Lübeck 2 Js 394/66 gegen Dr. Kurt Bode wegen Mordes z. N. Fuz)
Landesarchiv Bremen
Vorl. Sign. 460.15 Entnazifizierungsakte Dr. Kurt Bode
Zentrale Stelle der Landesjustizverwaltungen Ludwigsburg
Einsatzgruppen in Polen, Band I und II
Sign. 203 AR 472/64 gegen Dr. Kurt Bode u. a. wegen Mordes z. N. Fuz
Sign. 114 AR 3618/65
Sign. 117 ARZ 127/74
Sign. 203 AR 452/64
Sign. 203 ARZ 182/59
Sign. 203 ARZ 313/59
Sign. 203 ARZ 318/59
Sign. 203 ARZ 49/61
Sign. 203 ARZ 73/59
Sign. 213 ARZ 86/60
Sign. 407 AR 1040/66
Sign. 407 AR 3680/65
Sign. 407 AR 39/81
Sign. 407 AR 90/65
Sign. 412 ARZ 72/72
Sign. 416 AR 2643/65
Sign. 503 AR 1700/69
Sign. Ord. Nr. 365 k Bild Nr. 484ff Urteilsspruch Forster
Staatsanwaltschaft Bremen 10a Js 87/60 gegen Dr. Kurt Bode wegen Mordes z. N. Kazimir R.
Staatsanwaltschaft beim Kammergericht Berlin 1 Js 12/65 (RSHA), Anklageschrift gegen Dr. Werner Best
Staatsanwaltschaft Hannover 2 Js 290/60, 2 Js 614/62, Amtsgericht Hannover 45 Gs 191/62, Landgericht Hannover UR 1/63, Schwurgericht 2 Ks 2/67 gegen Kurt Eimann und Georg Ebrecht
Staatsanwaltschaft/Landgericht Hannover 2 Js 285/54, UR 5/55, 21 AR 17/

57, Voruntersuchungssache Richard Artur Reddig
Landgericht Bochum 17 Ks 1/55 vom 16. 12. 55 u. 4. 6. 57, BGH 4 StR 359/56, Urteil gegen Paul Werner Hoppe und Otto Karl Knott
Landgericht Hamburg 14 Ks 37/50 vom 21. 2. 50 und 19. 3. 52, BGH 2 StR 117/50 vom 23. 11. 51, Urteil gegen Friedrich Selonke und Karl Kliefoth
Landgericht Tübingen Ks 5/63 vom 22. 12. 64, Urteil gegen Otto Haupt, Otto Knott, Bernhard Luedke
Archiv der Hauptkommission zur Verfolgung der NS-Verbrechen, Warszawa
Sign. Tom IV–NTN 219 Prozeßakten Forster
Sign. BSA 4, 5, 5a, 6 Urteilsspruch Richard Hildebrandt
Stadtarchiv Gdansk
Sign. 96/590 Personalakte Dr. Arno Beurmann
Experteninterview mit Dr. Konrad Ciechanowski, Gdansk
Experteninterview mit Henryka Flisykowska-Kledzik, Gdansk
Experteninterview mit Staatsanwalt Willi Dreßen, Stellvertretender Leiter der Zentralen Stelle der Landesjustizverwaltungen Ludwigsburg

BILDQUELLENNACHWEIS

Archiv der Hauptkommission zur Erforschung der NS-Verbrechen in Polen, Warszawa: alle Umschlag-Fotos, Seite 2, 3, 4, 5, 6, 7, 8, 9, 10, 11, 12 des Tafelteils; Bildarchiv Preußischer Kulturbesitz, Berlin: Seite 1, 13 des Tafelteils; Landesstaatsarchiv, Bremen: Seite 14 des Tafelteils; Hessisches Jusitzministerium, Wiesbaden: Seite 15 des Tafelteils; Wissenschaftliche Bibliothek, Gdansk: Seite 16 des Tafelteils.